창조하는 조직을 위한

지식재산 레시피

창조하는 조직을 위한

지식재산 레시피

INTELLECTUAL PROPERTIES RECIPE

이태원 지음

이담 Books

머리말

  '특허'나 '지식재산'으로 도서를 검색하면, 법이나 지적재산권 (intellectual property)과 관련된 책이 아닌, 지식재산(knowledge asset) 을 제목으로 '아는 것이 재산'이라는 내용이 담긴 책이 나온다. 우리 나라의 지식재산 분야는 대체로 특허, 실용신안, 저작권 등의 지식 재산권과 관련된 법률 중심의 학자들과, 변리사로 대변되는 특허 출 원 및 등록 등에 관한 이야기가 큰 축을 이룬다. 때문에 지식재산 분 야의 서적들이 그다지 다양하지 않다.

  이 책을 쓰게 된 의도는 꽹과리를 두들겨 사람을 모으듯이, 한 목 소리라도 더 보태어 지식재산의 중요성을 말하자는 데에서 출발했 다. 하지만 단지 '중요합니다!'라고만 하면 '그래서 어쩌라는 겁니 까?'라는 대답이 내 머리의 반대편에서도 툭 튀어나오고 만다.

  뻣뻣하고 딱딱한 법률이야기나 균등론이니 특허거절결정불복심판 이니 하는 이론과 복잡한 행정용어들로 중무장한 내용보다는 지식 재산이 어디에 서식하고, 어떤 형태로 살아가는지에 대한 이야기를 하고 싶었다. 그래서 대학 캠퍼스에서 지식재산을 찾아보기도 하고, 식당에 적힌 '특허 낸 요리법'을 찾아 특허의 맛이 나는지 맛을 보기도 하고, 기업에서 직접 특허를 만들어 내는 특허부서의 사람들과 몸을 부대끼며 숙식해 보기도 했다. 지식재산을 찾아 이리저리 기웃거리다 보니, 일본이나 미국 등의 지식재산 선진국에 살고 있는 지식재산들이 얼마나 체격이 좋고 건강한지도 알게 되었다.

또한 누가 어떻게 키우느냐에 따라 지식재산의 값어치가 달라진다는 것을 알게 되었다. 잘 키운 아이디어가 기술이 좋은 요리사의 손에 있으면, 풍성한 전채요리가 되기도 하고, 온 가족이 둘러앉아 나눠 먹을 수 있는 든든한 전골이 되기도 하고, 달콤새콤한 디저트가 되기도 한다. 각각의 음식을 만들어 내기 위해서는 그에 맞는 조리 도구와 양념이 있어야 하며, 나름의 독특한 조리법이 있어야 한다. 이 책은 그런 요리를 위한 준비와 요리의 재료와 요리법에 관한 이야기를 담고 있다.

지식재산을 요리하는 데 필요한 요소들로는 CEO의 지식재산에 대한 마인드, 지식재산의 문화적 측면, 지식재산을 운용할 조직의 구성, 아이디어를 구체화하는 회의법, 지식재산 경영의 도입 그리고 특허 강국들의 동태 등, 여러 가지를 꼽아 보았다. 또한 창의적인 관점을 적용해 본다는 의미에서 ≪논어≫, ≪플루타르크 영웅전≫, ≪삼국지≫ 등과 같은 인문고전의 소재들을 활용해 보기도 하고, 최근 수년간 우리의 관심을 끌었던 사건과 기업들의 이야기들을 접목하여 이야기를 풀어 나가 보기도 했다.

책을 읽는 가운데, 공감할 내용도 있고 지적할 사항이 눈에 띄는 경우도 있을 것이다. 때로는 특정 기업의 이름을 들어 꼬집기도 하고, 느닷없이 칭찬해대는 페이지를 만나기도 할 것이다. 법학을 전공한 배경과 10년간 IP 분야에서 일했다는 빈약한 바탕으로 학자연하는 태도나 전문가의 분위기를 풍기는 것도 우스운 일이기에 주변의 이야기를 소재로 글을 이어 갔다. 때론 저명한 학자들의 생각을 빌리기도 했지만, 어디까지나 원칙을 발견하기 위한 방법과 도구로 빌려 봤을 뿐이다. 그래서 설령 객관적이고 공정한 시각에서 벗어나는 바가 있더라도 지식재산을 바라보는 또 다른 시각으로 인정해 주었으면 하는 바람이다. 되도록 많은 사람들과 지식재산을 이야깃거리 삼아 소통하고 생각을 나누고 싶다. 다양한 생각들이 나뉘지는 가운데 우리나라의 지식재산의 토대가 더욱 잘 다져질 것이라 믿어 의심치 않는다.

|C|O|N|T|E|N|T|S|

Chapter 3

세계의 IP를 움직이는 보이지 않는 손

Prologue: '권리'로서의 지식재산권

　국회 지식경제위원회 소속의 한 조사관의 입을 통해서 들은 말이 있다. "특허라는 게 한마디로 돈 낭비이다. 고작 20년이면 사라질 권리에 대고, 그나마도 무효소송이니, 특허침해니 해 가며 법정소송으로 다투느라 돈 들이고, 기업의 기술을 효율적으로 운용하고 지킨다는 효과도 없고… 이런 걸 기업들은 전략이니 하고, 특허청이나 일부 정부기구들은 정책이라고 들먹이고 있다. 특허라는 허상의 권리에 국가가 돈을 들인다는 건 혈세 낭비 아니냐." 내 귀에 들어온 말을 굳이 세련된 표현으로 바꾸어 적지 않은 것은, 지식경제부의 정책과 업무를 조사하는 위치에 있는 사람이면서도, 많은 선진 국가들이 자국의 힘을 키우기 위해 지식재산을 중시하는 정책들을 펴고 있는 점을 간과하고 지식재산의 중요성에 대해 이토록 부정적으로 표현하고 있다는 사실이 적잖이 충격적이었기 때문이다. 개인적인 의견이겠지만, 오히려 그것이 개인적인 의견이었기에 더욱 근심하게 하는 순간이었다. 국가가 추구해야 할 지식재산 강국과는 정반대의 생각을 가진 사람이 공직에 있다면, 국가와 개인 모두에게 고통이 아닐까 싶다.

권리라는 것이 어떤 것이든 그것을 행사함에 있어서는 기한의 제한이 따르고, 기타 다양한 조건들에 의해 제약받게 되어 있다. 뿐만 아니라 권리의 취득이란 것은 무엇이 되었든 제한된 자원이나 가치의 일부를 타인이 사용하지 못하도록 하는 효과뿐만 아니라 타인에게도 영향을 미치는 효력이 있어서, 이해가 상충하는 이들과의 갈등은 어떤 형태로든 드러나게 되어 있는 것이다. 국가 정책에 대한 바른 이해와 설득을 밑바탕으로 지식재산의 중요성을 설득하고, 보다 실효성 있는 과제를 요청하고 지원해야 할 사람이 오히려 권리라는 것에 기본적인 이해를 갖추고 있지 못한 것은 크나큰 잘못이라고 말하고 싶다.

그런 의미에서 지식재산 분야에 몸담고 있는 우리가 먼저 권리에 대한 명확한 인식을 가졌으면 하는 바람에서, 권리라는 측면에서 지식재산에 대해 짧게나마 논의해볼까 한다.

'권리'로서의 특허

흔히 '특허'라고 짧게 말하고 있지만, 보다 엄밀하게는 특허권이라고 표현하는 게 맞다. 그래서 흔히 일반적으로 영문으로 IP라고 사용하고 있지만, 학계나 공식적인 비즈니스 포럼에서는 꼬박꼬박 IPR이라고 표기하는 사례가 많다. 우리도 많이 의식이 변화되긴 했지만, 권리를 상호관계 속에서 이해하는 서구의 권리의식에는 아직 미흡하다는 느낌이다.

특허권은 우리 입에 배어 있는 것처럼 기술이나 발명의 공개를 대가로 발명자에게 주어지는 독점 배타적인 권리이다. 특히 특허권은 재산권적인 측면이 강하게 작용하는 권리이기 때문에, 많은 점에서 민법이 규율하는 법 원리에 가깝고, 그래서 권리를 행사함에 있어서도 재산권과 같은 부수적인 권리가 따르고, 권리를 다툼에 있어서도 재산권과 유사한 형태의 소(訴)가 제기되는 것이다.[1]

'권리'의 규율원칙

권리를 확보하는 방법은 권리의 양상과 내용에 따라 다르다. 헌법이 인정한 정치적 권리인 참정권으로부터, 민법이 세세히 규정한 재산권의 내용이 서로 다르듯이, 특허권 역시 취득하는 방법이 여타의 재산권과 많은 차이가 있다. 비유적으로 말하면, 미국에서 참정권이라고 하더라도, 단지 미국에서 태어났기 때문에 국적이 자동 취득되어 얻게 되는 국적에 근거한 참정권과 복잡하고 어려운 이민절차나 귀화절차를 통해서 얻게 되는 시민권에 근거한 참정권처럼, 그 권리는 동일하나 취득상의 차이가 있는 경우가 있다. 특허권에 대한 권리를 취득하는 것을 규율하는 특허법을 별도로 두고, 그에 대한 행정적 권리운용의 전문가로 변리사라는 직을 창설한 것에서도 그 특성을 알 수 있다.

그런데 그렇다고 해서 특허권이란 것이 기존에 권리의 창설을 규

---

1) 특허권은 토지나 건물과 같이 시세나 가액이 정해지기가 어렵다는 점에서 손해배상 등의 문제에 대해서는 보다 복잡한 소송가액의 산정이 필요하지만 어쨌거나 권리의 다툼에 관한 소송의 형태는 재산권과 관련된 소송의 형태에서 크게 벗어나지 않는다.

율하는 기본적인 법정신이나 법 원칙과 별개의 신법으로 세워진 것은 아니다. 특허법 역시 민법이 정한 재산권을 바탕으로 하고, 이에 특허권의 취득에 관한 행정적인 체계를 갖고 있는 점에서는 기존의 법 원칙과 법규의 종합이라 할 수 있다. 따라서 특허법을 단순히 복잡한 행정적 절차를 규율하여, 변리사라는 특수전문가만이 이해하고 접근할 수 있는 것으로 생각할 필요는 없다.

재산권으로서의 권리

특허제도의 목적을 이해하고 이를 기업에서 십분 활용하기 위해 필요한 것은 재산권의 원리를 그대로 간직하고 있는 권리로서의 특허를 이해하는 것이 큰 도움이 될 것이다. 특허권과 재산권이 구별되는 점은 특허의 경우는 권리의 획득을 위한 가장 큰 요소로서, 특허출원에서 등록이라는 일련의 행정적인 절차를 담고 있다는 것이다. 하지만 이 역시도 권리, 특히 재산권에 관한 민법상의 법 원칙이나 법률규정을 살펴보면, 완전히 새로운 것은 아니라는 사실을 알 수 있다. 가장 비근한 예로는 부동산과 관련된 다양한 권리를 예로 들 수 있고, 특히 계약이나 거래를 통한 일반적인 권원이 아닌, 오랜 기간의 점유에 의한 권리의 획득이나 무주물에 대한 권리 획득 등의 법리도 특허법의 독특한(아니, 독특해 보이는) 법적 구성을 이해할 수 있을 것이다.

우선 민법은 재산권을 인간이 한 사회의 구성원으로서 향유할 수 있는 법에 앞서는 원천적인 권리로 본다는 점을 이해할 수 있다. 그리고 인간의 권리에 대한 욕구를 균형 있게 규율하고 질서를 부여하기 위해 법률이 만들어졌다고 볼 수 있다. 소위 '만인에 대한 만인의 투쟁'이라는 사회계약론적인 사상이 법률에 녹아 있는 셈이다. 그리하여, 권리는 그 획득을 위한 방법 역시 권리 자체가 가지는 성격에 두고 있는 경우가 있지만, 권리가 가지는 막강한 영향력과 제3자에 대한 파급력뿐만 아니라 국가의 행정작용을 기속하는 능력을 고려하여, 다양한 요건을 두어 규율하고 있다.

권리의 취득 근거: 권원

재산권의 경우는 그 대상이 되는 물건의 소유를 기본으로 권리가 부여된다. 그리고 그 소유를 인정하는 것으로, 첫째는 점유, 즉 그 물건을 소유자가 자신의 통제범위 내에 보유하고 있는 것을 요구한다. 그리고 만일 자신이 점유하고 있지 않은 경우에는 그것이 비점유 상태에 있으나 소유권은 자신에게 있음을 증명할 수 있는 증거나 서류 등을 요구하게 되는 것이다. 만일 누군가에게 빌려 준 것이면, 빌려 간 상대방과의 약속이나 계약의 문서를, 그 물건의 성격이 토지나 위험물과 같이 사회적으로 중요한 재화인 경우에는 소유나 행정기관 등에 등록되었음을 증명하는 행정적인 문서를, 자동차나 선박과 같은 등록을 요건으로 하는 물건이라면 등록 관련 문서나 공증 서류 등을 소유의 증거로 확보하여야 하는 것이다. 권리가 권리를 직접 행사하는 상대방 이외에도 불확정의 제3자에게도 영향을 미친다는 점을 생각하면, 이러한 근거의 확보는 무엇보다 중요해진다.

더욱이 그것이 상법상 혹은 상관습상 자주 거래되는 물건이라면, 이러한 요건은 더욱더 중요해진다. 정리해서 말하면, 권리는 권리의 획득에 대한 근거, 즉, 권원을 입증할 자료를 요구할 뿐만 아니라, 그것을 중심으로 이해관계가 확대될 때마다 그 이해관계를 증명할 자료를 추가로 요구하게 된다는 것이다. 한 사회 내의 모든 물건과 재화는 지속적으로 변동상태에 있다고 보기 때문이다. 누구도 영원히 소유할 수 있는 재물은 없다. 소유권은 아무리 길어도 소유자의 수명 이상을 누릴 수 없으며, 거의 모든 권리가 계약상의 한계를 벗어나서 행사할 수 없고, 상당한 수의 채권이나 청구권은 소위 제척기간이라는 주장의 기한을 갖게 되는 것이 한 사회의 법의 정신인 것이다.[2]

'권리'의 구현

환언하면, 지식재산권의 경우도 이 점에서는 동일한 원칙으로 이해할 수 있다. 특허란 것은 자신의 발명이나 기술을 권리로서 확보하는 것을 의미하는 점에서 재산권의 확보와 별반 다르지 않다. 자신이 재산권을 확보하게 된 권원이 계약인 경우에는 사적자치의 원칙이 강하게 작용하는 데 반해, 상속이나 점유 혹은 무주물선점에 의한 것이 되면 사적자치보다는 행정법의 원리가 보다 강하게 작용

---

[2] 법적 안정성이란 것이 법이 추구하는 목표이기 때문이다. 더욱이 법적 안정성과 관련해서는 상법에서 가장 중시하는 '외관주의'를 빼놓고 이야기할 수 없을 만큼 중요하다. 권리는 권리를 보유한 자와 그 상대방뿐만 아니라 제3자를 포함해서 고려해야 하는 개념인 만큼, 표면적으로 드러나는 권리의 외양을 갖추는 것이 매우 중요하며, 이는 지식재산권에서는 더욱 두드러진다고 할 수 있다.

하게 되는 것처럼, 지식재산권도 출원과 등록의 행정적 절차가 특허권이라는 독점 배타적인 권리의 형성적 기능을 하는 만큼, 권리의 획득에는 계약에 의한 재산권의 취득보다는 복잡한 권원의 형성 근거가 필요하게 되는 것이다. 그리고 기술이나 발명이 가지는 사회경제적인 파급력이 바로 출원에서 등록에 이르는 복잡한 행정절차를 낳게 하는 원인이 된다.

그리고 자동차 등록에 있어서도 비록 매매계약에 근거하여 등록에 이르는 제반 서류나 절차를 잘 지켰다고 하더라도, 앞서 불법거래된 사실이 있는 차량에 대해서는 소유권의 하자가 남는 문제가 따르는 것처럼, 특허의 경우도 비록 출원의 절차가 잘 진행되었다 하더라도 이것이 자신의 발명이나 기술이 아니라는 '불법거래된 발명이자 기술'의 의심이 완전히 걷히지 않으면, 권리화될 수 없는 것이다.3)

문제는 행정작용이 권리의 창설적인 작용을 한다는 점은 특허권이 가지는 강점이자 단점이 된다는 점이다. 이는 마치 무주물선점이나 점유에 의한 소유권의 인정과 같은 소지가 있어서, 실제 주인이 나타나면, 새로이 인정된 소유권은 말소되거나, 매매에 준하는 수준의 대가를 지급해야 할 의무가 부여된다는 점이다. 이 점이 바로 특허권이 항상 발명자의 진정한 발명이자 기술인가를 의심하게 만드는 근거가 되는 것이다. 행정작용에 의해 창설된 권리이므로, 행정절차상의 문제를 제기함으로써, 권리를 위태롭게 할 수 있다는 것이다. 그래서 결국은 행정력의 차이가 권리의 안정성과도 직결되는 것

---

3) 앞서 예로 들었던 시민권의 경우도, 시민권 획득만을 목적으로 한 계약결혼이나 불법이민 등의 시민권 취득의 하자가 발생하면, 원천적으로 무효가 되도록 한 것처럼, 행정적인 권원에 의한 것은 국가 정책상의 영향력이 크게 작용한다.

이다. 미국과 일본 등의 특허선진국들의 제도와 중국이나 개발도상
국의 특허법을 비교하여 보면, 이런 차이가 극명하다. 미국이나 일
본 등은 권리취득을 위한 절차와 증빙이 정형화되고 통일화되고 있
는 반면에, 전산망이나 행정서류 절차의 통일이 아직 미흡한 나라에
서는 재산권의 권원을 행정적으로 입증하는 방법이 여전히 미흡한
것과 마찬가지로, 특허권에 대한 권원의 입증방법이 유동상태에 있
는 것이다. 그래서 중국 광저우에서의 권리입증방식이 다르고, 베이
징에서 챙겨야 할 서류가 달라지는 것이다.

'권리'의 세계적 패러다임

특허 선진국들은 권리의 취득을 세계적으로 상호 인정하기 위해
노력하는 단계에 이르러 있다. 이를 위해서는 권리를 취급하고 지원
하기 위한 행정력이 구축되어야 한다. 미국, 일본, 유럽은 이미 전자
정부 수준의 행정력과 정보력을 갖추고 있기에, 출원서류의 통일이
라든지 심사방식의 통일을 상호 논의할 수 있는 것이다. 이제 각국
이 보유한 수많은 기술 관련 논문과 입증자료들도 각국 특허청의 심
사관들이 자신의 단말기를 통해 참조하고 확보할 수 있는 단계로 진
입해 나갈 것이다. 증권거래라든지 수많은 경제부문의 권리취득이
세계적으로 공통된 절차와 방식으로 이루어지고 있는 것처럼, 이제
는 지식재산의 분야에서도 권리를 확보하는 방법이 통일화되고 있
다. 이제는 권리에 대한 의식도 세계화할 필요가 있게 된 것이다. 아
직도 특허권의 확보에만 치중하여 기술의 확보라는 담보 가치에만

치중하여, 특허의 실시권을 활용한 라이선싱 전략 등의 용익적 측면에 눈뜨지 못한 상황이라면, 권리의 취득에 앞서 권리의 행사범위-국내에 한정할 것인가? 국외에는 어느 나라까지를 행사범위로 할 것인가? 혹은 방어용 출원인가? 공격차원의 출원인가? 등-를 전략적으로 고민하고, 다양한 활용전략을 수립하는 단계를 거쳐야 한다는 점을 먼저 인식해야 할 때인 것이다.

너무 비정한 표현인지 모르지만 특허의 각축장에서 명확한 전략이 수립되지 않으면, 표면적으로는 소위 Win-Win을 주창하고 있지만, 현실에서는 자국과 자사의 이익을 위해서는 상대방을 몰매장하는 열강들의 손아귀에 모든 권리를 내줄 수밖에 없는 도축장이 될지 모른다.

이왕 비정하게 표현한 김에 국제사회의 냉엄한 현실을 감안해서 말하면, 이 도축장에서 우리의 목표는 칼을 쥐는 것이며, 그것도 녹슬고 무딘 칼이 아니라 어떤 부위든 베어낼 수 있는 확실한 칼을 쥐어야 하는 것이다. 우리 특허청이 '한국에서 특허면, 세계에서도 특허'를 표방하는 것은 바로 이를 순화한 표현에 다름 아니다.

Chapter **1** 위대한 기업을 만드는 IP 전략

1. CEO는 CEO가 만든다
- 위대한 기업을 만드는 경영마인드 -

스티브 잡스와 아이아코카

과연 애플(Apple)은 위대한 기업인가? CEO 스티브 잡스의 병가 소식이 들렸을 때, 애플의 주가는 급격히 하락했다. 짐 콜린스의 연구[4]를 접한 사람이라면, 애플의 이러한 상황을 보면서, 애플이 스티브 잡스를 경영자로 두고 있는 동안을 제외하면, 결코 위대한 기업다운 실적이나 명성을 얻지 못했음을 지적할 것이다. 과거에도 애플은 스티브 잡스를 내쫓은 후로 만성적자에 허덕이면서 뚜렷한 활로를 찾지 못하다가, 결국 다시 스티브 잡스를 재영입하면서 우량기업의 자리를 되찾았던 경력이 있다.

스티브 잡스의 유명세는 과거 아이아코카만큼이나 엄청나다. 역설적인 사례이지만 그의 일거수일투족 하나하나가 얼마나 파급력이 있었는지를 보여 주는 사례의 하나로, "아이폰4"가 출시되자마자 통화 중에 나타나는 수신율 저하의 원인과 관련해서 내뱉었던 말실수

---

4) 짐 콜린스, 《좋은 기업을 넘어, 위대한 기업으로(Good to Great)》.

하나가 일파만파, 그야말로 나비효과를 방불케 하듯이 미국 캘리포니아에서 던진 스티브 잡스의 작은 음성이 한반도에는 엄청난 폭풍으로 와 닿은 적도 있었다.

하지만 기업회생의 신으로 불렸던 아이아코카처럼 마치 다이어트 후에 오는 요요현상이 애써 감량한 것보다 더 많이 체중을 늘려놓듯이 퇴진 후에 다시금 몰락을 길을 걸었던 기업의 CEO들과는 달리, 스티브 잡스는 다른 면모를 가지고 있다는 점을 볼 수 있다. 단적으로 말해서, 그는 자신이 목표로 한 사업 이외에는 특별한 관심이나 에너지를 쏟고 있지 않은 듯 보인다는 점이다. 스탠퍼드 대학을 방문해서 졸업사를 낭독하는 것이 특별한 활동일까? 자신의 이름으로 책을 쓰는 일도 없다.5) 아이아코카가 크라이슬러가 살만해졌다 싶을 즈음부터 자신의 이름으로 써 댄 책들이 넘쳐나던 것과는 사뭇 다르다. 아이아코카, 그는 과연 어디로 사라졌을까?

스티브 잡스는 오히려 창의적인 제품들, 그리고 자신이 애플의 독특한 기업문화를 통해 그가 구현하고자 했던 생각과 가치들을 꾸준히 밀어붙이는 모습을 보여 주었다. 물론 애플만의 고유한 개념은 아니었지만, 애플은 초기부터 스택 개념을 중심으로 하이퍼카드 (hypercard)를 가지고 있었다. 이는 유저 지향의 소형 애플리케이션 제작툴로서 매킨토시에 기본 프로그램으로 설치되어 개인이 만든 다양한 애플리케이션을 사용자들이 상호 공유하도록 하였다. 이것이 발전하여 지금의 웹 기반의 애플리케이션을 탄생시킨 바탕이자 저

---

5) 스티브 잡스의 사망 직후에 월터 아이작슨이 쓴 그의 공식 자서전이 출간된 점은 상당히 우연적인 요소가 있다. 그동안 스티브 잡스의 자서전이 준비되고 있기는 했지만, 스티브 잡스가 직접 구술하거나 집필에 직접 관여하지는 않았다.

력이 되었던 것을 생각해 볼 수 있다. 1980년대 중후반에 매킨토시를 가진 사람들은 자신의 맥을 가지고, 이 하이퍼카드라는 프로그램을 이용하여, 나름의 아이디어나 생각을 낱장의 문서로 작성하고, 이를 서로 연결하기 위한 버튼을 만들고, 동영상이나 그림을 얹고, 음성파일을 연결하여 자신만의 애플리케이션을 만들곤 했다. 간단히는 주소록을 만들 수도 있었고, 이야기책을 만들어 낼 수도 있었다. 그리고 무엇보다 개인이 만들어서 대중이 공유할 수 있는 체계가 구축되어 있었던 것이다. 자신이 만든 하이퍼텍스트를 공유하고, 필요한 경우는 더욱 확장해 나갈 수 있는 형태여서, 어쩌면 지금의 애플리케이션보다도 소위 개인화(customizing)할 수 있는 기능은 더 많았다고 할 수 있다. 오늘날의 앱스토어는 그만큼 뿌리가 깊은 아이디어였다.

당장의 위기를 극복하기 위한 경영의 노하우나 전략보다도, 기술과 기술을 접목하여 삶의 모양새를 바꾸어 나가는 문화형성력에 기업의 가치를 부여하는 데에서 스티브 잡스의 다른 모습을 확인하게 된다. 그가 픽사(Pixar)를 통해 만들어 낸 것 역시 우리의 눈에는 상품으로서의 애니메이션보다는 문화로서의 애니메이션이었다. 디즈니가 애니메이션 왕국에서 몰락한 데에는 다른 것보다 애니메이션을 통해 지나치게 장사를 벌인 면이 없지 않았다. 디즈니가 만들어 낸 만화영화가 소위 대박을 내면, 줄줄이 장단편의 DVD용 애니메이션이 만들어져 나왔다. 디즈니는 <인어공주>로 일본의 애니메이션에 눌렸던 디즈니의 애니메이션을 부활시켰고, 이후에도 <미녀와 야수>를 통해 공간감을 부여한 새로운 애니메이션 기법으로 일회적인 성공이 아니라는 것을 강력하게 보여 주기도 했지만, 그러한 성공이 급속히 퇴색되었던 것을 우리는 또한 공감하고 있다. 디즈니가 대작의 성공을 바탕으로, 성공한 작품에 등장하는 캐릭터들을 등장시켜 만든, 품질이 떨어지는 애니메이션 소품들을 남발했던 것을 지적할 수 있다.

픽사를 통해 다시금 디즈니의 명성을 되찾게 된 요즘이지만, 디즈니는 여전히 <토이 스토리>의 성공을 바탕으로, 다소 폄하성 발언이기는 하지만 아동용 저품질의 시리즈물을 만들려는 시도를 했다. 물론, 문화적인 파급력을 형성하기 위한 시도라고 해석해도 되겠지만, 그것이 새로운 문화와 더욱 새로운 애니메이션을 만드는 것에 조금이라도 방해가 된다면 결국 앞서 만든 성공작으로부터 최대한의 수익을 뽑아내겠다는 장삿속이라고 생각할 수밖에 없다.

가치가 공유되는 기업

영화의 장르를 만드는 것은 시나리오 내지는 바탕이 된 원작을 통해 정해지지만, 영화를 보는 입장에서는 등장인물들이 영화를 만들어 내는 것이라고 할 수 있다. 코미디 장르라면, 등장인물들이 코믹한 인물들이어야 한다. 진지한 전쟁 영화에서 순간순간 긴장을 늦추기 위해 유머러스한 캐릭터가 등장할 수는 있지만, 그들조차도 전투의 순간에는 긴장을 풀지 않는다. 심지어 전쟁 영화 속 캐릭터는 비록 웃음을 주는 조연이라도 죽음을 피해 가지 못한다.

기업이라고 다르지 않다. 기업의 가치를 높이 내세울수록 그에 어긋나는 사람을 기업 안에 들이는 것만큼 위험한 결정도 없다. 기업마다의 성격이나 생산제품에 따라 그에 적합한 사람을 일일이 따져 보는 것은 너무 세부적인 일이 될 터이므로, 기업활동이라는 원칙에서 생각해 보자. 기업은 경영을 기반으로 운영되는 만큼,6) 기업을 구성하는 개개의 구성원들도 스스로 경영을 해 나가야 한다. 물론, 경영을 이루는 요소는 매우 다양하다. 크게는 관리개념도 있고, 기술개발, 생산, 마케팅 등의 다양한 요소들이 있다. 더욱이 최근에는 지식경영이니 디자인경영이니 창조경영이니 하는 새로운 시각들을 담은 경영 트렌드가 등장하여 이를 적극적으로 운영하는 기업이 있고, 기술개발을 통해 제품을 생산하는 수많은 기업들이 기술경영이나 특허경영을 도입해서 운영하고 있다. 그리고 세세하게는 특허경영이라고 하여 특허를 관리하는 부서를 만들어 놓고, 특허부서의 역할을 관리부서의 하나로 인식하는 경우가 있는가 하면, 전략적인 측면에 두고 기획부문으로 운영되는 특허팀도 있어, 실제로 운영되는 모습은 가지각색이다.

그럼에도 기본적이고 근본적으로는 기업이 경영이라는 행위를 하고 있는 이상, 그 구성원들 각자도 경영을 해야 한다. 그리고 이 경영은 기업경영의 의미로만 한정할 것이 아니라, 보다 폭넓은 의미의 경영이어야 한다. 작게는 시간 관리로부터 시작해서 생각의 방식까지도 경영으로까지 연결된다면 더할 나위 없다. 디자인 분야에서는 디자인경영이라고 해서, IDEO의 팀 브라운이나 혼다의 소이치로 회장에 이르기까지 사고방식까지도 디자인적으로 해야 한다고 말하는

---

6) 사실 경영의 개념이 미약한 기업들도 없지 않다. 소위 전문경영인을 두지 않고 운영되는 기업도 여전히 있으며, 경영의 요소들이 충분히 갖춰지지 않은 기업들도 있다는 점에서, 경영을 단지 기업의 운영이란 뜻으로 쓴 것은 아니다.

이들이 적지 않다. 그에 비하면, 특허적인 마인드를 갖고 경영에 임해야 한다고 말하는 이들이 많지 않은 점은 특허경영이란 것이 실체적이라기보다 아직은 특허경영이 특허의 중요성을 강조하는 차원을 벗어나지 못하고 있다는 방증이다.

경영문화는 기업과 구성원 간의 상호작용의 결과

경영마인드를 자신의 업무에까지 확장시켜야 한다고 말했지만, 반대로 자신의 전문분야의 독특한 사고방식을 경영에까지 확장시켜야 한다고 말할 수도 있다. 그것은 어느 쪽이 보다 전문적이냐에 달려 있다. 피터 드러커가 지식노동자라는 개념을 들면서, 시간의 관리, 성과의 관리를 논한 것은 전문화된 경영의 노하우를 개인의 단위에까지 전파하고자 하는 노력이었다. 혼다의 소이치로 회장이라든지 IDEO의 팀 브라운과 같은 경영인의 입장에서는 디자인이 경영에 접목되거나 디자인적인 사고가 경영적 사고와 다르거나 상충하지 않는다는 입장을 견지하고 있어, 그만큼 디자인 분야에서의 노하우가 경영에 녹아들고 있음을 보여 주고 있다. 결국 경영혁신은 단순한 관리기술의 변모가 아니라, 전문적인 사고틀을 가지고 조직의 문화와 경영방식의 변화를 모색하는 것이라고 볼 수 있다.

그런 점에서 아직 우리에게 기술경영이나 특허경영이 낯선 것은 아직 기술과 특허에서의 전문성이 견고하지 못한 때문이라고 말할 수 있다. '우리의 기술개발의 역사가 얼만데?'라고 할 법도 하지만, 우리의 특허 수준은 아직 원천기술을 확보하는 데에 이르지 못했다는 현실적인 면을 생각해 보자. 우리는 아직도 로열티 흑자 구조를 이루고 있지 못하다. "로열티 수입이 중요한 게 아닙니다. 좋은 제품을 많이 팔아야 기업이 살죠"라는 말은 소니(Sony)의 중역들에게는 판에 박은 표현이다. 기술의 우위는 이미 선점하고 있는 소니 정도의 기업에서 호기롭게 할 법한 생각이란 느낌이 없지 않았다.

물론, 우리는 소니보다 큰 기업인 삼성을 가지고 있다. 그럼에도 불구하고, 우유 많이 먹고, 고기 많이 먹고 자란 아이들이 덩치에 비해 체력이 약한 것과 같은 상태는 아닌지 하는 의구심을 가져보게 된다. 소니는 삼성이 더 부러울 수도 있다. 기술수지는 소니가 우세하지만 영업의 측면에서는 역시 삼성이 자신들을 앞질러 가고 있으니 말이다. 하지만 우리의 눈으로 볼 때, 소니를 바라볼 때보다 삼성을 바라볼 때 조금은 더 불안에 가까운 감정을 갖게 되는 것은 사실이다. 단적으로, 노트북을 구입할 때 가지는 포기인지 위로인지 모르는 마음가짐이라든지, "아이폰"과 "갤럭시"를 선택할 때 드는 고민이 그런 것이다. 품질이나 디자인과 같은 제품적인 특징보다는 사후 서비스의 편의를 생각해서 노트북을 선택하는 것이나, 보다 저렴하게 구입할 수 있고 역시 사후 서비스가 편하다는 생각에서 휴대전화를 선택하는 것이 그런 점이다. '소비자들이 기술과 기능과 디자인에 반해서 제품을 구입하게 만드는 것이 진정 성공한 제품'이라고는 할 수 있다. 제품 자체가 아닌 제품에 대한 서비스가 더 소비자를 유혹하는 수단이 된다면, 시장의 질서를 잡기 어려울 뿐만 아니라, 제조자 역시도 결국엔 기술과 소비자 모두를 놓치는 일이 벌어지고 만다.

구성원 각자가 가져야 할 경영마인드

개인 차원의 경영을 도입해야 한다는 말도 경영원칙을 세우는 것
부터 시작되어야 한다. 달리 말하면, '기준이 무엇인가?' 하는 것이
다. 정말 훌륭한 기업들이 여느 기업보다 훌륭한 자동화 내지 전산
시스템을 갖추고 있다고 할 수는 없을 것이다. 생산시설, 효율적인
결재시스템, 직원 상호 간 업무연락을 위한 다양한 네트워크 시스템,
그리고 언제 어디서나 업무를 할 수 있도록 해주는 스마트폰 시스
템, 이런 것들이 하나라도 더 갖춰져 있는 기업이 더 높게 성장하는
것인가라고 묻는다면, 누구라도 반드시 그렇다고 답하지는 않을 것
이다. 왜냐하면, 기업이나 개인의 성과를 만드는 것이 어떤 특별한
장치나 도구로부터 발생하는 것만은 아니기 때문이다.

비슷한 수준의 학력과 외국어 실력들을 갖춘 이들을 모아서, 하나
의 시스템 안에서 인력을 운영해 나가다 보면, 실제로는 각각이 전
혀 다른 성과를 만들어 내곤 한다. 회사가 관리해주는 만큼 혹은 회
사가 기회를 주는 만큼의 차이일 수도 있지만, 그보다는 개인적인
차원에서의 경영능력이라고 말할 수 있다. 그래서 어떤 이들은 자기
경영이란 제목의 다양한 세미나와 교육을 다니기도 하고, 심지어는
유명한 다이어리의 작성법을 통해 자신의 업무와 생활까지를 제대

로 관리하고자 한다.

하지만 개인적인 경영의 방식이란 것은 기업의 경영방식과는 달라서, 체계와 단계와 순서를 잡아 가는 식의 성과달성식의 체계화교육은 장기적인 효과를 보지 못하고 마는 경우가 많다. 그리고 개인의 그러한 노력의 결과가 기업에서, 또 직장에서 호응을 받고 모두가 함께 노력하지 않는다면, 배우고 익힌 바를 충분히 발휘하지 못하여 다시금 개인은 좌절할 수밖에 없다. 경영은 다양한 요소를 가지고 있다. 달리 말하면, 경영은 경영을 구성하는 각 요소들의 결집과 협력이 만들어 내는 총체적이고 총합적인 결과물이라는 의미이다. 개별 요소들 중 유난히 성과가 잘 달성되었다고 해서, 경영의 결과가 만족스럽다고 평가할 수는 없다. 모든 것이 연쇄적인 반응을 일으킬 것이다. 특히 부족하고 잘못된 경우가 그렇다.

기업이 당장의 이익에 몰두하여 구조조정을 감행했을 때, 당장 돌아올 수 있는 결과는 경영 개선이나 이익률 향상 정도가 될 수 있겠지만, 장기적인 측면에서 기업의 건강을 해치는 경우가 적지 않다. 그러면 한 번 가했던 메스는 다시 재발하는 질병을 가진 환자처럼 두 번, 세 번의 회생을 위한 수술을 이겨내야 한다. 하지만 그렇게 해서 결국 사라지는 기업들이 적지 않다. 자사의 브랜드와 상호를 잃어버렸다고 기업이 사라졌다고 할 수는 없지만, 자사의 브랜드와 상호는 가지고 있으나, 애초에 기업이 탄생할 때 가졌던 기술과 제품라인을 잃어버린 기업도 적지 않다.

반면, 기업회생프로그램-그것이 정부에 의한 것이든, 외부로부터 자문이나 CEO 영입을 통해 이루어진 것이든-을 통해서 회생된 기업들을 보면, 기업에 따라서는 그 회복이 가히 혁신적인 경우가 많이 있다. 그리고 외부에서 볼 때는 쓰러져 가던 기업을 살린 성공의 비결이 결코 우리가 익히 듣는 경영의 도구를 이용했다기보다는 무언가 새로운 정신과 문화를 심은 데에 있다는 사실을 발견하곤 한다. 특히 기업회생과 관련된 많은 CEO들의 이야기 속에서 그런 점들을 발견하면서, 책에서 말하지 않은 무엇이 있지 않을까 짐작된다. 하지만 그것이 어떤 것이든, 보다 근본적인 것은 회생 기업의 전이나 후나, 기업을 구성하는 사람들 자체에는 변동이 없었다는 점이다. 결국 과거의 사람이 과거와는 다른 성과를 만들어 내는 것이다.

2011년 1월 20일 마이크 아카몬 GM대우 사장이 사명변경을 발표하였다. 대우자동차라는 이름이 역사 속에서 사라지는 순간이었다.

기업은 필요한 인력을 잘 뽑아서 적재적소에 배치하는 것으로 더이상 할 일이 없다고 해야 기업으로서의 가치가 있다고 말할 수 있다. 매우 이상적인 말 같지만, 사실 기업의 성과에 누수가 생기는 것은 바로 적합한 사람을 적합한 곳에 배치했다는 믿음에 어긋남으로써 발생하기 때문이다. 따라서 누구나가 바른 활동, 즉 기업 가치를 올바르게 실현하고 자신의 직무에 맞는 행동을 한다면, 그로부터 발생하는 성과가 있을 것이고, 일하는 사람 스스로도 계획한 바가 실천을 통해 소기의 목적이 달성되는 것에서 일의 보람을 발견할 것이다. 이는 마치 이상론과 같지만, 현실은 그렇지 않기에 소위 수많은 '누수관리'를 위한 시스템이 필요하게 되는 것이다. 사람들의 성과를 측정하고, 이를 급여에 반영하고, 인사에 제한을 두는 등의 일들을 행하는 것이다.

공무원 사회와 같은 관료구조 역시 애초부터 계획된 체제라기보다는 발생한 조직이라고 보는 것이 맞다. 목적의식과 실천이 등가적인 가치를 지니지 못한 사람들이 조직 내에서 활동하면서 각각의 몫으로 배정한 성과를 충분히 달성하지 못하는 경우가 발생하면서, 시스템이 필요하게 되고, 관리자가 등장하게 된다. 하지만 그 관리자의 위치에도 항상 적합한 사람이 오르는 것이 아니라, 성과와는 관계없는 이들이 그 위치를 차지하기도 하면서 기업이나 조직의 목표를 달성하는 일은 더 적은 이들의 몫으로 옮겨 가게 된다. 일반인들의 총합과는 다른 일을 위해 사람을 모았지만, 결국은 무작위의 일반인들과 다른 특성을 드러내지 못하고, 저마다 목적이 다른 일반인들을 모아놓은 것과 크게 다르지 않은 모순을 드러내는 것을 보게된다. 어찌 보면 성과관리보다 조직관리가 더 커지는 모양새는 그러한 모순을 인정할 수밖에 없는 현실의 반영이라고 할 수 있다. 성과자체에도 경영보다는 관리라는 시각에서 접근하는 바가 더 일반적이라는 점 역시 생각해 볼 여지가 있다.

나를 경영하라!

조직을 관리적인 측면에서 접근하고, 관리활동을 통해서 기관의 건전성을 평가하는 등의 일들은 매우 합리적이고 체계적이라고 할 수 있지만, 기관의 경직성을 높이는 결과가 될 수 있다. 관리는 항상 지표를 설정하고, 그에 대한 달성도를 측정하기 때문에, 어떤 일에 있어서는 그런 계량화된 성적표를 만들 수 없다는 것을 최대한 배제하려 한다. 그렇다면 경영이 들어설 자리는 더욱 작아진다. 모순되게도, 경영을 이야기할 때에 과거보다 요즘 들어서 더욱 관리적인 측면이 강조되는 것 같다. 달리 보면, 구멍가게나 보따리 장사가 경영이란 관념에는 더 적합한 것이 아닌가 싶을 정도이다. 구멍가게를 봐도, 의식적이든 무의식적이든 가게에서 잘 안 팔리는 제품은 재고로 쌓인다는 점에서 도매상을 통한 대량구매를 꺼리고, 항상 신제품을 일부 판매하면서 새로운 제품에 대한 소비자들의 구매성향을 파악한다. 재고관리시스템과 같은 것에 기준이 부합하는지 여부를 상관하지 않고, 그때그때의 시장상황과 소비경향에 맞춰 움직이는 것이다. 보따리 장사도 그렇지 않은가? 각종 병행수입제품을 사들이면서 신제품이 시장에서 인기를 얻는 데에 영향을 미치기도 한다. 정식수입제품의 판매량도 병행수입제품이 얼마나 원활하게 수급되느냐에 긍정적 혹은 부정적 영향을 받을 뿐만 아니라, 가격정책마저도 영향을 받게 되기도 한다. 시장상황에 따라 소위 경영판단을 해야 하는 것은 번듯한 자리에 임원과 간부를 모아놓고 회의를 하는 CEO보다도 이런 소상인들에게 더 맞는 것인지도 모를 지경이다.

관리적인 개념에서의 경영지표는 항상 변화한다. 이 지표들은 때로는 시장을 이해하고, 기업의 미래가치를 이끌어 내는 데에는 걸림돌이 될 수도 있다. 엄청난 과거 데이터에 대한 분석으로 미래를 만들어 낼 수는 없는 일이기 때문이다. 미래의 변화 정도가 워낙 심해서, 과거의 데이터를 정밀하게 분석한 결과물이나 보고서들이 들어맞지 않는 일들이 비일비재하다. 또한 뛰어난 CEO들의 직관처럼 보이는 무서운 통찰력도 일반인의 상식이나 경영학의 원리로는 손쉽게 해석하고 분석해 내기 어려운 측면들이 있다. 그렇다면, 앞서 말한 개인의 경영능력을 키운다는 것은 무엇이 되어야 할 것인가?

먼저는 의식의 변화를 고려해야 할 것이다. 기업의 가치는 사람이 살아가면서 새겨두어야 할 인생의 가치와 마찬가지로 분명하게 선언되어야 한다. 더욱이 기업에 대한 투자도 단지 주가지표를 보고 투자하는 형식이 아니라, 기업의 건전성, 미래적 가치를 두고 투자하는 '워런 버핏식' 투자에 보다 주목하고 있다. 그런 만큼 가치를 보는 이들에게 어필할 수 있는 기업의 가치를 드러내고 홍보할 수 있어야 한다. 그 점에서 자신이 소속된 기업의 가치를 먼저 살펴보는 것이 필요하다. 만일 기업이 추구하는 가치가 내 삶의 가치와 일치하지 않는데도 급여수준이나, 직장의 위치나 대우 등을 고려해서 여전히 남아 있다면, 당장은 모르지만 기업과 개인 모두에게 성공의 기회를 허용하지 못하는 대결구도 안에서 지내게 될 가능성이 높다. 적과의 동침인 셈이다.

그리고 다음으로는 개인에게나 기업 모두에게 가장 큰 자산인 시간에 대한 관리를 시작해야 한다. 시간의 관리는 모든 자원보다 우선되어야 한다. 시간은 축적하거나, 그 양을 늘릴 수 있는 성격의 자원이 아니다. 사실 자원이라고 보기에는 값어치가 너무 크다. 자신이 낭비하는 요소를 줄여 나가는 것에서도 성과를 늘리는 포인트를 잡을 수 있다. 그리고 시간의 관리는 단지 업무과정에서만 적용할 수 없고, 자신의 삶과 인생이 함께 고려되어야 하는 요소라는 점에서 시간관리는 곧 자기 삶 전체에 대한 영향력을 미치는 소중한 작업이다. 분초를 단위로 하여 서비스료를 챙기는 변호사, 경영컨설턴트 등과 같은 직업을 거론하지 않더라도, 우리 역시 시간에 따른 급료를 받는 것은 마찬가지이다.

개인의 시간은 곧 기업의 시간을 의미한다. 개인이 절약한 시간이 기업활동에 반영될 수 있어야 한다. 그런데 이 시간이란 것은 효율적인 자원분배라는 차원의 개념으로 이해하기 어려운 측면이 있어서, 일정한 시스템이나 틀 안에서만 다루고자 한다면, 더 많은 낭비 요인을 발생케 할 위험도 적지 않다. 업무의 시간 목표를 정하고, 그 달성의 정도를 측정하면서 효율적인 시간관리가 개인단위에서뿐만 아니라, 팀 단위에서 그리고 본부단위로, 센터 단위로, 조직 전체 차원으로 확장될 수 있도록 하기 위한 다양한 협력활동이 필요하다. 굳이 이 역시도 시스템이라고 한다면, 조직 전체가 대화와 정보의 공유의 장으로 탈바꿈하는 것도 이 시간이란 자원을 최대한 아낄 수 있는 기회가 될 것이다. 기업의 비전이 되었든 제품의 콘셉트가 되었든 기업 내에서 충분히 공유되고 의견교환이 이루어지지 않는다면, 조직 내의 어느 곳에서라도 시간의 누수는 발생할 수밖에 없다. 기획의 의도를 충분히 이해하지 못하는 동료나 결재권자는 업무의 진행과정 어디에서든 의문을 던질 것이 분명하기 때문이다.

제품을 생산하는 기업이면 절실히 알겠지만, 제품의 생산보다 어려운 것이 물류와 공급이라는 측면이다. 결국 정보의 흐름이라는 물류, 개인의 생각과 계획이라는 물류가 그야말로 물 흐르듯 잘 이루어질 수만 있어도 개개인이 서로를 이해하고, 성과향상에 협력하는 일은 보다 수월해질 것이다. 기업을 넘어서 한 시대의 진보는 가장 발달이 늦은 분야에 맞춰질 수밖에 없다. 도로가 정비되지 않은 경제구조 안에서라면 물류비용이 제품의 생산 단가를 결정짓게 되며, 전문가를 양산할 교육체계가 없는 사회구조 내에서라면 전문가를 해외에서 구해야 하는 현실을 피할 수 없게 된다. 결국, 업무의 속도가 가장 느린 사람에 맞춰 일이 진행되는 것은 새삼 이론을 따질 일도 아니다.

현대의 전쟁을 두고 전자적으로 이루어지는 전쟁이라고 하여, 첨단무기나 미사일, 혹은 소규모 교전이라면 장사정포 간의 대응으로 판가름이 나는 현대전의 면모를 떠올린다고 해도, 결국 승리의 깃발을 꽂아야 하는 것은 사람이다. 과거 인력의 규모로 싸움을 벌이던 고대의 전투들을 보면, 전투 후에는 양쪽 모두가 전승비를 세우는 일이 비일비재했다. 서로 피해를 보는 규모가 대등했기 때문일 수도 있고, 전투의 결과가 실제로 영향을 미치는 것을 확인하는 데에는 일정한 시간이 소요되었기 때문이다. 결국은 전승비를 누가 먼저 세우느냐에 관계없이 전체적인 전쟁의 측면에서는 최종적으로 살아돌아온 사람이 많은 쪽이 다음번 전투를 준비할 수 있는 것이다. 애플이 스티브 잡스가 떠난 후에도 지속적으로 창의적인 제품 개발을 할 수 있고, 그러한 문화를 유지하기를 기대하는 바와 같이, 기업의 미래도 특허장의 숫자로 기술력과 미래가치가 평가되는 것이 아니라, 바로 그 특허를 만들어 낸 이들이 여전히 경영마인드를 가지고 서로 얼마나 협력하고 있느냐로 판가름할 수 있다.

2. 위기경제 시대의 미래경영

- 위기경제 시대에 미래를 생각한다 -

예측할 수 없는 것이 바로 '위기'

'경제'라는 것이 인간의 삶을 풍요롭게 하는 도구로 인식되었던 시기를 지나(물론, 다시금 그런 의식이 되살아나는 시기가 올지도 모르지만), 지금의 경제상황은 마치 언제 터질지 모르는 예측불가능한 폭탄테러와 같다는 생각을 하게 된다. 특히 금융위기란 것이 폭탄테러와 너무 유사한 점은 그것을 당하는 일반인의 입장에서는 도무지 예측이 불가능하다는 것이다. 그리고 그 파괴력과 영향력이 단지 주변에 몇 명에게만 피해를 입히는 것이 아니라, 매우 연쇄적이라는 점에서도 유사하다.

2011년 2월 아직 추위가 가시기도 전에 저축은행들의 잇따른 영업정지로 인해 뱅크런(bank run, 대량인출사태)을 빚었다.

국내에서 빚어졌던 저축은행의 영업정지사태도 전국적인 영향력을 미쳤고, 저축의 부실사태는 뱅크런(bank run)이 이루어졌던 2011

년의 위기로 끝난 게 아니다. 지금까지도 제2금융권에 대한 부실은 언제 깨질지 모르는 살얼음판 같은 상황이다. 막연히 나는 무관하다고 생각하는 입장에서는 신문이나 뉴스를 보며, "또 터졌네" 할 수 있겠지만, 저축은행에 예금계좌라도 가지고 있는 사람이면 안절부절 못하게 되고 만다. 더 이상의 영업정지는 없다는 정부의 발표는 귀에 들어오지도 않는다. 아니 도대체 조금이나마 높은 이율을 보고 저금한 사람에게 무슨 잘못이 있단 말인가? 저축은행이 정계와 얽힌 비리구도를 누가 계산이나 하고 금융상품을 선택하겠는가?

개인적인 차원에서만 보더라도 미래에 대한 계획과 예측은 사소한 점이라도 우리가 판단하기는 매우 어렵다. 큰돈을 투자하는 것도 아니고 보면, 작은 금융사건 하나하나가 서민들에게 미치는 악영향은 소박한 계산마저도 허무하게 만들어 버리는 안타까움이 있다. 은행이나 거대 보험사가 무너지는 것은 정부가 세금을 투입해서 막는다고는 해도, 상대적으로 작은 저축은행이 일으키는 금융사고는 연쇄적인 금융위기까지는 일으키지 않는다고 보게 된다. 정부의 입장도 불법요소에 대한 사법처리 수준에 머물 뿐, 세금을 투입한다는 등의 대책을 논의하지 않는다.

다변화와 다각화를 통한 경영의 건전성 확보

우리나라의 경제구조도 상당히 다변화되었다. 아직도 상당하게는 제조업이 가장 큰 규모를 차지하고 있지만, 생산제품의 범위도 광범위하고, 아직 영미일의 금융·보험사들을 공략할 만한 금융·투자상

품을 만들어 내지는 못하지만 국내에서는 적정한 수준의 시장규모
를 만들어 내고 있다. 심지어 최근에 우리나라 경제에 불어닥친 경
기침체에 대해서조차도 3차 산업 중심의 경제구조 재편을 위한 숨
고르기라는 긍정적인 평가를 내리는 경우를 볼 수 있다.

제조업의 대표선수인 자동차 산업의 동향을 보면, 자국 브랜드가
아닌 동양의 두 나라가 장악하고 있는 미국 자동차 시장에 비해,[7]
우리나라의 자동차 시장은 해마다 수입차 등록률이 오른다고는 하
지만 여전히 우리 소비자들이 한국의 자동차가 해외 진출에 힘을 쏟
을 수 있도록 확고하게 국산차를 선택해주고 있다.

경제구조의 다변화는 무엇보다 다양한 경제적인 위기를 상쇄하고
충격을 흡수할 수 있는 형태로 이루어져야 한다. 경쟁력 있는 산업
을 선별적으로 육성하는 것에만 몰입하지 않고, 다양한 산업들이 양
성될 수 있는 기반이 필요하다. 선택과 집중이란 것이 아직까지도
유효한 정부의 산업시책이지만, 선택과 집중의 결과가 특정 산업만
을 키우고 그 나머지는 포기한다는 식의 정책으로 오해되지 않도록,
집중적인 지원을 받은 산업이 성장하고, 그 성장의 결실들이 나머지
부족한 부문을 동반 성장시켜 주는 결과로 이어져야 한다. 나무 한
그루를 키운다고 주변에 제초제를 뿌리고 농약을 치는 것보다는 토
양을 이롭게 하고, 미생물이 살 수 있는 환경과 딱따구리가 찾아와
서 벌레를 잡아먹는 환경을 만드는 것이 보다 효과적이다.

아직은 우리나라가 국민소득 2만 불 시대에 확고하게 자리 잡은
것도 아니고, 수많은 경쟁국과의 다툼으로 핵심 산업을 키워야 하는

---

7) 2011년 발표된 미국의 자동차 브랜드별 재구매율을 보면, "닛산"과 "렉서스"에 이어 "현대차"가 3위를
   기록하고 있다.

경제·산업 환경 가운데 놓여 있지만, 다양성을 키워나가기 위한 경제환경은 과거보다 훨씬 우월해졌다. 한때 철강과 조선 그리고 반도체 정도로만 국부가 유지되는 것과 같은 시절이 있었다. 하지만 현재는 그보다는 다각적으로 경쟁력을 갖춘 산업을 유치하고 운영해 가고 있는 점을 이유로 들 수 있다. 특히 항공우주산업이 각광받고 첨단의료장비 개발, 나노소자 개발, 줄기세포 기술의 상용화 등 미래의 산업은 과거의 산업보다 세분화되고 다양할 것으로 기대할 수 있다.

공기(公器)로서의 기업

미래를 만들어 가는 첨단기술의 첨병인 기업은 공기로서의 역할을 다해야 한다. 위기관리에 철저하고, 이미 확보한 시장에 대해서는 지속적인 신뢰를 얻기 위한 최선의 노력을 해야 하는 것이다. 더불어 과거와 같은 수요 예측, 미래 예측이 아니라, 미래 만들기를 계획해야 하는 시기가 되었다. 한 나라의 기업활동이 원활하지 못하면, 국가의 경쟁력을 논할 것까지도 없고, 당장 국민들의 생활이 피폐해지기 때문이다. IMF 시절에 무너지는 기업들 속에 피해를 입은 것이 누구였는지는 굳이 곱씹어 보지 않아도 자명한 사실이다.

1967년 ≪권력이동≫과 ≪부의 미래≫ 등의 미래학 저서로 유명한 앨빈 토플러는 1967년 짐 데이토 교수와 함께 '미래협회'를 만들어 '미래학(future study)'이란 학문 분야를 개척하였다.

미래학자의 대표적인 인물인 앨빈 토플러는 책을 쓰기 위해 참으로 다양한 작업을 한다. 혼자만의 도서와 연구만을 통해서 미래를 예측하는 것이 아니라, 초일류기업의 CEO를 만나고, 증권전문가들과 토론하고, 주요 국가의 국가원수들과도 교류한다. 쉽게 말해서, 미래를 움직이는 이들과의 접촉을 통해 그들의 미래에 대한 계획을 듣는다는 것이다. 그렇기 때문에, 그가 출간하는 책은 곧 미래를 예측하는 내용의 책이 되는 셈이다. 경제나 사회현상을 CEO, 경제전문가, 국가지도자들로부터 직접 생생한 정보를 얻어 써낸 책이기에, 자연스럽게 미래를 예측하는 책이 된다.

자신의 영역에서 영향력을 확보한 기업이라면 미래에 대한 예측이 아니라 미래를 주도해 나가기 위한 계획과 전략을 세워 나가야 한다. 왜 우리 기업들은 애플의 "아이폰"의 등장을 예측하지 못했는가? 아니, 예측은 했으되 그 영향력을 간과했는가? 관련 기업의 관계자들은 그런 것은 아니라고 손사래 칠지는 모르겠지만, 그리고 심지어는 아이폰에 적용된 기술들에 대해 별것 아니라고 큰소리칠지는 모르겠지만, 그렇다면 왜 우리는 그런 예측 가능하고 이미 사용되고 있는 기술들을 가지고 미래를 만들어 내지 못했는가를 묻게 된다.

◎ Les Memorables

1998년 11월 9일자 ≪경향신문≫은 폴더형 "스타택"의 인기를 '뜨거운 유혹'으로 표현하고 있다. 당시 휴대전화 시장 2위, 3위인 삼성전자와 LG전자가 스타택을 견제하기 위한 합종을 맺어 대응한 바 있다.

혹자는 우리가 워낙 1등에 익숙하지 않아서 1등을 유지하는 방법

을 모르기 때문이라고 말하기도 한다. 또 우리는 결코 1등을 원하지 않는다고 말하기도 한다. 앞선 해외 기업들이 만들어 낸 기술을 즉 각적으로 쫓아서 구현하는 패스트 팔로어(Fast-follower)로서의 능력 이 탁월하기 때문에, 굳이 모험을 하면서 1등으로 나설 필요가 없다 고도 한다. 세계시장에서 우리가 차지하는 비중이나 비율이 높지 않 아서 섣불리 모험을 걸기 위한 사업이나 기술개발을 하기 어렵다는 것이 중론처럼 뻗어 있는 것만 같다.

물론 선두에 선다는 것은 줄줄이 추적자를 달고 있다는 것을 의 미하는 것이다. 그래서 자기 고집만 따르고, 과거의 성공만 추구하 다가 2류 기업으로 추락한 사례는 미국에도 있고, 일본에도 있다. "스타택"과 "레이저"만 믿고 과거를 답습하다가 1등 기업의 지위 를 잃은 모토로라나 기술력으로 앞선 장점을 잊고 외국 기업의 CEO를 영입해서는 영화 산업에 투자하고 수많은 콘텐츠들을 사들 인 소니도 어찌 보면 삼성이 밀치고 나갈 수 있는 빌미를 제공했다 고 볼 수 있다.

3강의 대립을 뛰어넘는 기업전략

삼국지의 촉나라는 제갈공명이 재상으로 있는 동안 지속적으로 위나라를 공략했다. 당시 위·촉·오 삼국 중 가장 세력이 약했던 나라였지만, 제갈공명은 국가의 총력을 모아 해마다 출사표를 올렸 다. 조조가 세운 위나라가 신하된 지위를 망각하고 한나라의 황제를 참칭하여 정벌이라는 이름으로 주변국을 침략하고, 끝내는 불법적으로 한(漢) 왕조를 무너뜨리고 있기에 한 왕조의 정통을 이은 촉이 위나라를 징벌해야 한다는 것이 출사표의 명분이다. 현실전략가인 제갈량은 이러한 명분과 상관없이 국력의 결집을 위해 방어 대신 공략을 선택한 것이었다. 하지만 이로 인해 위나라 조정이 위협을 느끼기도 했지만, 위나라가 국난을 겪는 지경에는 이르지 않았다.

과연 제갈량은 위나라의 규모와 힘을 모르고 지속적인 공략전을 전개했을까? 그렇기보다는 촉이라는 소규모의 힘을 결집시키고, 자신들의 존재가치를 확고히 하는 방법으로서 적극적인 도전을 핵심전략으로 취했고, 이로써 한 왕조의 계승이라는 명분을 주창하는 것의 근거로 삼은 것이라고 해석할 수 있다. 비록 땅의 크기와 힘의 균형은 위나라에 미치지 못하지만 촉한은 정통성을 가진 왕조로서 그 신하국인 위를 정벌하는 것이 마땅하다는 명분을 유지하였다.

역사를 뒤집어 해석하면서 아쉽다고 표현해야 할지는 모르겠지만, 어쨌든 오나라의 손권이 급작스럽게 동맹관계를 깨고 촉을 침략하여 관우를 죽이기에 이르고, 이후 오와 촉의 동맹은 다시 형성되었지만, 금이 간 상태에서 맺은 동맹을 기반으로 공고한 전략을 수립하기는 어려웠다. 그러한 가운데 지속적인 북벌전략도 제갈량의 죽음 이후에는 약화가 되어, 마침내 제갈량의 후임 강유가 위나라와의 전투에서 전사하면서 결국 오나라보다도 먼저 위나라에 의해 촉한 왕조의 문을 닫게 되었다.

중국의 위진남북조 시대에 보이는 이와 같은 3강의 구도가 비단 역사 속에서만 나타나는 것은 아니다. 국내 시장을 살펴보면, 시장 점유율별로 자동차 시장에서도 현대기아차, GM대우, 르노삼성 정도가 3강 체제[8]를 형성하고 있다. 우리 기업이 선전하고 있는 세계 휴대전화 시장도 삼성전자, 애플, 림(RIM)의 3강 구도가 형성되어 있다. 1위와 2위만의 싸움과 1~3위가 경합하는 싸움은 각자가 취해야 할 전략부터가 다르다. 1위와 2위 간에 벌어지는 경쟁에는 사실 별다른 것이 없다. 1위는 시장점유율을 고수하며 새로운 기술을 발굴해 나가는 것이 중요하고, 2위는 시장점유율을 뒤집기 위한 새로운 기술을 구축해 나가는 것이 필요하다. 1위와 2위 사이에는 사실 상부상조는 없다고 볼 수 있다. 누가 먼저 시장을 점유하느냐의 싸움이 된다. 하지만 3위가 있으면 양상은 조금 달라진다. 2위와 3위 기업이 협력하여 1위를 위협할 수도 있고, 반대로 1위와 3위가 협력하여, 2위 기업을 위협할 수도 있다.

현재 계열사인 LG전자가 단말기를 공급하고 있는 LG텔레콤과는 달리 휴대전화 시장의 1, 2위를 다투고 있는 KT와 SK는 공유보다는 대립적 마케팅 전략을 유지하고 있다. 이 둘의 태도를 보면, KT가 처음 "애플"과의 공급 계약을 맺자 SK는 삼성의 "갤럭시"를 선택하였다. 과거 이동통신 사업자들이 한창 각축전을 벌일 때의 양상과는 또 다른 모습이다. 저마다 휴대전화 제조업체들은 이동통신사가 계열사인지 여부를 가리지 않고, 휴대전화에 각각의 이동통신 사업자의 로고를 새겨 납품하곤 했다. 물론, 모토로라의 스타택이 출시되었을 때에는 마치 지금의 KT가 애플의 아이폰 판매를 선점했던 것처럼, SK텔레콤이 스타택에 대한 전매권을 취득했었다. 이후 KT가 고주파수 단말기용의 스타택을 판매하기 시작했을 때는 이미 스

---

8) 2010년도 시장점유율은 현대차 47.2%, 기아차 32.5%, 르노삼성 9.3%, GM대우 8.7% 순이다. 쌍용차는 2.2% 수준이다. 다만, GM대우의 경우는 수출비중이 큰 데 비해, 르노삼성은 수출비중이 상대적으로 낮다.

타택의 인기가 시들해졌을 무렵이었다.

그런데 대략적인 3강 구도가 형성되어 있는 경우와는 달리, 콜라 시장과 같이 1위와 2위는 있으되, 3위는 있는지 없는지 모르는 시장도 없지 않다. 하지만 비록 3위와의 경쟁을 생각할 필요도 없을 정도로 1, 2위의 다툼이 치열한 경우에도 만년 2위가 어떤 전략을 세우느냐에 따라서 1위의 의미가 무색하게 되는 경우가 있다. 콜라시장에서 펩시가 취한 전략이 바로 그것이다.

◎ **Les Memorables**

펩시는 중국 시장 진출을 위해 붉은색이 강조된 로고와 광고사진을 적극 활용하고 있다. 빨간색은 코카콜라가 전통적으로 사용해 온 색깔이란 점을 생각하면 펩시의 마케팅이 매우 공격적임을 느끼게 한다.

콜라시장에서 "펩시"는 만년 2위가 아니라, 한때는 "코카콜라"를 앞지르는 성적을 내기도 했다. 코카콜라가 콜라시장을 탈환하고자 외식산업으로 진출하는 등 공격적인 마케팅을 취하자, 펩시도 이에 뒤질세라 함께 외식산업에 뛰어들면서 맞불 전략을 취했다. 하지만 예상외로 펩시는 외식산업 전투에서 열세를 보이며 이내 코카콜라에 콜라 시장점유율 1위 자리를 다시 내주게 되었다. 20여 년간 콜라시장을 공략하던 펩시는 다변화 전략을 취하기 시작했다. 심지어 피자헛과 KFC에서도 손을 떼었다. 한때 마이클 잭슨을 필두로 하여, 러시아 시장을 선점했던 펩시가 아니었던가? 누구라도 펩시의 콜라 시장점유율 1위에 대한 경쟁 포기가 쉽게 믿어지지는 않았을 것이다.

미래를 만드는 기업, 펩시

오히려 펩시는 오렌지 주스로 유명한 "트로피카나"와 스포츠 음료의 대명사인 "게토레이"를 보유하고 있는 퀘이커오츠를 인수하고 나섰다. 탄산음료는 전통의 음료가 아닌 과거의 음료라고 인식한 것이다. 건강과 웰빙(Well-being)을 강조하는 새로운 패러다임을 선택한 것이다. 어쩌면 코카콜라의 승리는 콜라시장의 퇴조를 의미하는 것인지도 모른다. 후지필름이 여전히 인스턴트카메라의 필름을 생산하고는 있지만, 누구도 인스턴트카메라 필름 시장을 경쟁력을 발휘해야 하는 시장으로 인식하고 있지 않은 것처럼 말이다.

> 펩시콜라 CEO 인드라 누이는 CEO로 취임한 2006년에도 이미 '세계 기업계 정상의 여성 50명' 중 2위를 차지했으며, 2년 연속 1위 자리를 차지한 바 있다.

더욱 흥미로운 것은 펩시의 이와 같은 다각화와 다양화 전략이 제품의 다양화라는 양태로 나타나기는 하지만 펩시의 토양 자체는 이미 콜라생산을 기반으로 하던 과거의 펩시와는 달라졌다. 사람이 변화를 만들고, 사람이 조직을 이룬다는 사실은 펩시의 이러한 변화에서도 유효하다. 즉, 펩시는 다양한 문화를 기업 내에 뿌리내리도록 종업원 중 소수인종과 여성의 비율을 극대화시켰다. 이는 임원진의 구성에서도 발견할 수 있는데, 2006년에 취임한 펩시의 CEO 인드라 누이9)는 인디안-아메리칸이다. 문화적인 다양성을 수용하는 것

---

9) 미국 펩시코의 CEO 인드라 누이(Nooyi·55)가 영국 경제전문지 《파이낸셜타임스(FT)》가 선정한 '세계 기업계 정상의 여성 50명' 중 1위를 차지했다. FT는 인도 태생 미국인인 누이가 "1994년 펩시코에 입사해 2006년 CEO가 된 뒤 위기에 직면한 펩시코를 구했다"고 선정 이유를 밝혔다. 《조선일보》,

은 기업 내 인력변화에서만 이루어진 것이 아니었다. 2000년대 후반부터 펩시는 중국으로 진출하기 위해, 전통의 파란 색깔이 아니라, 소위 코카콜라의 색인 강렬한 붉은색을 차용한 새로운 로고를 만들어 냈다.

펩시가 러시아 시장을 공략했을 무렵만 해도, 생존차원에서의 시장 확보를 위한 고진감래(苦盡甘來)의 전략이었을지 모르지만, 2000년대 후반부터의 확실히 중국시장 공략은 왠지 다문화적인 배경을 오랫동안 준비한 이후의 전략적 행보로 느껴진다.

위기는 언제나 존재한다. 그리고 그 위기는 예측하기 어려운 특징이 있다. 너무나도 당연한 말이지만, 만일 예측한 것이라면 위기로 다가오지 않을 것이기 때문이다. 위기는 경쟁기업이 급속히 성장하여 따라잡기 버거울 정도의 차이가 생긴 것일 수도 있고, 넥앤넥(neck and neck)할 정도의 미묘한 차이일 수도 있다. 다행히 펩시의 경우는 코카콜라와의 차이가 결코 절대적인 우위를 내어 줄 정도는 아니었다. 그럼에도 펩시는 콜라 시장에 대한 공략을 완전히 포기하지도 않으면서도 새로운 기업 문화를 창조함으로써 새로운 제품과 시장을 만들어 가는 데에 전력투구하였다.

결국 펩시가 만든 미래가 성공을 거두고 있다. 과거에는 콜라 시장에서의 패배가 곧 기업의 존립 자체를 흔드는 생존의 목표였지만, 이제는 달라졌다. 사람들은 콜라보다 더 건강한 음료를 찾고 있다. 또한 스포츠의 대중화와 웰빙푸드가 인기를 얻으면서 시장은 기능성 음료를 비롯해서 보다 다양한 맛의 음료를 원하고 있다. 이러한

2010.11.18.

새로운 분위기에 따라 코카콜라도 콜라만 만들고 있지는 않다. 외식 시장에서 견고한 지위를 유지하고 있고, 생수를 포함한 다양한 건강 음료도 만들어 판매하고 있다. 그렇기에 시장 전체를 변화시킨 펩시의 미래 전략이 더욱 눈에 띄고 많은 이들의 호감을 사는 것이 아닐까.

문화를 만드는 것이 진정한 제품 만들기

펩시콜라의 예에서처럼 미래를 만든다는 것이 새로운 제품을 만드는 것을 목표로 하는 것만은 아니다. 보다 의미 있는 목표점은 문화를 형성하는 능력이다. 문화의 뒷받침 없이는 제품의 가치를 잃을 위험이 크다.

모토로라는 "스타택"을 처음 내놓았을 때, 가장 가볍고 얇은 휴대전화를 강조했다. "레이저"를 만들었을 때도 역시 같은 콘셉트를 유지했다. 휴대전화를 통한 커뮤니케이션의 문화에 초점을 두기보다는 제품에 초점을 맞췄다. 처음에는 스타택이란 제품이 가진 파급력으로 타사의 휴대전화들까지도 스타택을 따라 폴더형으로 제조되는 등의 문화형성력을 갖기도 했지만, 제품 자체의 힘에만 의지한 결과 새로운 문화를 형성하는 단계로까지는 확장하지 못했다. 이제 그들은 삼성전자, LG전자와 힘겨운 싸움을 치르고 있다. 최근 회복세를 타고 있지만, 2010년도의 시장점유율은 7% 가까이 하락했다. 북미시장 3위라는 시장점유율의 수성마저 불과 2년 사이에 무너지고 말았다.

애플은 개인용 컴퓨터에서 휴대전화에 이르기까지 지속적으로 개인 정보단말기 시장에 문화형성력을 발휘해 왔다. 때론 시장점유율이나 당기순이익 면에서 고전을 면치 못하기도 했지만, PC의 표준, 노트북의 표준, MP3플레이어의 표준에서 휴대전화의 표준, 심지어 태블릿 PC의 표준을 창조해 왔다. 그리고 그들은 이미 스스로 창조한 단말기들 간의 특징들 속에서 상호 피드백하는 경지에까지 이르렀다. 아이폰을 위한 애플리케이션을 아이패드로 확장하고, 이를 애플의 기존 노트북과 PC를 위한 애플리케이션 개발에까지 확장해 나가고 있다. 아이폰에서 사용하던 디스플레이를 아이패드와 노트북으로 확대하여 제품을 생산하는 경향도 생겨났다.

◎ Les Memorables

삼성전자는 애플의 "맥북에어"의 대항마로 울트라북급의 노트북인 "시리즈 9"을 선보였다. 제품의 힘에서만이 아니라, 문화형성력에서도 애플을 따라잡을 수 있을지 귀추가 주목된다.

문화형성력이라는 미래 가치는 새로운 패러다임에 대한 열린 사고를 바탕으로 형성된다. 기업의 문화가 바뀌면 그들이 만드는 제품도 바뀌게 된다. 그런데 이러한 문화형성력을 위해서는 포기해야 하는 것이 있다. 바로 기존 영역에서 얻어왔던 이익과 새로운 미래가치 창출을 위한 투자비용이다. 기업이 제품 개발을 위해 투자한 개발비용, 생산비용, 마케팅 비용, 인건비, 그리고 이윤을 고려하여 제품가격을 정할 때라도 제품에 합당한 가격보다 제품의 가치를 더 크게 고려해야 한다. 100만 원짜리 전자제품이라면, 사는 사람은 상당한 고액이라고 생각하게 마련이다. 그런 사람에게 '우리 제품은 100만 원짜리입니다'를 강력하게 선전한다고 해서, 그 제품의 가치가 100만 원으

로 확립되는 것이 아니다. 120만 원짜리를 만들어 놓고 100만 원의 가격에 맞춰 판매할 수 있어야 한다. 그런데 중요한 점은 이 20만 원의 가치는 제품의 생산가격에서 깎아 낸 금액이 아니라, 제품으로 인해서 구매자가 향유할 수 있는 유익이어야 한다는 점이다.

기업에 따라서는 그것을 구매후지원서비스(소위 애프터서비스)를 강화함으로써 얻을 수도 있고, 사용자를 위한 모임을 조성하는 등의 문화지원서비스를 통해서도 만들어 낼 수 있다. 하지만 애프터서비스를 받지 않을 정도로 제품을 깨끗이 사용한 사람에겐 결국 서비스하지 않은 것과 다르지 않고, 문화지원서비스는 특정한 사용자 그룹에서 활동하지 않은 사람에게는 무의미하다. 얼마나 제품 안에 문화형성력을 쏟아 넣느냐에 따라 제품의 실제적 가치를 높일 수 있게 된다. 바로 그것이 시장에서 곧 도태되느냐 아니면 장수하느냐를 가늠하는 척도가 될 것이다.

"포르셰"의 엔지니어들은 일반차량의 운전자들이 손쉽게 보닛을 열어 엔진을 확인할 수 있도록 하는 일반의 상식과 달리, 고장 나지도 않을 걸 굳이 소비자가 열어볼 필요는 없다며 엔진을 자체 중앙에 배치하는 모험을 감행하기도 했다. 장인 정신이 배어 있는 독일 자동차 산업과 더불어, 보이지 않는 곳부터 신경을 써야 한다는 아버지의 가르침을 제품 만들기의 철학처럼 지켰던 스티브 잡스의 고집스러움이 결국 새로운 문화를 만들어 나가는 힘임을 다시 한번 생각하게 된다.

◎ Les Memorables

한국의 피터 드러커라고 불리는 석좌교수 윤석철 교수는 가격을 초과하는 가치를 제공하는 데에 기업의 성공이 있다고 조언한다.

---

3. 엘 시스테마, 베네수엘라 경제학자의 조직경영론
- 국가의 이미지마저 바꾼 조직경영론 -

자연으로부터 오는 예측할 수 없는 위기

　지금 우리는 기업의 운용이나 경영전략의 미진으로 인해 빚어지는 경제적인 위기를 넘어, 기업의 존립 자체를 위협하는 위기를 겪고 있다. 경제적인 위기와 침체에 더해, 전쟁과 자연재해가 동서에서 동시에 터지면서 세계가 몸살을 앓는 가운데, 유럽 각국의 재정위기도 가속화되고 있다. 일본 동북부 지역이 쓰나미의 직접적인 피해를 입고 있었을 때, 자연재해 여파는 단지 일본 일부에 그치지 않았다. 그 체감도가 사회 전체적으로 퍼지지 않았는지 모르지만, 표면적으로는 먼저 여행업계의 소식에서 그 충격을 느껴볼 수 있었다. 2011년 3월 11일 일본의 나리타 공항 폐쇄 소식이 전해지자, 예약취소가 잇따랐고, 회복세와 상승세를 보이던 대표적인 모 여행사의 주가는 급락했다. 당시 대한항공에서도 일본여행을 테마로 한 야심찬 프로모션을 진행하고 있었는데, 홈페이지를 화려하게 장식했던 홍보영상은 더 이상 볼 수 없게 되었다.

　최종적인 공식 피해규모로 집계된 것은 아니지만, 쓰나미로 인한 일본의 경제적 손실을 10억 엔에서 15억 엔 정도로 추정하는 소식들이 들어오기도 했다.[10] 5억 엔이란 차이는 결코 적지 않은 것인데, 손실액을 측정하는 데에 이런 편차를 보인다는 것은 그 경제적 파급력을 좀처럼 가늠할 수 없다는 방증이라고 할 수 있다. 더구나 지난 미국발 경제위기 이후로 일본의 주요 기업들이 가스, 원자력에너지, 토목 분야 등 소위 기간산업에 다시금 투자하던 것을 감안하면, 자동차, 전기전자, 반도체, 철강, 석유화학 산업의 설비 및 부품 공장이 모여 있는 동북부지역의 피해는 1년이 더 지난 현재까지도 일본 경제 전체에 상당한 부담이자 위협이 되고 있다.

〈표 1〉. 2011년 당시 쓰나미에 의한 일본의 지역별 산업피해 현황

주요 지역	산업 부문의 주요 피해 현황
후쿠시마 현	- 원전 1, 2, 3, 4호기 운전 정지 - 닛산 자동차 생산 중단 - 파나소닉 생산 차질
미야기 현	- 센다이 공항 침수 - 오나가와 원전 화재 및 운전 정지 - 무라타제작소·소니·토요타 등 주요 공장 생산 중단 - 니폰오일 공장 파손
아오모리 현	- 파이오니아 공장 파손 - 파나소닉 공장 생산 차질 - 440만 가구 전력 공급 중단
지바 현	- JFE홀딩스 생산 중단 - 코스모스석유 공장 화재
이바라키 현	- 도쿄가스 공급 중단 - 다이킨공업, 스미토모금속 생산 중지
도쿄	- 나리타, 하네다 공항 일부 폐쇄 - 신칸센 운행 중단 및 시내 지하철 제한 운행

---

10) 직접 피해액 고베 때의 배가 될 것. 일본 경제연구센터의 이와타 이사장은 "고베 지진의 직접 피해액은 10조 엔 정도였으나 이번은 배 이상이 될 것"이라고 추정했다. 고베 때는 사회 인프라시설이 주로 피해를 입었지만 이번 지진은 지진·쓰나미의 범위가 넓었고 원전 폭발로 전력공급 애로 등이 겹쳤다는 것이다. 《국민일보》, 2011.3.18일자.

일부 낙관론자들은 고베대지진 이후 오히려 경제회복 노력을 통해 일본 경제가 성장한 바와 같이, 이번 위기 역시도 회복을 위한 노력이 경제부양의 효과도 있을 것이라고 말하기도 했다.[11] 하지만 고베대지진이 일어난 1995년의 일본은 세계 제2위의 경제대국이었던 반면, 지금은 중국의 위협에 한쪽 무릎을 꿇은 상황이다. 정부 차원에서나 민간 차원에서나 일본과 밀접한 경제협력 관계를 갖고 있는 우리나라의 경제성장을 위해서도 일본의 회복이 가속화되어야 했지만, 일부 낙관론자들의 의견이 피해현장에 활력을 주지는 못했다.

> 2011년 3월 17일에 있었던 유엔 안전보장이사회에서 중국과 러시아는 리비아 군사개입안 표결에 기권했다.

전쟁으로부터 오는 예측은 되나 대응키 어려운 위기

한편, 일본의 쓰나미 사태보다 한 달 먼저 일어난 리비아 사태는 자연재해와는 또 다른 측면이 있다. 어쩌다 보니, 자연재해와 전쟁이라는 인재(人災)를 연달아 맞게 되었지만, 우선 자연재해의 영향력과 파괴력에 대해 우리는 회복을 위한 노력 외에 사전적인 대비를 한다는 것은 매우 어렵다. 반면 자연재해와는 달리 전쟁은 어느 정도 예측할 수 있는 인간사이기는 하다. 하지만 비록 예측을 하고 사

---

11) 리처드 쿠퍼 미국 하버드대 교수는 "일본 경제가 대지진 및 쓰나미 여파로 올해 2분기에 상당한 타격을 받겠지만 대재앙을 극복하는 과정에서 성장세가 높아질 것"이라고 전망했다. 그는 글로벌 금융위기 이후 위협받고 있는 기축통화로서의 달러에 대해 앞으로도 상당 기간 그 역할을 지속할 것이라고 예상했다. ≪한국경제≫, 2011.3.20일자.

전에 경제적인 피해를 최소화한다고 해도, 전쟁 사태의 확산에 대해
서는 또한 예측이 어려워 경제적인 손실 역시 비록 국가 전체적으로
볼 때는 제한적이라고 하겠지만, 자연재해의 영향보다 결코 적지 않
다는 점을 간과할 수 없다. 특히 전쟁은 인간의 일이기에 그 지속성
을 판가름하기 쉽지 않다.

〈표 2〉 2011년 3월에 벌어진 다국적군의 리비아 공습 현황

공습일자	주요 공습지역	주요 공습목표
1차 공습 (3월 19일)	트리폴리 미스라타 수르트 아지다비야	미티가 공군기지(트리폴리) 바브 알 아지지야 요새(트리폴리) 미스라타 공군기지 수르트 방공기지
2차 공습 (3월 20일)	트리폴리 아지다비야	바브 알 아지지야 요새(트리폴리) 아지다비야 및 우잘라(주요 교전지)
3차 공습 (3월 21일)	트리폴리 수르트	바브 알 아지지야 요새(트리폴리) 수르트 방공기지

특히나 중동과 서방세계 간의 미묘한 관계 속에서 양다리를 걸치
고 있는 우리 경제는 마치 우산장수 아들과 짚신장수 아들을 가진
어머니와 다르지 않다. 대표적으로 중동지역에 진출하고 있는 플랜
트 등 대규모 건설사업, 자동차산업 등은 다시금 위축될 수밖에 없
고, 한편으로는 리비아로부터 원유를 수입하고 있지 않다는 점에서
안도의 숨을 쉬기에는 장기적인 중동평화의 위협이 에너지 문제에
어떤 영향을 미칠지 알 수 없다. 특히 산유국이 몰린 중동지역 전쟁
의 성격상, 과거 미국이 석유를 이유로 이라크를 침공했다는 비난에
이어, 여타의 서방국가보다 리비아에 호의를 보이던 프랑스가 앞장
서서 공격을 주도하고 있는 이유가 다름 아닌 원유 확보에 있다는

논란이 끊이지 않았다. 누가 주도를 하건 중동은 석유와 종교를 이유로 서방으로부터 끊임없는 공격을 받으면서도, 한편으로는 그 자체가 난공불락의 요새와 같기도 해서, 때로는 밀월 관계를 맺는 등의 복잡한 국제관계가 펼쳐지고 있다.

그래서 서방의 맹주로 인식되고 있는 미국이 군사행동을 취하는 경우, 반미 성향을 가진 국가들은 미국에 대한 비난 여론을 조성한다. 리비아 사태 직후 베네수엘라의 차베스 대통령이 서방의 리비아 공격을 '미친 제국주의'라고 매도하면서 '리비아에 대한 공격을 즉각 중단할 것'을 요구하기도 했다. 이에 더하여, 중국의 외교부와 러시아 외무부 역시 이번 사태에 대한 유감을 표명하고 나선 점은 미국과 서유럽 국가에 대한 경계라고 해석된다.[12]

그렇다면 우리에게는 어떤 영향을 미쳤나

일본의 쓰나미 사태로 인해, 애플에 디스플레이 부품을 납품하는 LG디스플레이의 경우도 히타치 화학으로부터 디스플레이 제작에 들어가는 필름인 ACF(Anisotropic Conductive Film)를 납품받지 못하는 상황이 벌어졌다. 세계경제의 구조가 한 나라의 부품업체가 하나의 부품을 생산할 때, 그 부품을 구성하는 소부품을 또 다른 나라의 부품업체로부터 수입하여 사용하는 상황으로 서로 맞물려 있다. 이러한 경제구조로 인해 빚어지는 경제적인 타격은 범세계적이라고

---

12) 중국과 러시아는 이러한 유감표명 이전에 개최된 3월 17일의 안전보장이사회에서 리비아 지역에 대한 군사개입안 표결에 기권하였다.

할 수 있다. 자동차 부문에서도 쌍용자동차가 2007년 이후 선보인 신차 "코란도C"의 생산에도 차질을 빚었다. 코란도C의 엔진부품은 쓰나미의 직격탄을 맞은 센다이 시에 소재한 일본 테크노메탈사이다. 르노자동차에 들어가는 캐나다산 워터펌프는 일부 일본 기업의 부품을 사용하고 있어, 역시 감산을 결정할 수밖에 없었다고 한다. 또한 국내에서 소비되는 철강재의 20%는 일본으로부터 들여오고 있다.

〈표 3〉 일본 대지진이 세계 자동차 산업에 미친 영향

지역	주요 생산업체	피해 내역
한국	르노삼성, GM대우	변속기·엔진 등 일본산 부품 재고 감소로 인한 감산 조치 시행
유럽	볼보, 폴크스바겐	볼보: 주요 부품 재고량 1주일 미만 폴크스바겐: 기어박스 등 부품 재고 부족
미국	GM, 포드	GM: 루이지애나 주 픽업트럭 공단 생산 중단 포드: 산요 배터리 공급 중단으로 하이브리드카 생산 중단
인도	마힌드라&마힌드라	자동차 강판 부족으로 생산 차질

이처럼 전 세계적으로 맞물린 부품산업의 영향이 우리나라에 적지 않은 충격파를 전했다. 통상 재고물량이 떨어지는 2~3개월 이후가 더 심각해진다. 기아자동차, 현대자동차 등도 물류정상화가 이루어지지 않아, 엔진 없는 자동차, 기어박스 없는 자동차를 만들 뻔했다는 것이 후일담이다.

어찌 보면, 당장에 생산 차질을 빚는 산업계의 소식들보다 우리 사회의 삶의 질을 염려해야 할지 모른다. 일본 후쿠시마의 원자로 외벽의 파괴와 원자로 내의 온도상승 등으로 일본 열도뿐만 아니라 한반도 역시 방사능의 피해 위협에 떨었다. 단지 이러한 보이지 않

는 위협만이 우리의 삶의 질을 낮추는 것이 아니라, 일본 열도와 한 반도의 거리상의 밀착으로 인해, 동북아시아 전역에 대해 반감기가 수천, 수만 년에 이르는 방사능 위험 여파가 해가 지나도 약해지지 않을 뿐만 아니라, 세계적으로 퍼지고 있다는 점에도 불안 요소가 여전하다.13) 그리고 방사선에 의한 해양의 오염 때문에, 일본으로부 터 수입하는 농수산물에 대해 수입제한이 이루어지면서, 중국에 대 한 농수산물의 수입의존도가 더 높아졌다. 아직 식품안전성에서 신 뢰를 받지 못하는 중국 농수산물의 과다 수입으로 인해, 식품안전에 대한 경각심이 커지고 있다.

현재와 같은 수많은 미지수와 위협 속에서는 단순히 미래에 대한 예측이 아닌 미래에 대한 계획과 확고한 신념이 더 중요하다. 어떠 한 예측도 미래의 안정과 발전을 도모하는 데에는 그다지 효율적이 지 못하기 때문이다. 다양한 기술을 접목하여 하나의 완성된 제품을 최대한 적은 생산비용으로 만들어 내려는 기업들의 노력이 첨예한 오늘날의 제조업 환경에서는 예측하지 못한 재난이나 전쟁은 곧 생 산의 중단사태로 이어질 것이 자명해졌다. 그렇다고 자기 제품을 버 리고 당장 대체 생산물을 만들어 낼 수 있는 것도 아니다.

---

13) "일본을 '가까운 이웃'으로 둔 한국 경제 역시 일본 위기의 쓰나미에 휩쓸릴 가능성이 높다는 전망이 늘고 있다. 한국 경제에서 대일본 수출은 전체 수출의 6%를 차지하고 있고 수입은 15%에 이른다. 전 기전자, 정밀기계, 부품소재 등에서 일본 의존도가 높고 한국 관광산업에서 일본인이 차지하는 비중은 지난해 34.4%에 달했다.
일본 위기 외에도 세계경제의 악재가 곳곳에서 한국 경제를 에워싸고 있는 형국이다. 아랍·북아프리카 사태를 비롯해 유럽 재정위기, 중국 긴축, 원자재 가격폭등 등이 진행 중이다. 문제는 이 악재들이 단시 간에 해결되지 않고 장기간 이어질 수밖에 없다는 것이다.
16일 국제금융센터에 따르면 지난 14일 한국 국가부도위험지수인 신용부도스와프(CDS)프리미엄이 103을 기록하며 전일대비 2포인트 올랐고 지난해 말에 비하면 8포인트 상승했다. 1년 전 75에 비하면 28포인트나 뛰어 부도위험이 27.2% 상승했다." 《내일경제》, 2011.3.16일자.

기업보다 기업다운 조직, 엘 시스테마

2011년 3월. 한·중·일 방문이 예정되어 있었다가, 일본 대지진 사태로 방문이 취소되었던 '카라카스 유스 오케스트라'에는 미래를 꿈꾸어온 리더가 있다. 바로 엘 시스테마의 설립자 호세 안토니오 아브레우 박사이다. 최근 우리나라에서도 지자체 단위에서 지역의 오케스트라를 후원하는 지원사업들이 고개를 쳐들고 있다. 그 모범 사례가 바로 베네수엘라의 엘 시스테마[14]이다.

유소년 오케스트라를 운영하는 비영리 재단이지만, 기업은 물론이려니와 국가의 정책을 수립하는 모든 이들이 모범사례로 삼아볼 만하다. 먼저는 이 조직이 만들어 나가는 비전에 그 비밀이 담겨 있다.

> 엘 시스테마에 대한 관심이 높아지면서 영화와 다큐멘터리로도 제작되고 있다. 우리나라에도 엘 시스테마와 관련한 도서와 다큐멘터리 **DVD**가 출간되었다.

Play & Fight

이 재단은 현재 베네수엘라의 빈민층 아이들이나 마약과 총기에 물든 청소년들을 음악을 통해 구제했을 뿐 아니라, 전 세계적인 음악운동을 이끌어 냈다는 평가를 받고 있다. 하지만 애초부터 그런 목표를 갖고 있었던 것은 아니었다. 애초의 생각은 순수하게 젊은

---

14) 베네수엘라 국립 청년 및 유소년 오케스트라 시스템 육성재단(Fundación del Estado para el Sistema Nacional de las Orquestas Juveniles e Infantiles de Venezuela, FESNOJIV)이 원 명칭이다.

음악가를 발굴하여 체계적인 음악교육과 연주의 기회를 줌으로써, 탄탄한 오케스트라를 구축해 나가겠다는 것이었다. 이 과정에서 베네수엘라의 청소년들의 성장환경을 접하게 되면서, 이 나라의 교육환경이 결코 외면할 수 있는 상황이 아님을 알게 되었다. 특히 수도인 카라카스는 어느 지역보다 빈민층이 많고, 심지어 청소년 시절부터 마약과 범죄에 손을 대는 아이들이 많았다. 그런 이들에게 심어진 음악이라서 그럴까. 엘 시스테마가 모토로 하는 표어는 바로 "연주하라! 그리고 싸우라!(Play & Fight)"이다.

하지만 음악을 위한 환경은 좋지 않았다. 베네수엘라는 앞서 리비아 사태에 보인 차베스 대통령의 태도와 같이, 서방의 음악인 고전음악과 이를 연주하는 오케스트라에 대해서 호의적이지 않았다. 그렇기에 더욱 확고한 미래에 대한 비전과 계획이 필요했으며, 이를 위한 체계적인 기반이 절실했던 것이다. 이를 인식한 아브레우 박사는 음악가이면서, 경제학자이기도 하다. 음악가로서의 아브레우는 오케스트라를 구성하는 것에 조직의 핵심목표를 삼았다. 그리하여 당시에 해외파와 국내파 음악가들을 불러 모아 음악교육을 위한 인적 기반을 구축해 나가기 시작했다. 핵심목표를 달성하기 위해 그 분야의 전문가들로 핵심조직을 구성한 것이다. 힘의 결집은 곧 사람들의 결집이기 때문이다.

시스템으로서의 엘 시스테마

　경제학자로서의 그는 이 운동을 '조직화'했다. 재단을 설립하고, 이 재단의 이름으로 베네수엘라에 지역단위별로 오케스트라를 조직해 나갔다. 사람 중심의 운동이라는 점은 지역 오케스트라를 만들 때도 적용된 원칙이었다. 해당 지역에 연고를 가진 음악인들을 중심으로 각 지역의 단체들과 협력했다. 경제학으로 박사학위를 받은 아브레우 박사는 지극히 계산적인 사람이었다. 계산적이라는 말은 재정적인 측면에서의 규모를 항상 염두에 두었음을 의미한다. 소위 비영리 조직을 운영하는 데에 있어서도 영리적인 방법이 기반이 되어야 함을 아는 경제학자였다. 뿐만 아니라, 그는 베네수엘라가 리비아와 마찬가지로 산유국으로서 세계 5위의 석유 수출국임을 적극 활용하여, 석유 경제학을 테마로 연구하고 공부했던 인물이다. 그는 베네수엘라의 문화적, 경제적 환경에 대한 명확한 이해를 바탕으로 베네수엘라의 이미지를 변혁해 나간 혁신가라고 할 수 있다. 그의 활동은 음악과 경제 분야에만 머물지 않았다.

　자신의 영향력을 재계와 정계에도 뻗칠 수 있는 인물이었다. 그의 열정은 소년과 소녀들의 손에 바이올린을 쥐어 주는 데에만 있지 않았다. 숲과 나무를 모두 볼 줄 아는 눈을 가지고 있었다. 오늘날 기업에서도 이런 양안의 인물을 찾고 있지 않은가. 하지만 그는 정유회사나 석유기업의 CEO가 정치적 야망을 가지고 정계에 나서는 것과는 달랐다. 그는 정객이 아니라 정치가였고, 그의 정치적 영향력을 엘 시스테마를 시스템화하는 데에 보탰다. 엘 시스테마는 영어로 하면 시스템이다. 한마디로 조직이다. 체계를 갖춘 조직만이 사업을 영위할 수 있기 때문이다.

창립자를 닮은 교육프로그램

아브레우 박사 자신이 음악과 경제와 정치를 겸하여 활동하는 다
재다능한 인사이기에, 엘 시스테마의 교육도 음악 한 가지만을 두고
이루어지지 않는다. 음악을 기본으로 가르치지만 음악가나 연주자를
삶의 최종적인 목표로 갖지 못하는 청소년들을 위한 기반도 마련하
고 있다. 음악이 아닌 음악을 만들어 내는 악기를 제조하는 마이스
터를 키워내는 기능전수 교육을 수행하고 있는 것이 그것이다. 뿐만
아니라, 일반적인 학교교육은 물론, 엘 시스테마의 행정과 운영을
위한 자원으로서 성장할 수 있는 교육도 이루어지고 있다.

엘 시스테마가 구축한 시스템을 보면, 기업의 CEO가 해야 할 일
을 고스란히 이해할 수 있다. 기업이 목표로 한 사업을 추진하기 위
한 환경조성을 위해, 정부와 정계에 대한 협력을 유도하고, 내부의
인력 육성을 위한 다양한 프로그램을 운영하는 것이 얼마나 중요한
일인지를 보여 준다. 특히 인재육성 프로그램은 천편일률적으로 누
구나 다 따라와야 할 단계별 프로그램이 아님을 발견하게 된다.

엘 시스테마 내에서 오케스트라의 어머니로 불리고 있는 마리아
앙헬리나 셀리스 여사도 사실은 음악과는 거리가 먼 사람이었다. 이
벤트 회사의 기획자였던 그녀가 현재는 엘 시스테마의 국내외 공연
과 교육 및 예술 프로그램을 조직하고 있다. 음악의 나라 베네수엘

라를 구축하는 데에 문화 대사로서의 사명을 엘 시스테마에 뿌리 내
리게 한 장본인이다. 엘 시스테마는 이렇듯 자기를 돕는 자를 교육
시키는 힘까지도 발휘하고 있는 것이다. 진짜 인재육성 프로그램이
란 이런 것이어야 하지 않을까? 비록 셀리스 여사가 이벤트 기획업
무를 담당하던 사람이었다고는 하지만 엘 시스테마에 문화 대사로
서의 역할을 만들어 낼 정도의 힘은 틀림없이 엘 시스테마의 문화와
교육이 쥐여 준 것이다. 아브레우 박사는 음악을 하는 힘의 바탕은
결국 지속적인 학습과 부단한 자기 노력에 있다는 것을 엘 시스테마
를 통해 보여 주었다.

LA필하모닉 오케스트라의 상임지휘자로 활약 중인 구스타보 두다멜은 엘 시스테마가
낳은 대표적인 신예 지휘자로 엘 시스테마 청소년들에게 성공 모델이 되고 있다.

협연하는 CEO

"규율과 재능, 음악적 탁월함은 특정한 나라에 국한된 것이 아니라, 장애를 극복하기로
결심하고 목표를 성취하기 위해 꾸준히 노력하는 모든 남녀의 것임을 보여 주겠다!"

아브레우 박사는 엘 시스테마의 비전을 전 세계와 함께 나누고 있
다. 앞서 아브레우 박사의 '정치적인 영향력'이라고는 했지만, 그것
은 아브레우 박사의 목표의식과 목표를 향한 열정이 정치 분야에서
도 드러났기 때문인 것이지 그가 결코 정치적인 인물이기에 그러한
것은 아니다.

1991년 5월에 엘 시스테마에 속한 '시몬 볼리바르 청소년 오케스트라'가 일본 순회공연을 가졌던 때를 회상하며 아브레우 박사는 이렇게 말했다고 한다. "규율과 재능, 음악적 탁월함은 특정한 나라에 국한된 것이 아니라, 장애를 극복하기로 결심하고 목표를 성취하기 위해 꾸준히 노력하는 모든 남녀의 것임을 보여 주겠다는 목표가 단원들의 가슴속에 살아 있었다." 아브레우 박사가 심어놓은 이 재단의 목표가 결코 내부적인 영향력만을 미친 것이 아니었다. 그리고 이어서, "그 무렵 시몬 볼리바르 청소년 오케스트라의 홍보, 기획 개발 분야에서 일했던 마리아 앙헬리나 셀리스는 당시 도쿄의 베네수엘라 대사관이 재정적 후원을 맡아주었고, 일본 측이 오케스트라 운송 전문 회사와 계약을 맺어 공연 여행을 지원한 덕택에 모든 것이 순조롭게 진행될 수 있었다고 회고했다"라고 전한다.

일본 정부의 협력을 이끌어 낼 수 있었던 것이 물론, 이 오케스트라의 성격 때문이기도 했겠지만, 그 또한 엘 시스테마 재단의 정신과 문화가 세계적인 경제대국에까지 끼친 영향력의 결과라고 할 수 있다.

> 엘 시스테마 오케스트라는 청소년 오케스트라답게 자유로운 복장과 관객들과 호흡하며 환호하는 연주 분위기로도 유명하다.

이러한 엘 시스테마의 목표와 정신의 공유는 그들이 공연을 기획하는 방문국과의 사이에서만 이루어지는 것은 아니다. 그에 앞서 전 세계적으로 저명한 음악가, 특히 지휘자들과의 만남을 통한 공유와 공감의 시간을 나누고 있다. 살아 있는 지휘 전설로 불리는 루체른

페스티벌 오케스트라의 클라우디오 아바도는 물론이려니와, 세계적 오케스트라를 두루 경험한 주빈 메타, 주세페 시노폴리, 그리고 베를린 필하모닉 오케스트라 상임지휘자인 사이먼 래틀 등 거장들과의 협연도 끊이지 않고 이루어졌다. 플라시도 도밍고도 엘 시스테마 소속 오케스트라와 협연한 음악가 중 한 명이다.

　이러한 모습들 모두 조직의 수장이 경영과 기술의 거목들과 임직원이 함께 화합할 수 있는 기회를 제공하는 것에 비유할 수 있을 것이다. CEO는 결코 밑으로부터의 기안과 계획을 자르고 선별하는 역할을 하는 사람이 아니라, 능력과 비전을 이끌고 자극하는 사람이라는 데에서 아브레우 박사와 같은 이는 기업의 CEO가 된다고 해도 애플 못지않은 기업을 키워낼 사람이 아닐까 싶다.

> 우리나라에도 결손아동들을 음악을 통해 키워내는 전통 깊은 청소년 오케스트라들이 활동하고 있다. 더불어 문화부는 엘 시스테마 교육방법론을 적용한 '꿈의 오케스트라' 사업을 본격 전개하여, 거점지역별로 2013년 내에 30개의 청소년 오케스트라 창단을 목표로 하고 있다.
> 해마다 세종문화회관 등에서 개최될 '꿈의 오케스트라 합동공연'도 본 사업의 일환이다.

마에스트로 경영법을 기대하며…

　디자이너로부터 디자인경영이 나온 것처럼, 아브레우 박사로부터는 마에스트로 경영이라는 이름을 붙여도 좋을 것 같다. 엘 시스테마를 만들어 낸 아브레우 박사의 머리에는 다음과 같은 비전이 있었고, 그것이 이루어져 가고 있다. 그것은 바로, 빈민가의 어린이에게 악기를 통해 음악교육을 함으로써, 그의 가족들이 변하고, 이어 그러한 변화가 마을과 도시의 분위기를 바꿨으며, 그곳에 구성된 청소년 오케스트라는 도시를 대표하는 문화적 상징(cultural symbol)이 되는 것이다. 특히 카라카스와 같은 수도의 변화는 곧 베네수엘라의 변화로 나타났다. 이로써 베네수엘라는 음악의 기운이 왕성한 문화 국가로 변모되어 가고 있다.

그러한 변모의 바람이 중남미만이 아니라, 상호 적대적인 미국에서마저 일어나 엘 시스테마 운동이 펼쳐지고 있다. 그 바람이 마치 카오스 이론에서 언급된 나비효과(butterfly effect)처럼 한반도 땅에까지 불고 있음은 우연이 아닌 실질적인 영향력이라고 할 수 있다.

우리는 우로는 전쟁, 그리고 좌로는 자연재해에 이은 인재(人災)의 파괴적 영향력 속에 휘둘리고 있다. 분명 이러한 전 지구적인 충격파의 영향은 이 세대 혹은 다음 세대의 가치관과 철학을 변모시킬지 모른다. 하지만 그 새로운 패러다임이 가져오는 것이 결코 비관적인 것만이 아니기 위해서 우리는 명확한 비전과 사명을 가져야 한다. 틀림없이 미래를 향한 확고한 비전은 성장과 발전을 멈추지 않을 것이며, 옳고 바른 것이야말로 흡인력이 있기 때문이다.

음악을 즐기고 좋아하는 긍정적인 문화를 애플의 "아이팟"이 형성해 냈다. 물론 MP3플레이어라는 기술이 순조로이 발전하도록 만든 대한민국의 기술력도 한몫하였다. 그리고 분명 대한민국의 반도체 산업의 발전이 없었더라면, 전 세계 단위로 전파할 수 있는 다기능의 휴대전화도 쉽게 만들 수 없었을 것이다. 우리 기업이 그와 같은 제품을 만들어 내지 못한 데에는 단지 통합의 능력, 달리 말하면 문화형성력이 부족했을 뿐이다. 전 세계적으로 보편적인 정서를 자극할 수 있는 음악이나 음식과 같은 문화의 요소를 기업의 제품과 서비스에 담아야 한다. 그것은 디자인일 수도 있고, 화합의 메시지가 될 수도 있다. 그러한 문화적인 요소가 재해 속에서는 희망을 자극할 수 있을 것이며 전쟁 속에서는 화합의 시발점 내지 협력의 기폭제가 되어 줄 것이다. 우리에겐 기술이 부족한 것이 아니라, 문화가 부족한 것이다. 회복과 화해의 메시지를 담아내는 마에스트로 CEO의 탄생을 기대해 본다.

4. 문화가 경제보다 우선이다
- 경제가 우선이라는 신화를 버려라! -

디자인이 벌어들이는 수익

같은 물건을 만들어 놓고도 어떤 기업은 남는 장사를 하고, 어떤 기업은 손해를 본다. 최근에는 그 차이가 디자인에 있다고 주목하는 것 같다. 저마다 감성에 호소하는 제품을 만들기에 노력하고 있다. 그리고 실제로 디자인에 투자하여 성공하는 기업들이 눈에 띄고 있다. 우리나라에서만 해도 기아자동차가 부상하는 이유가 그렇고, 미려한 디자인을 갖고도 충분히 튼튼할 수 있다는 가전제품에 대한 기술향상도 기업들이 디자인에 주력하는 이유가 되고 있다.

> 2008년도에 출시된 기아자동차의 "쏘울"은 2009년도 Good Design에 선정되면서 본격적인 디자인 투자의 신호탄을 쏘아 올렸다.

디자인에 민감한 소비재는 그렇다 치고, 부품과 소재에서도 디자인을 따지고 감성을 따져야 할까? 물론이다. 디자인이란 것은 제품의 외관에 대한 미적 감각을 부여한다는 것 외에도 기능개선이라든지 에너지 효율성 등을 위한 설계의 개선을 의미하기도 한다. 외형적인 미감을 살리는 의미에서의 디자인이건, 기능의 개선을 위한 기술을 어떻게 접목할 것인가 하는 의미에서의 디자인이건 제품을 생산하는 기업이 됐든, 서비스를 제공하는 기업이 됐든 디자인이란 분명 고심해야 할 사항이다. 단순 조립생산이란 의미의 대량생산을 기반으로 하는 공장시설은 이미 우리나라에서는 경제성을 고려할 수 없는 단계가 되었다. 그런 점에서 디자인이란 요소가 배제된 생산은 주목받지 못하고 있다. 최근에 소비자들이 소비재에 대해 갖는 품질에 대한 인식은 대개 거기서 거기라는 것이다. 예를 들어, 삼성의 "지펠"이냐, LG의 "디오스"냐를 선택하는 데에는 더 이상 냉장이나 냉동에 대한 성능을 고민하는 데에 있지 않다. 구성과 짜임새 그리고 집의 분위기와 어울리는 디자인인지가 제품을 선택하는 이유가 된다.15)

◎ **Les Memorables**

"옷은 패션이 아니라 생필품이다." 모든 연령이 소화할 수 있는 편안한 디자인의 "유니클로"의 성공 배경에는 야나이 다다시 회장이 있다.
하지만 다다시 회장이 단순히 저가 브랜드만으로 성공의 기반을 다진 것은 아니다. 미국 뉴욕의 패션을 대표하는 정신의 하나인 미니멀리즘(Minimalism)의 새로운 선두주자가 된 "띠어리(Theory)"를 이제 유니클로 사단의 일부로 영입하기도 했다.

---

15) 제품 사양에 표기된 냉장고의 용량에 대해 상대 기업이 소비자를 우롱하고 있다고 상호 비방하는 모습을 보면, 그런 걸로 싸울 시간이 있을까 싶은 안타까운 마음이 든다.

경제와 문화의 줄다리기

튼튼하고 값싼 제품이면 시장에서 환영받던 시대가 있었다. 분명 최근에도 개성을 생명으로 여기는 의류산업에서조차 저가의 대량생산을 기반으로 하는 의류브랜드들이 급성장하고 있기는 하다. 스페인 의류유통 그룹인 인디텍스사의 "자라(Zara)"가 그렇고, 스웨덴 의류브랜드인 "H&M"이 그렇고, 그보다 먼저 국내에 선보였던 일본의 패스트 리테일링(Fast Retailing) 그룹의 "유니클로"가 그렇다. 하지만 이들도 속내를 살펴보면, 박리다매를 위한 하나의 브랜드만을 운영하는 것이 아니라, 다양한 취향을 위한 다양한 계층을 고객으로 한 여러 브랜드를 보유하고 있다. 소위 뉴요커 스타일로 자리매김한 "띠어리(Theory)"란 브랜드는 "유니클로"의 패스트 리테일링 그룹이 보유한 고급 브랜드 중 하나이다.

◎ **Les Memorables**

"싼 게 전부가 아니다"라고 말한다. "유니클로보다 더 싸도 안 팔리는 브랜드들이 많다. 우린 고객의 잠재된 니즈(Needs)를 찾아내 그걸 충족시키는 가치(Value)를 제공해 성공한 것이다."

- 야나이 다다시 유니클로 회장 -

다양한 고객층에 대해 다양한 제품과 서비스를 제공하는 것은 결국 기업이 성장하고 있음을 의미하는 시대가 되었다. 값싼 시민의 발을 만들겠다는 설립정신은 포드나 폴크스바겐과 같은 자동차 기업에서 찾아볼 수 있었다. 하지만 이들은 바로 그 정신을 조금 길게 보유했기 때문에 한때 누렸던 명성을 후발주자나 경쟁자들에게 빼

앗기기도 했다. 포드는 GM에게, 폴크스바겐은 제2차 세계대전 이후 자동차 회사로 변신한 BMW라든지 메르세데스와 같은 기업에 명성을 넘겨주었다.

　이런 사례들이 마치 대기업들만의 이야기 같지만, 우리나라의 대표적인 의류기업으로 스스로도 '브랜드 제국'이라고 부르는 "이랜드"도 처음부터 시작은 브랜드의 다양화였다. 대상 고객을 세분하여, 각각의 고객층을 목표로 한 개성 있는 디자인과 색상이 이화여대 앞의 작은 옷가게에서 시작된 이랜드의 모습이었다. 이제 명실상부한 글로벌 기업으로 부상한 현대자동차의 역사도 유럽과 미국의 대형 자동차업계가 갖추고 있는 소형차에서 중형급 고급승용차까지의 라인업을 갖춰 나가는 기술개발의 역사라고 할 수 있다. 하나의 기업이 계층별로 특화된 제품을 만들어 나간다는 것은 기업의 입장에서는 고객과 수익의 확보라고 할 수 있지만, 고객의 입장에서 보면 고객이 가진 기업과 브랜드에 대한 로열티(Loyalty)를 이해하고 상호 신뢰를 구축해 가는 과정이라고 볼 수 있다.

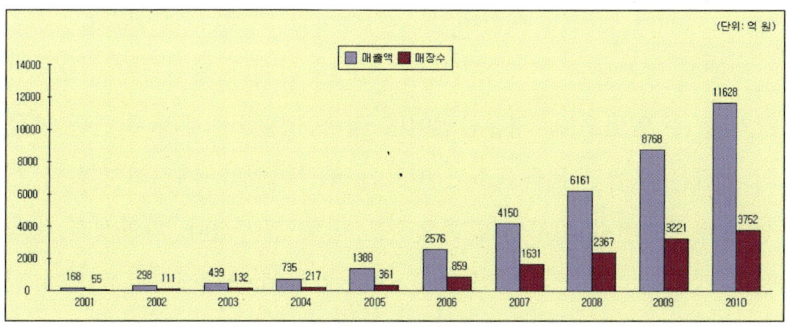

〈그림 1〉 2011년 이랜드 중국 매출액 및 매장 수 추이 그래프

위의 그림은 이랜드가 2011년 말 발표한 중국 매출액 및 매장 수 추이 그래프이다. 중국 매출 1조 원 달성을 선포한 이랜드의 연간 매출액 성장추이로서, 이랜드의 성장 뒤에는 브랜드 포화(砲火) 전략이 숨어 있다.

옷을 입기 시작하는 순간부터 성장해 나가는 동안의 자랑하고 싶은 멋을 인정하고 그에 맞는 의류를 개발해서 제공한다는 것은 내가 신뢰하는 기업이 해주었으면 하고 바라는 일 중의 하나이다. 처음 직장에 들어가 먼 출퇴근길과 출장길을 도와주었던 소형차가 결혼과 더불어 가족이 생기면서 좀 더 안전하고 합리적인 유지비의 준중형 자동차를 구입하고, 경제력과 사회적인 지위가 향상되면서 보다 편안하고 쾌적한 공간을 제공하는 중형급 차량을 구입해 나가는 과정을 지원해주는 것 역시 자동차를 만드는 기업이 해야 할 역할이라고 할 수 있다. 우리 사회는 인생의 전주기적인 과정에 필요한 재화를 자국 기업들이 제공하는 체제를 갖추게 된 것이 그리 오래되지 않았다. 우리 경제의 역사는 부정적으로 보면, 독재개발, 난개발이 가세하여, 일본의 대량생산 체계를 모델로 한 산업경제를 구축하고자, 소비재의 발달이 제한되었던 기형적인 발전의 역사였다.

그래서 공산품과 가정소비재의 수요는 언제나 잠재적인 수요로만 평가할 수 있었으며, 의류산업이나 각종 생활소비재와 관련된 제품의 생산은 모험과 위험요소가 따르는 부문이었다. 개인의 취향과 개성이 부각되면서 디자인의 중요성은 더욱 높아졌다. 다양성과 창의성이 핵심인 디자인 산업이 다른 부문에 비해 상대적으로 뒤처져 있는 것도 제품의 심미적 측면보다는 기능을 더 중요시한 결과라고 할 수 있다.

21세기의 핵심적인 생산요소로서의 '문화'

생활소비재의 급격한 증가는 바로 잠재적인 수요가 현실적인 수요로 변화하면서 자연스럽게 증폭된 것이라고 생각된다. 물론, 우리나라만의 현실은 아니지만, 경제가 문화를 좌우한다고 하는 의식이 팽배했던 데에 그 원인이 있었다고 볼 수 있다. 이는 애덤 스미스가 경제를 움직이는 '보이지 않는 손'이라는 막연한 힘의 존재를 인정한 이후로 더욱 강화되었다. 경제적인 가치가 인간의 삶을 좌우하는 영향력을 가졌다는 점에 누구도 반증을 내세울 사람은 없을 것이지만, 좀 더 다른 눈으로 바라보면, 경제라는 것은 인간 활동의 결과물이지 원인으로만 생각할 것은 아니라고 할 수 있다.

존 스튜어트 밀16)은 바로 그와는 다른 의견을 세상에 던진 사람이었다. 경제학밖에 모르는 사람들이 그 빈약한 지식을 가지고 인류의 삶을 판단하고 재단하고 좌우해왔다고 일갈했다. 다시 말해, 인류사라는 거대한 흐름이 경제학이라는 일부분에 좌우되는 모양새가 만들어져 왔다는 점을 꼬집은 것이다. 경제라는 것이 인류의 생활을 좌우한다고 하는 의식도 결국은 실제보다 과대 포장된 것이라고 하는 것이고 보면, 우리의 이러한 인식과는 달리, 사람들이 형성한 문화와 사상이 경제에 영향을 미쳐야 한다17)는 것이다.

하지만 우리는 우리 삶의 많은 부분을 얼마나 많이 경제의 활황과

---

16) 존 스튜어트 밀은 '자유론'을 통해, 벤담의 공리주의를 완성한 공리주의의 집대성자로 알려져 있지만, 그는 정치경제학을 비롯한 저서와 영국에서의 선구자적인 여성참정권 등으로, 경제학자와 정치가로서의 면모도 가지고 있다.

17) 존 스튜어트 밀의 《자서전》에 간명하게 표현되어 있으며, 보다 상세한 경제학 측면의 사상은 그의 《정치경제학》에서 확인할 수 있다.

침체, 기업의 흥망과 정부의 경제정책에 의지해 왔는지 모른다. 기업이 생산하는 제품의 한계 내에서만 생활을 맞춰 가야 했던 것이 20세기까지의 인류사의 모양새였다고 해도 과언은 아닐 것이다. 하지만 그러한 모양새는 이제 많이 변모하고 있다. 이제 기업들은 사람들이 형성한 문화와 국가적 특성과 심지어 감성에까지 관심을 갖기 시작했다. 사람들이 원하는 제품을 만들지 못하면 시장에서 퇴출된다고 생각하기에 이르렀다. 그리고 경쟁이 그런 구조를 만들어 주기도 했다. 그만큼 개인의 경제력의 총합이 성장한 때문이고, 개인의 삶에 필요한 재화들이 다양해졌기 때문이다. 기업들이 소위 '빅데이터'의 분석에 고심하는 것도 사람들의 기호와 생활방식이 일정한 패턴 안에서 움직이지 않는 것을 알게 되었기 때문이다.

◎ **Les Memorables**

정치경제학의 창시자인 존 스튜어트 밀은 그의 만년의 배우자가 된 헬렌 테일러의 도움을 받아 ≪자유론≫을 펴내게 되었다. 학자들의 전유물인 경제학이 공기(公器)의 역할을 하는 데에 지대한 공헌을 했다.

경제가 먼저냐, 문화가 먼저냐 하는 것은 닭이 먼저냐, 달걀이 먼저냐 하는 식의 논쟁 같아 보이지만, 오늘날의 시장경제하에서는 외면할 수 없는 틀림없는 사실이 있다. 문화를 읽고, 그 문화를 함양하고 그 문화에 기여할 제품이 아니면, 아무리 우수한 기술을 활용하고, 아무리 기능과 성능이 뛰어나도 시장에서의 외면을 피할 수 없다는 사실이다. MP3플레이어를 우리 기업이 창조해 낸 제품이라고 전 국민이 믿고 고개를 끄덕인다고 해도, 우리 국민들의 손에 애플

의 아이팟(iPod)이나 아이폰(iPhone)이 들려 있으면 기술창조의 가치는 퇴색되고 만다. 머리가 좋고, 재능이 많다고 자식을 두둔하는 것도, 열심히 공부하고 노력해서 일류 대학을 들어간 자녀를 둔 학부모 앞에서는 통하지 않는다. 넋두리일 뿐이다. 어떻게든 기술과 문화를 접목시킬 방안을 모색해야 하는 시대가 왔다.

서구에서, 그리고 가까이는 일본과 중국에서도 미래의 경제환경에 대해서 지속적으로 예측하고 준비해 온 것에 비하면 왠지 우리의 노력은 귀에 좀처럼 들리지 않는 소수만의 목소리 같다. 수많은 미래학 저서들이 우리의 서점가를 강타할 때에도 우리의 목소리가 담긴 서적이나 강연은 생각보다 많지 않았다. 미래를 준비한다고 사업전환을 서두른 기업의 이야기도 그리 많지 않았다. 아직도 의문인 것은 이제 터치스크린이 대세를 이룬 휴대전화 산업분야에서 과거에 키패드를 만들던 기업들은 모두 어떻게 되었을까 하는 점이다.

국내에는 앨빈 토플러나 다니엘 핑크만큼 알려지지 않았지만, 세계 3대 미래학자로 손꼽히는 리처드 왓슨은 저서 ≪퓨처 파일≫을 통해 디지털 환경 아래서 인간의 적극적 사고와 데이터를 활용하여 미래를 선택해 나가는 리더의 역할을 강조하고 있다.

'가치창출의 주역은 기업이 아닌 개인이라는 주장에 우리는 익숙할까?'를 생각해보면, 우리의 미래에 대한 준비가 어느 정도 수준인지를 짐작해 볼 수 있다. 기업의 창조정신과 창의력은 기업을 구성하는 개인의 창의력으로부터 나오는 것임을 다시금 되새겨야 한다. 과거 삼성전자 휴대전화기의 한글입력 자판인 천지인 체계를 고안한 연구자와 삼성전자 간의 보상 문제가 불거졌던 사건을 우리는 단순히 직무발명의 사건으로만 보아왔다. 기업의 창의력은 개인에게서 나온다는 사실에 직면한 우리나라의 기업 상황으로 본 사람은 아무도 없었다.

KAIST와 POSTECH은 1990년대 초부터 터치스크린 기술을 미래의 기술로 인식하고 연구와 개발을 지속해왔다. 그리고 오늘날 우리나라는 어느 나라에서보다 뛰어난 디스플레이를 만들어 해외유수 기업들에 납품하고 있다. 하지만 터치스크린 내에 사용되는 정전기를 유도하는 자성소재는 일본으로부터 부품 공급을 받고 있다. 기술차이의 문제이든 가격경쟁력의 문제이든 결국 기업은 경제성을 평가해서 가장 합리적인 가격경쟁력을 만들어 내기 위한 선택을 할 것이기에, 부품의 부품을 외부에서 납품받는다는 것 자체에 부정적인 시각을 가질 필요는 없지만, 한편으로는 거대한 디스플레이 생산설비를 고려할 때에 작은 수익을 위해 너무 거대한 투자를 한 것은 아닐까 하는 의구심이 들기도 한다. PC와 노트북은 우리 기업의 상표를 달아 판매하지만 정작 가장 핵심부품이면서 부품단가가 가장 높은 CPU만큼은 수입품이라는 점에서 배보다 배꼽이 큰 장사를 하는 건 아닐까? 완성품 업체의 수익률이 부품 공급 업체의 수익률보다 높지 않게 되는 것이다. 그래서 일본이 우리나라보다는 고부가 제조업의 비중이 더 높고 우리나라의 노동생산성이 일본보다 낮은 현실을 외면할 수만은 없다.

그렇다면 우리는 문화라는 생산요인을 어떻게 확보할 것인가? 문화란 것은 인적인 요소이다. 문화의 조성은 기획과 통제를 통해 유도할 수 있는 것은 아니다. 한류라는 과거에는 없던 문화의 흐름에 몇몇 엔터테인먼트 기획사가 누구보다 많은 노력과 기여를 했다고

〈그림 2〉 한때, 한류 열풍을 일부 학생들의 유행 정도로 축소 보도하는 프랑스의 공
영방송 및 BBC의 "The dark side of South Korean pop music"과 같
은 기사 등에서 한류를 부정적으로 보도하는 해외 언론의 태도를 볼 수 있
었다.

말할 수 있다. 이들이 해외 각국에 파고들기 위해 벌인 문화수용의
노력과 침투노력은 가히 눈물겨울 정도라는 것은 우리도 이미 잘 알
고 있는 사실이다.

우리는 페루의 청소년들이, 프랑스의 청소년들이, 그리고 영국의
청소년들이 한류 스타에게 환호하는 것을 보고 있다. 싸이의 몸짓과
노랫말이 지구인들을 들썩이게 하고, 미국의 대통령이 백악관으로
한국의 연예인을 초대하는 시대가 되었다. 이러한 성공이 있기 전까
지만 해도, 일본의 시청자들과 관객들이 우리의 영화와 드라마에 호
의를 보이고 관광을 올 때만 해도 인기의 이유를 우리는 비슷한 문

화를 공유하고 있다는 둥 오늘날의 한류 스타들이 일본인들에게 특히 일본의 중년 여성들에게 과거 일본 문화의 향수를 불러일으키기 때문이라고 말하며 우리 스스로도 이 작은 성공을 애써 폄하해 왔었다. 이제 한류의 바람이 미국시장을 준비하고 있는 이즈음, 해외의 언론들이 급히 우리의 한류 스타들에 대해 부정적인 보도를 내는 것은 역설적으로 말하면 한국의 문화가 침투해 들어가는 것에 대한 자체적인 경계령이라고 이해하게 될 정도로 한류의 파급력이 크다고 볼 수 있다.

기술전략이 지속적으로 변화하는 환경

우리나라도 대기업들이 공연문화와 영화제작에 투자하기 시작한 지는 무척이나 오래되었다고 할 수 있다. 하지만 한류라는 문화의 물결을 결합한 제품이나 상품은 아직 미흡하다. 관광기념품 정도를 가지고 기술과 문화의 결합이라고 할 수는 없을 것이다. 그리고 유명 연예인들이 해외에서 벌어들이는 돈이 우리 경제의 활력소가 되고 있다는 분석결과도 찾아볼 수 없다.

우리의 몇몇 기업들도 어느덧 이종 부문 간의 기술을 접목하기 위한 노력들을 기울이기 시작했다. 무선데이터 송신 기술을 가지고 의료검사를 위한 캡슐 내시경을 만들어 낸다든지 하는 기술 간의 융복합이 그것이다. 이와 같은 융복합을 통한 기술의 발전과 확장이 최근의 새로운 기술전략으로 각광받고 있다. 기술전략 변화의 대표적인 모습이다.

하지만 우리는 융합과 복합보다는 학계에서나 기업에서나 서로 기능적으로 영역을 나누는 일에 몰입해 왔다. 조립과 같은 기계적인 결합 이외에 두 가지 혹은 여러 가지를 결합해서 하나의 창조물을 만들어 낸 역사를 그리 오래 갖지 못했다. 분석하고 해체하는 고도의 논리적인 사고와 작업유형이 각광을 받아 왔다. 그도 그럴 것이 우리 기업의 역사는 부품제작과 납품의 역사였기 때문이다. 자동차를 만들 기술을 보유하면, 항공기를 만들 수 있다는 식의 말은 대한민국 영토 밖의 문제였다. 특정 기술에 관한 컨소시엄이니 다자 간 기술협약, 기술표준화 전략에 눈을 뜨기 시작한 것도 20세기 말부터의 일이다.

선진국의 분석적이고 기능화하는 기술의 흐름을 따라잡다 보니, 이제는 장르 파괴적인 기술의 등장이라는 트렌드에 눈을 돌리지 못했다. 학문의 영역에서 다양한 영역 간 교류와 활동이 일어나고 있는 점은 그나마 고무적이고 다행한 일이다. 하지만 단순한 융합과 복합이 문제가 아니라, 무엇을 위한 융합과 복합인지를 알아채야 한다.

사람 중심의 변화전략

기술과 문화를 접목한 제품을 만들어 내기 위해서는 기업의 체질을 바꾸는 일과 그에 합당한 사람을 찾는 데에 성패의 향방이 있다. 애써 2,500년 전 사람의 말을 빌려 온다면, 한 나라의 정체는 그 나라를 구성하는 사람들의 성향과 닮았다는 플라톤의 말에서 그 답을 찾을 수 있다.

창의적인 조직의 구성원은 창의적인 사람들이다. 부정적인 의미의 관료주의 조직에서 혁신적이고 창의적인 제품을 만들어 낼 수는 없다. 정해진 생산 프로세스를 따라 표준화된 제품을 만들어 내는 작업이라면 관료주의와 체계적인 구조가 합리적인 선택이다. 하지만 어린이들을 위한 3D 애니메이션을 만들어 내야 하는 것이 사업이자 과업인 기업이라면, 기업의 분위기부터 쇄신하거나, 아예 창의적인 사업에는 손대지 말아야 할 것이다. 조직의 성격은 업무를 외부에 아웃소싱하는 경우에도 영향을 미친다.

관료주의적인 조직이 대국민 홍보를 위해서, 애니메이션 제작 업체를 통해 친근하고도 재미있는 영상물을 만들기로 했다고 했다면, 결과물이 대체로 어떠할지 예측되지 않는가? 창의적이었던 캐릭터는 결재를 거듭해 올라가면서 둥글둥글해지고, 세련되고 지적인 디자인은 어린아이의 취향으로 변화된다. 캐릭터와 만화는 아이들을 위한 것이란 저변의 의식이 좀처럼 닦여 나가지 않는다. 국가라는 정체의 문제를 구성원의 정체성의 문제로 파악한 플라톤의 의식은 진리에 가깝다. 관료적인 조직이 창의적인 서비스나 제품을 생산해 내는 것은 오히려 관리실패 혹은 복지부동의 결과일 수 있다.

다행히 창의적인 사람들은 특별히 타고나는 것은 아니다. 조직의 분위기가 쇄신된다면, 굳이 새로운 사람을 영입하지 않아도 일정 정도의 결과는 기대할 수 있다. 일본전산의 나가모리 시게노부 사장은 30여 개의 퇴출기업을 회생시키는 가운데, 서구의 기업들이 1순위로 행하는 외부영입이나 퇴출을 시행하지 않았다. 속속들이 내부 사정이야 알 수 없지만, 최소한 퇴출기업 내에서 사람을 변화시키는 작업이 이루어졌다고 예측할 수 있다. 픽사의 기업문화가 장편 애니메이션을 만들기 위한 꿈을 지켜줄 수 있었기에, 구성원들 모두는 서로가 서로에게 배우고 가르치는 교사이고 학생일 수 있었다. 서로에게 새로움으로 자극하고 변화할 수 있는 조직이 바로 기업이다. 변화는 내부에서 일어나는 것이지, 외부의 자극으로 일어나는 것이 아니라는 점에서 볼 때, 구조조정을 통한 퇴출과 외부 임원의 영입을 기업회생의 도구로 삼은 기업들이 이후에도 지속적으로 위기를 겪는 이유를 해소할 수 없다.

지속적인 배움이 이루어지는 기업

기업은 이윤을 추구하기 위해 고도로 발달한 조직체라는 것이 기업경영학의 기본적인 사고방식이다. 그렇다고 기업의 구성원들을 기능적으로만 파악한다는 의미는 아니다. 무엇보다 기업 구성원들이 기업의 가치를 공유하고, 이를 반영하여 사업을 운영해 나가기를 원한다. 결국 달리 말하면, 가치추구, 가치창출, 가치공유를 유전자로 운영되는 것이 기업이라는 것이다. 가치는 결국 지식과 경험과 시간이 빚어낸 성과를 확인했을 때에 드러난다. 이것을 배우고 습득함으로써 체득에 이르는 것이 곧 기업 활동의 내부적인 움직임이 되어야 한다.

신기술과 새로운 학문을 닦은 이들이 기업에 변화를 일으키고, 새로운 패러다임을 전해주는 역할을 할 수 있다. 그리고 어느 조직이나 그러한 인재의 영입은 조직의 성장과 영속을 위해 필수적이다. 하지만 그렇게 영입된 걸출한 전문가들이 기업이 공유하고자 하는 고유의 가치와 비전을 함양하지 못 한다면, 고유의 가치와 경쟁력을 확보하기 어렵다. 따라서 배움이라는 것은 양방향으로 이루어져야 한다.

조직의 학습을 생각할 때 대개는 직원들이 외부에서 새로운 지식을 습득하는 방법들만을 고려하게 된다. 그래서 유명강사를 초청해서 의식을 함양한다거나, 인터넷을 통한 다양한 학습과정을 수강하

〈그림 3〉 일본전산의 나가모리 시게노부 사장의 경영철학을 소개하고 있는 회사 내 홈페이지(http://www.nidec.co.jp/corporate/top/index.html). 그의 새로운 저작 ≪기적의 인재육성법≫이 눈에 띈다.

도록 강제하거나, CEO의 입맛대로 책을 읽히는 경우가 적지 않다. 하지만 그 전에 기업의 존재가치와 기업이 생산하는 제품이나 서비스의 목적이 공유되고 학습되어야 한다.

　물론, 기업은 과감한 혁신과 변혁을 요구받는 경우가 있다. 더 이상 자사의 제품을 구매할 소비자가 없고, 서비스의 성과가 목표에 부합하지 못할 때는 폐업이 아니라면, 변화와 혁신을 선택할 수밖에 없다. 하지만 그러한 개혁에 있어서도 설득과 공유라는 자체적인 학습이 이루어지지 않으면 안 된다. 삼성전자가 새롭게 전진할 수 있었던 것도 이건희 회장의 복귀만으로 이루어진 것이 아니라, 이건희 회장이 기업 전체가 공유하고 공감할 때까지 끊임없이 끈기 있게 삼성의 미래가치를 강조하고 설득했기 때문이다.

〈그림 4〉 나가모리 시게노부 사장의 경영 모토 "정열, 열의, 집념"

조직은 일방향적인 배움만으로는 성립할 수 없다. 외부에서 새로운 것을 배워오는 것만이 학습이 아니다. 일본전산의 나가모리 시게노부 사장은 천재와 영재급 직원들을 데리고 기업을 이끌어오지 않았다. 집념과 열의와 정열을 학습하지 않고서는 인재는 없다는 것이 그의 철학이다. 집념? 열의? 정열? 그런 것도 학습이 되느냐고 고개를 갸웃할 수도 있지만, 성과와 성공은 머리보다는 엉덩이에서 나온다는 것을 우리는 잘 알고 있다. 그리고 이미 앞선 연구에 따르면 집중력과 열정이란 학습되는 것이고, 의식의 발전과 문화에 의해 강화되는 요소라고 할 수 있다.

유전자의 창조

창의와 창조의 작업이 필요한 시대에 정열, 열의, 집념과 같은 유전자가 없다면, 이식을 하든지 스스로 만들어 내든 조직 내에 반드시 형성해야 한다. 유전자는 결코 변할 수 없는 것이어서 후대의 어떤 노력으로도 변하지 않는다는 것이 전통적인 과학의 의견이다. 쉽게 말해서, 성형수술로 고친 코는 자녀에게는 안타깝게도 전달되지 않는다는 것이다. 결국 성형외과는 유전자 불변이라는 자연법칙을 기반으로 영위되는 사업이라고 할 수 있겠다.

하지만 유전자의 불변성이 절대적이지는 않다는 점을 최근의 과학이 주목하고 있다. 소위 진화(evolution)를 옹호하는 입장에서는 유전자의 가변성을 믿어야 할 것이다. 기업도 기존에 갖지 못했던 가치와 새로운 사업이 지속적으로 성공을 거두는 일을 기업의 역사로 구축해 나가고 있다. 앞서 언급한 BMW가 제2차 세계대전 당시 전투기 엔진을 만들던 기업이라는 사실과 IBM이 이제는 PC나 노트북 등의 단말기를 제조하지 않는다는 점, LG가 이제는 메모리 반도체를 생산하지 않는다는 것 등의 변화가 기업의 유전자 변이 과정을 보여 주는 사례들이다.

결국 새로운 유전자는 만들어지는 것이다. 오히려 철저한 품종개량과 육종을 통해 재배한 농산물이 병충해와 척박한 땅에 더 강하다는 점을 되새겨야 한다. 분명 앞서 의문을 품었던 휴대전화의 키패드를 만들던 기업들도 어떤 변화를 겪었을 것이 틀림없다. 그 가운데 기존의 기술과 결합할 제품을 발굴한 기업은 새로운 변화의 물결을 넘고 있을 것이고, 납품 경쟁과 수주물량의 감소로 주저앉은 기업은 변화의 격량에 침몰하였을 것이다.

5. 창의성, 개인이 아닌 전체에 붙이는 이름
 - 창조적 조직을 위한 전체로 일하기! -

창조의 순간

 아르키메데스가 '유레카'를 외치며 목욕통을 뛰쳐나온 순간을 창조의 순간이라고 말한다. 무언가 명쾌하고 시원한 것이 쏟아져 나오는 느낌의 외침. 그래서 우리도 강한 소주의 맛이 혀끝을 미끄러져 목을 따라 넘긴 순간 '캬!' 하는 소리를 내는 건 아닐까도 싶다. 창조란 막혔던 무언가가 단숨에 해결되는 속 시원한 기분 혹은 쾌감을 준다는 데에서 그 어떤 음료보다도 청량감이 뛰어나다고도 할 수 있다. 스트레스로 기가 막힌 순간들을 보내고 난 하루의 말미에 삼키는 한 잔의 술, 맺혔던 인간관계를 풀어낼 때 부딪히는 술잔의 의미는 그런 점에서 창의적인 아이디어의 순간과도 닮았다.

 아무리 일상적이고 규칙적인 일을 하면서도 아이디어 혹은 새로운 생각은 우리를 참으로 목마르게 한다. 보험업계나 요식업과 같은 백인백색의 사람들을 상대하는 서비스업 종사자라면, 한번 성공했던 방법이 모두에게 통하지 않는다는 것쯤은 몸소 체험으로 지니고 있을 것이다. 사람은 다 똑같다는 거만한 생각이 들 때에 골치 아픈 민

ARCHIMEDES erster erfinder scharpffsinniger vergleichung/
Wag vnd Gewicht/durch außfluß des Wassers.

〈그림 5〉 아르키메데스가 왕관의 순도를 측정하는 방법을 발견하게 된 창조의 순간

원인이 나타나고, 문제점을 해결하고 최종단계까지 완성했다고 생각한 순간 그 문제점의 해결로 인해 또 다른 문제점이 터지기도 한다. 그럴 땐, 완전히 다른 생각과 아이디어를 찾지 않고서는 도무지 문제가 해결되지 않는다.

　더구나 우리는 팀으로 일하는 사회를 살고 있다. 아직도 뛰어난 개인이 실력 발휘를 하는 분야는 많지만, 절대적인 능력과 권능을 가진 개인은 이 시대에서 손꼽아 보기가 쉽지 않다. 그동안 여러 차례 언급했던 워런 버핏이나 스티브 잡스와 같은 이들이 이제 경영일선에서 물러나면서 자신의 후계로 내세운 이들을 보라. 다시 말하면, 누가 봐도 독보적이고 창조적인 업적을 이룬 이들도 결코 혼자서 일

하지 않았다는 점을 알 수 있다. 독단적인 업무 지시와 애플 마니아가 아니면 채용도 하지 않는다는 말이 나돌 정도로 고집 센 스티브 잡스로 알려졌지만, 그는 절대 독불장군이 아니었다. 아이팟이란 혁신적인 상품의 디자인도 IDEO[18])라는 세계적인 디자인 그룹의 작품이었다. 스티브 잡스는 단지 최고가 누구인지를 알고 있었을 뿐이고, 자신이 가진 역량과 애플의 기술력을 배경으로 IDEO라는 디자인 업계의 최고를 통해 작품을 만들어 낸 것이다.

그렇다면 창의적인 조직을 찾아내기 위한 아이디어에는 어떠한 것이 있을까? 창의적인 조직을 찾아내는 것이 여의치 않다면, 창의적인 조직이 되는 방법을 생각해봐야 할 것이다. 어찌 됐든 창의적인 조직이 창의적인 조직을 알아볼 것이니 말이다. 개인이 아닌 하나의 조직 혹은 팀이 진정한 창조적인 단위가 될 수 있다는 사실을 인식하고, 그러한 조직을 만들기 위한 제언들에는 어떠한 것들이 있는지를 나누어 보자.

브레인스토밍의 오용과 남용

회식메뉴를 결정하거나, 생산적인 농담을 즐길 때 정도 외에는 브레인스토밍을 회의의 방법으로 삼는 경우는 매우 드문 듯하다. 우리의 회의문화는 아직도 팀장이나 상급자가 문제점을 말하고 지시하고, 나머지 팀원들은 지시한 바를 역할을 어떻게 나누어 열심히 뛰

---

18) 기업뿐만 아니라 공공부문에서도 인간 중심, 디자인 중심의 혁신과 성장을 돕는다는 취지로 사업을 운영하고 있는 글로벌 디자인 기업. CEO인 팀 브라운은 디자인 분야에서만이 아닌 모든 업무 영역에서의 디자인적 사고를 주창하고 있다.

어다닐까 하는 것에 초점이 맞춰져 있다.

그런데 조직의 창의력을 말한다고 하면서 브레인스토밍을 언급하고 있는가 하는 의문이 생길 것이다. 그동안 그저 부담 없이 생각을 털어놓아 보는 자리쯤으로 인식했던 브레인스토밍에 놀라운 비밀이 있기 때문이다. 바로 브레인스토밍은 개인이나 조직이 창의적인 아이디어를 도출해 나가는 방법이자 아이디어가 드러나는 과정 그 자체라고 할 수 있다. 그리고 팀원들의 의사 교환과 조직의 문화와 커뮤니케이션 규칙 등이 고스란히 드러나는 과정이기도 하다.

팀은 그 자체가 개인들의 단순한 모임이나 결합이 아니라, 공동의 목적과 목표를 위해 결성되고, 그 팀에 소속된 개인들은 그 목적과 목표를 가장 효과적으로 수행해야 할 의무와─표면적으로든 잠재적으로든─실행력을 가진 사람들이다. 이들이 그저 단조로운 일상의 업무 가운데 함몰되어, 조직의 활력을 일으키지 못한다면, 조직은 활성을 잃고 만다. 그런 종류의 일이라면, 차라리 외부의 전문기관에 아웃소싱하는 것이 바람직하다. 많은 기업들이 이미 교육, 급여, 복지 등의 사항에 대해서 외부 기관에 아웃소싱하고 있는 것은 조직의 생산성과 활력을 확보하고자 하는 노력이다.

유능한 인재들의 단순결합으로는 시너지를 얻을 수 없다

단순히 능력 있는 개인들을 한 묶음으로 묶는다고 해서 창조적인 시너지가 발생하지는 않는다. 그들은 그저 각자 일할 뿐이며, 오히려 조직의 창의성을 해치는 결과를 빚는다. 브레인스토밍을 포함해서, 이러한 팀이 공통의 회의를 진행하게 되면, 소위 사회적 태만이라는 현상이 나타난다. 이는 개인적인 아이디어에 대해서도 혼자 일할 때보다 더 낮은 책임감을 갖게 되는 현상을 의미한다. 그리고 다른 사람도 비슷한 의견이나 아이디어를 갖고 있겠지 하는 마음에서 좀처럼 아이디어를 말하지 않는 분위기를 형성하게 되기도 한다.

그래도 한 사람보다는 팀이 낫겠지 하는 생각도 여지없이 무너지는 상황이 있다. 집단주의적인 성향이 강한 문화를 가진 팀 혹은 기업이라면, 새로운 아이디어를 가진 사람은 그야말로 왕따가 되고 만다. 담배를 끊기 위한 목적으로 모인 12명의 실험집단에서 한 사람이 강력하게 금연을 주장하자, 주변 사람들이 그에게 압력을 가했다. 그리고 금연주장자는 다시금 회심(?)의 증거로 이 모임이 끝날 때까지 하루 두 갑의 담배를 피우겠다는 다짐을 해야 했다. 이러한 점들이 아무리 능력 있다고 인정받는 사람들이라도 공동의 세밀한 목표가 없이는 이합집산만도 못한 퇴보를 보이는 이유가 된다. 비유해서 말하자면, 세계적인 클래식 악기 연주자들을 한자리에 모아 연주케 하는 것이 아니라, 각각의 방을 나누어 연주하게 하고 각각의 악기별 연주 녹음을 동시에 듣는 것과 마찬가지이다. 결과는 어떨까? 완전한 하모니? 완벽한 불협화음이 예상되지 않는가?

창의적인 아이디어를 도출하기 위한 회의의 원칙

첫 번째는 비판하지 않는 것이다. 달리 말하면, 경청이라고 말할 수 있다. 과거에도 많이 제안되었으나 실행가능성이 없는 아이디어라고 할지라도, 경청의 의식으로 회의를 진행하는 것과 아니다 싶은 기미가 보이는 즉시 싹을 자르듯 쳐내는 비판의식으로 회의를 진행하는 것은 분명 다르다. 전자는 비록 실행이 미흡한 아이디어라 할지라도 경청하는 다른 팀원들로부터 새로운 아이디어가 공급됨으로써 실행력을 얻을 수도 있다. F-15라는 거대한 전투기를 띄운 힘은 항공기 설계의 우수성이라기보다는 강력한 엔진의 출력 덕분이었다.[19]

반면, 후자의 경우는 개인 스스로가 자신의 불완전한 아이디어를 제안하지 못하게 한다. 개인적으로 일하는 창안자들이 가장 힘들어하는 것은 바로 자신의 고안과 아이디어에 대한 평가이다. 아이디어란 원래 완벽한 실행계획이 아니다. 하나의 아이디어는 지속적으로 점검하고 실행계획으로까지 발전하기 위한 충분한 시간과 노력이 투입되어야 한다. 그런 점에서 명확한 반대의견도 없이 아이디어의 제안에서부터 제재를 받는 것은 분명 창의적인 분위기와 문화를 해칠 뿐이다. 라이트 형제의 비행기는 그들이 허물없는 형제 사이였기에 가능했다고 봐도 과언이 아니다.

◎ **Les Memorables**

F-15는 5,000km 전후의 항속거리를 가지고, 공중전을 비롯해 대지공격이 가능한 전술폭격기 기능을 수행할 전천후 전투기 공격을 위한 기체로 개발되었다. 초기에는 이러한 다기능 제원으로 인해 육중한 기체를 띄워 올리는 것이 문제였다. 이 육중한 기체를 띄워 올린 것도 결국 엔진, 공기흡입구, 주날개, 꼬리날개 등에 대한 재설계와 실험을 통해 불완전한 아이디어를 보완한 지속적인 노력의 결과였다.

---

19) 1972년에 첫 시험비행에 성공한 기체임에도 현재까지도 다양한 결함이 보고되고 있다. "Air Combat Command clears selected F-15s for flight." Air Force, 9 January 2008. Retrieved: 1 September 2011; "F-15 Eagle accident report released." US Air Force, 10 January 2008. Retrieved: 26 January 2008; Buzanowski, J.G. "Air Force leaders discuss F-15 accident, future." US Air Force, 10 January 2008. Retrieved: 26 January 2008.

두 번째로는 자유분방한 분위기를 들 수 있다. 앞서 언급한 내용과도 유사하지만 아이디어란 고정된 사고의 틀에서 짜내는 것이 아니라, 아르키메데스의 '유레카'의 순간에 떠오르는 것이기에 자유롭고 해방된 상황이 중요하다. 왕의 연구실에서 고민을 안고 빠져나와 심신의 피로를 풀어주는 따뜻한 목욕통 안에 몸을 담그고 있는 아르키메데스를 떠올려 보자. 혹은 쥐가 날 정도로 압박감을 느끼다가 해변가를 지나는 도로를 따라 드라이브하는 자신의 모습을 상상해 보자. 무언가 해방감과 함께 묶여 있던 생각의 틈이 벌어지는 느낌을 느낄 수 있지 않을까? 입 안에 맴돌던 어떤 이름이 억지로 기억을 짜내 보려던 노력을 멈춘 순간 불쑥 떠오른 경험들이 그와 같은 경우다.

경직된 조직에서는 자율과 자기 의사가 중요하지 않다. 오직 충성이라는 말로 대변되는 복종과 지시의 수렴이 가장 높은 덕목이다. 그러한 조직에서 수직 계열화된 틀을 벗어나게 해주는 사고방식이 결코 달가울 리가 없다. 혹시, 온갖 인사권과 실적을 무기로 직원들에게 산뜻한 아이디어를 요구하고 있지 않은지 되짚어 보자. 당신은 그저 불평 없이 나사를 조일 조립공이 필요한 업무의 팀장인가, 조금이라도 생산성 있는 사고와 생각으로 업무를 개선하고자 하는 팀장인가? 이 질문의 향방에 답이 있다.

세 번째는 질보다 양을 우선해야 한다는 점이다. 삼성과 소니가 질적인 측면보다는 상대가 보유한 유효한 특허의 수를 가지고, 크로스라이선싱을 했던 일은 이제 전설과도 같은 일이 되었다. 우리나라도 세계 4위의 특허보유국에 걸맞은 양질의 특허를 기대하며 이미 출원량을 충분히 채웠던 기업들은 질적인 승부에 주목하고 있다. 질

〈표 4〉 Patent Troll의 먹이가 되지 않으려면? "더 이상 출원량만으로는 승부할 수 없는 상황"이 찾아온 것이다.

특허괴물에 의한 연도별 특허소송건수 현황(단위: 건)

순위	기업명	2004년	2005년	2006년	2007년	2008년
1	삼성	5	3	8	13	9
2	MS	3	5	6	11	9
	모토로라	1	6	4	12	11
3	HP	6	3	4	9	10
4	AT&T	2	2	6	14	6
5	소니	3	7	4	8	7
6	LG	0	7	3	11	8
7	애플	4	3	3	11	7
8	노키아	2	7	3	9	7

보다 양을 우선했던 과거의 특허출원 전략에 대해서 많은 비판도 있고, 분명 양보다는 질을 택하는 달라진 특허전략에는 그러한 비판들을 발전적으로 수용한 탓도 있을 것이다. 하지만 질보다 양에 충실했던 과거를 긍정적인 측면에서 보면, 우리는 수많은 특허를 생산해 내는 과정에서 아이디어를 다듬어 권리화하는 일련의 방법론을 충실히 학습한 것으로 보면 된다. 길을 닦는 것과 고속의 차량을 만들어 내는 것은 결코 별개의 사건이 아니다. 잘 닦인 길이 있어야 성능 좋은 차량을 만들어 내는 것이 의미 있는 것처럼, 절차에 대한 확고한 이해와 이를 활용할 수 있는 방법론적인 전략이 있어야 아이디어가 권리로 거침없이 달려갈 수 있다.

물론, 우리는 이와 같은 특허의 양적인 팽창의 과정에서 적지 않은 거품과 실수들을 겪어 왔음을 간과할 수는 없다. 흠이 있는 특허를 양산해 내거나, 방어력 없는 특허로 인해 누수되고 있는 자원이 염려되는 것도 사실이다. 혹시 사상누각을 지은 건 아닌지 하는 염려가 불쑥 떠오를 수도 있다. 그럼에도 불구하고, 앞으로의 특허는 질적인 우위를 갖추기 위한 전략을 통해 탄생될 것이다. 바로 양을 확대하기 위한 충분한 연습이 있었기 때문이다.

네 번째, 결합과 개선이 만족스러운 성과를 만들어 낸다. 결합은 기존의 것과 기존의 것 혹은 기존의 것과 새로운 것이 합쳐진 모습을 의미한다. 그리고 이러한 결합은 결국 기존의 것보다 나은 무언가를 위한 전략이자 아이디어이다. 개선이 없는 결합이란 그저 무의미한 덧붙이기로, 앞서 단순히 능력 있는 사람들의 집합소로서의 팀과 유사하다. 다양한 기능을 갖는 멀티펑션 툴(multi-function tool)은 사람들의 기대심리를 자극한다. 옛날에 TV와 비디오의 결합이 그러했고, 최근의 MP3플레이어와 휴대전화기가 그렇다. 과거 TV와 비디오의 결합이 생각만큼 공전의 히트를 기록하지 못한 것에 반해, 오늘날 음악을 플레이할 수 없는 휴대전화는 인기가 없다. 아니, 그런 제품을 찾는 것부터가 쉬운 일이 아니다. 결합에는 분명 시너지를 일으킬 만한 발전이 담겨야 한다.[20] TV와 비디오의 결합이 그저 올인원(all-in-one)의 개념을 발전시킨 것에 지나지 않았다는 점이 비성공[21]의 이유이다.

최근엔 융합과 통섭이라는 말이 더 유행이 되고 있지만, 어쨌든 결합에 있어서만큼은 한때 모방의 천재라 불리던 일본을 모범으로

---

20) 융복합의 실패 사례를 '오리'에 비유하는 말이 있다. 오리는 물갈퀴가 있어서 물에서 헤엄을 칠 수 있고, 두 다리로 호수 주변의 땅을 거닐 수도 있으며, 조류답게 날개가 있어서 제한적이지만 어느 정도 날 수도 있다. 반대로 각각의 기능적인 측면에서 보면, 헤엄을 쳐도 물고기 보다 빠르지 않고, 땅 위에선 고양이와 같은 네 발 짐승의 먹이가 될 수 있는데다. 제대로 날지도 못해 비상(飛上)을 꿈꿀 수도 없다. 결국 융복합은 창조하는 가치를 실용적으로 입증해야 의미가 있는 것이다.

21) 분명히 비디오 TV는 성공한 제품이기는 했다. 1994년과 1995년 무렵 TV의 표준과도 같은 형태였다. 하지만 성능 좋은 비디오플레이어들은 여전히 단독제품으로 생산되었고, 비디오 TV가 둘 중 하나만 고장이 나도 수리해야 한다는 점에는 비디오가 고장 난 TV가 되는 사례가 흔히 있었다.

삼지 않을 수 없다. 단순히 해외의 유수 제품들을 모양 그대로 베끼는 것이 아니라, 개선이라고 느낄 수 있는 요소들을 결합한 데에서 일본 제조업 발전의 이유를 찾을 수 있다. 손잡이가 없던 카메라와 라디오에 손잡이를 달고, 손잡이가 있는 제품에는 일본 고유의 문양이 음양각된 손잡이를 달았다. 최근에 승용차의 조수석 차창 위에 손잡이가 달려 나오지만, 이 역시 일본인의 결합노력 결과물이다. 좁은 공간에 함께 앉게 된 어색함을 덜어줄 뿐만 아니라, 도로상태가 좋지 않은 곳에서 몸을 지탱할 수 있도록 해주는 이 손잡이 하나가 자동차에 대한 친근함을 높여 주었다면 과장된 표현일까?

> 1980년대 'TV 한 대 값으로 고성능 VTR까지'라는 카피의 비디오플레이어와 TV가 결합된 제품 광고를 볼 수 있었다. LG전자는 비디오와 TV의 일체형 제품을 최근까지도 생산한 바 있다.

브레인스토밍의 운영 원칙은 여기에서 그치지 않는다. 실제로 브레인스토밍의 방식으로 회의를 진행해 나가고, 문제점을 해결하고 새로운 아이디어를 창출해 내는 조직의 사례가 있다. IDEO 그룹은 지금까지 설명한 원칙들에 더해, 보다 현실성 있는 아이디어 도출전략을 추가하여, 오늘과 같은 혁신의 기회들을 만들어 가고 있다.

그것은 먼저, 주제에 집중하도록 하는 것이다. 아무리 열띤 토론이어도 문제점과 해결책에 초점을 두지 않고는 언저리의 대화로 마무리되고 말 것이다. 우리가 흔히 브레인스토밍이라고 부르는 회의 형태는 언제 사용하고 있는가? 필수불가결한 사업의 핵심적인 아이디어를 얻기 위해 사용하는 경우가 대부분인가? 그보다는 점심이나 회식에서 먹을 음식을 결정하고, 팀의 단합을 위한 워크숍 프로그램을 짜는 정도에 그치지 않을까? 대부분의 사람들이 브레인스토밍을 단지 가벼운 의견이나 아이디어를 모으는 수단으로 여기고 있다. 하나의 조직이 창조력을 갖추는 막강한 툴임에도 불구하고, 포르셰를 타고 밭일 나가는 촌로와 같은 상황을 만들고 있다.

다음으로는, 한 번에 한 가지 주제만을 이야기해야 한다는 것이다. 분명 대화와 토론 중에 앞서 생각하는 이들이 있고, 주제와는 직접 관련이 없지만 당장 말하지 않으면 안 될 것 같은 좋은 아이디어가 떠오를 때도 있다. 하지만 이는 결국 집중력의 부재에서 오는 것으로, 한 주제에 집중할 때에 이런 여력의 에너지가 새어 나가는 것을 방지할 수 있다. 그리고 화이트보드나 포스트잇을 활용하여, 갓 태어난 아이디어들을 흩어지지 않게 모으는 것이다. 이제 부화한 아기 새를 물가로 데리고 나가거나 갓난아이에게 성장(盛裝)시키는 것은 오히려 자유를 박탈하는 것이다. 아이디어는 계획안도 아니고, 권리장도 아니다. 아이디어는 아이디어답게 취급해야 발전 전략이 추가되고, 실행전략이 결합될 수 있다.

마지막으로 브레인스토밍의 일정을 사전에 통지하는 것이다. 앞서의 말대로 우리의 상식적인 생각으로는 브레인스토밍은 준비되지 않은 회의이며 워밍업을 위한 회의이기에, 사전에 브레인스토밍 회의를 한다는 공지는 왠지 낯설다. 하지만 자신의 업무와 관련된 다양한 아이디어들을 생각해오고, 충분히 발전시켜 본 경험과 경력이 있는 사람이라면, 어떤 주제로 언제까지 아이디어를 담아 와야 한다고 하는 사전통지가 자기 스스로의 마감시한이 되고, 아이디어를 만들어 낼 자극제가 된다.

진행은 아무나 하나?

　물론, 이와 같은 회의의 효율을 높이기 위한 방법 외에도 3~10명이, 45분~2시간 정도로 회의를 진행한다는 등의 보다 세부적인 약속들도 있다. 그리고 여기에 더하여, 더욱 중요하게 손꼽는 것은 훈련을 받은 진행자이다.

　전문적인 훈련을 받은 진행자가 이끄는 회의에서 도출되는 아이디어가 그렇지 않은 경우보다 2배는 양질의 아이디어라고 하는 것도 이미 확보된 결론이다. 특히 각각의 업무에 함몰된 전문성 지향의 조직사회에서 각자의 이야기를 질서 있게 뽑아내는 능력은 충분히 훈련하지 않으면 안 된다. 대화와 토론을 바탕으로 하지 않는 팀은 명목상으로는 하나의 이름 아래 모인 팀이 될 뿐이다. 이는 창의성, 독창성 모두에 적용된다. 더욱이 실행가능성, 효용성 그리고 보편성의 측면에서 검토했을 때에도 역시 2배가 넘는 양질의 아이디어를 내놓은 것은 전문적인 진행자가 있었을 때 가능했다.

　결국 팀에 목표를 부여하고 주제의식을 중심으로 토론을 진행하면서, 거기에 훈련받은 진행자까지 있는 경우라면, 전혀 그렇지 못한 보통의 조직에 비해 4배에 가까운 성과를 낸다는 것은 산술적으로도 계산이 된다. 더불어 실행력 높은 세밀한 계획안이 수립된다면, 이를 수행하는 단위에서는 보다 명료하게 업무가 진행된다는 점을 감안하면, 회의 한 번의 위력이 어떤 결과를 낳을지는 두말이 필요 없어진다.

기장과 부기장의 커뮤니케이션의 실패가 불러온 대한항공 항공기의 괌 추락사건 같은 끔찍한 실패사례를 거론하지 않더라도, 부정확한 지시나 합의되지 않은 채 끝내 버린 회의의 악영향이 어느 정도일지는 쉽게 추측할 수 있다.

위원회는 전문가인가, 사공인가?

결론부터 말하자면, 위원들은 전문가이기는 하지만 실전에서는 사공에 더 가깝다. 각 분야의 전문가들은 분명 자신만의 목소리를 내는 데에 바쁘지, 결코 의견을 수렴하고자 모인 이들이 아니다. 그나마도 전문분야에 대해서만 의견을 말하면 다행이지만, 엔지니어가 자신이 개발한 기술이 적용된 제품의 판매에까지 왈가왈부한다면 귀를 뜨일 진짜 아이디어가 아닌 이상, '감 놔라! 대추 놔라!'하는 식의 이야기로 받아들일 수밖에 없다. 전문가들의 의견을 조율하고, 필요한 수준에서의 답변을 유도해내는 합리적인 질문을 던질 수 있는 진행자가 분명 필요하다. 그렇지 않을 경우, 위원회에서 던져지는 의견들은 수렴이 아닌 발산이 되어, 서로를 혼란스럽게 만든다. 사공이 많으면 배가 산으로 간다는 속담이 위원회를 일컫는 이야기가 되지 말아야 할 것이다.

물론 성공적인 아이디어 도출을 위한 노력과 훈련은 브레인스토밍 등의 회의를 주재하는 진행자와 아이디어를 평가하는 위원회의 위원들만의 몫이 아니다. 무엇보다 참여하는 이들에 대한 훈련이 중요하다. 창의적인 아이디어를 도출하기 위한 전제조건들을 지키는 것으로도 상당한 변화와 발전이 있으리라 생각한다.

그 하나가 막연히 새로운 것을 생각해 내는 것이 아니라, 기존의 아이디어와 비교해서, 보다 독창적이고 차별성을 갖춘 아이디어를 제안하는 것에 있다. ≪논어≫에서도 공자는 '옛것을 익혀 새로운 것을 안다'는 온고이지신(溫故而知新)의 정신을 강조하고 있다. 과거는 분명 옛것으로부터 나온다. 근거나 근본이 없는 생각이나 제품이 생산성이나 기업의 가치를 보장하지 않는다. 자동차 제조회사들이 자신만의 독특한 라인업을 갖추고 한눈에 봐도 어느 메이커의 차량인지를 알 수 있도록 만드는 것도 그 기업이 가지고 있는 신뢰와 전통을 바탕으로 하여, 기술적·문화적으로 발전된 차량을 만들어 내고 있음을 소비자에게 인식시키는 것이 얼마나 중요한 과업인지를 알려 주는 것이다.

◎ Les Memorables

한국 자동차 산업의 발전은 소형차에서 대형 트럭에 이르기까지 차량의 용도와 크기에 따라 분류되는 차종의 라인업을 구축해 가는 자동차 개발의 역사라고 할 수 있다. 라인업 강화는 경쟁력 강화의 측면에서 접근할 수 있다. 경쟁사의 차량과 대응할 수 있는 제원의 차량을 만들어 낼 수 있는 것이 곧 자동차 업체의 경쟁력이자 기술력이기 때문이다. 한때 한국시장 철수설까지 있었던 르노삼성의 라인업 강화 계획은 경쟁력 강화를 위한 신차개발 혹은 르노의 경쟁력 있는 차량을 르노삼성의 라인업에 포함시킨다는 출구전략을 의미한다.

그리고 아이디어에 대해서는, 문화라는 말로 일컬을 수 있겠지만, 사회적·예술적 측면 그리고 기본적으로 경제적 측면에서의 가치를 판단해 보아야 한다. 아무리 혁신적인 아이디어라도 자신의 업, 혹은 기업의 문화적 가치나 경제적 가치에 부합하지 않는 것이라면 과감히 버릴 줄 아는 용기도 필요하다. 기업에서 효용가치가 없는 아

이디어라면, 혁신적으로 보이는 아이디어일지라도 현실과 현재적 가치를 바탕으로 생산된 아이디어라고 볼 수 없는 경우가 많다. 더구나 이런 아이디어는 다른 영역이나 타 기업에서라도 실행력 있는 계획이 되기는 어렵다.

이렇듯 사전에 제시된 회의의 조건과 참여자들에 대한 훈련이 아이디어의 질에 지대한 영향을 미친다. 이와 같은 조건이 부여되지 않으면 사람들은 흔히 자신에게 익숙한 업무와 아이디어에 고착되어, 독창성을 희생시키고 만다. 그래서 발전이 없이 도태되는 기업들의 내면을 들여다보면, 과거의 성공을 답습하려는 시도에 여전히 몰입되어 있는 경우가 적지 않은 것이다. 패러다임이라는 측면에서 보아도, 새로운 문제는 기존과는 완전히 다른 기반에서 풀어내야 한다. 문제를 발생시킨 시스템을 가지고, 과거에 성공했다는 전력을 근거로, 문제를 풀고자 하면, 오직 실패가 우선할 뿐이다. 맞지 않는 열쇠로는 문을 열 수는 없는 일이다.

성과에 대한 보상은 누구에게?

많은 기업들이 특허출원에 따른 보상제도를 마련하고 있다. 그렇다면, 그 보상은 누구에게 주어질 것인가? 팀 단위로 업무를 수행하고, 동료들 간의 의견교환으로 아이디어를 얻고 마름질하는 데에 큰 도움이 되었을 것이다. 개인에게만 주어진 과업이나 과제가 아닌 이상, 팀 단위 혹은 그룹단위로 포상하는 것이 가장 높은 성과를 보인다고 한다.

거듭 언급하는 바가 되겠지만, 연구부문이든 기획부문이든 우수한 연구원이나 부서원들을 서로 연합 없이 그저 모아 놓은 것에 불과한 조직은 누구도 만들고 싶지 않을 것이다. 팀 내에서 소위 브레인 역할을 하는 이들은 서로 다른 생각을 공유하며 대화하고, 그 결과로 얻어진 아이디어가 가장 최선의 결과를 만들어 낼 것이 분명한데, 그렇다면 아이디어를 최종 제안한 사람에게 그 성과를 주어야할 것인가? 그렇지 않다. 팀 단위, 혹은 그룹 단위의 보상제도를 운영하는 것이 바람직하다 할 것이다. 물론, 개인 단위의 과제로 볼 수있는 성과들도 있지만, 아이디어를 도출하여 이를 계획으로 혹은 권리로 변모시키는 작업은 팀 혹은 그룹의 일이 되어야 한다.

현재 직무발명 보상제도의 의무 도입을 발의하는 등 국회의 움직임도 눈에 띈다. 주요 내용을 보면, 정당한 보상을 하고 있는가와 발명한 종업원의 협상권 등에 초점이 맞춰져 있다. 보다 세밀하게는보상 대상의 범위와 발명 참여자들의 기여도를 반영한 차등보상제도 등 관련 연구자와 협력자들을 고려한 보상제도의 마련이 충분히논의되지 않는 것 같아 아쉽다. 아이디어의 가치를 아는 CEO라면분명히 직무발명 보상제도의 틈새를 잘 메울 것으로 기대한다.

당신은 창의적 자유를 견뎌낼 수 있는가?

이번 장을 마무리하기 전에 분명히 던져야 할 두 개의 질문이 있다. 하나는 '창의적인 아이디어를 원하는가?'이고, 또 하나는 '창의적 자유를 견딜 수 있는가?'이다. 우리가 일하는 모든 기업과 기관은 창의적인 아이디어가 필요한 조직이라고 할 수 있다. 변화하는 시대에 과거를 답습하는 것은 퇴보 이상의 실패와의 계약을 의미한다.[22] 그저 열심히 달려도 퇴출의 위험을 안게 되는 것이 오늘날의 변화사회이다. 그런데 발전적인 전략과 문제 해결을 위한 아이디어를 끊임없이 창조해내지 못한다면, 성과와 성공을 말할 자격도 얻지 못하는 것이 현실이다.

창의적인 사람은 대체로 열린 사고를 가진 자유로운 영혼들인 경우가 많다. 그런 자유로운 사고와 행동의 후배나 부하직원을 보고 당신은 기꺼이 받아 줄 수가 있는가? 조직의 질서와 상명하복의 가치를 좀 더 존중해야 한다고 생각한다면, 그 크기만큼의 창의력은 분명 기대해서는 안 된다. 혹, 창의력이 발휘되기 위한 최소한의 자유라는 임계점도 다다를 수 없다면, 아예 창의적인 조직 만들기를 포기하는 것이 나을지도 모른다.

창의적인 아이디어가 필요함을 인식한 이상, 창의적이고 창조적인 분위기와 문화를 만들어야 하는 것은 필수적이다. 수용소문학이라는 장르가 생길 정도로 갇힌 이들이 썼던 수많은 작품들이 있다. 이 작품들에는 깊은 고뇌가 있고, 삶에 대한 깨달음이 담겨 있다. 하지만 그 작품들의 저자들이 수용소 안에서 어떤 창의성을 발견했노라고 하는 사람은 없다. 역경을 이겨낸 놀라운 능력이나 목적의식을 창의적이라고 말할 사람이 있을지는 모르겠다. 삶에 대한 고뇌와 깨달음, 이것이 수용소라는 곳의 문화적(문화라고 일컬을 수 있다면) 색채이다. 창의적인 아이디어를 얻고자 한다면 분명 창의적인 활력

---

22) 온고이지신(溫故而知新)의 지혜는 과거를 배우고 익혀 새로운 것을 만들어 내는 혁신을 의미하는 것이므로, 과거를 철저히 배우고 익혀 답습하다는 의미로 새겨서는 안 된다.

이 넘치는 분위기를 조성해야 한다.

　최근에는 브레인스토밍 기법에 대한 연구가 발전적으로 진행되면서, 게임스토밍(gamestorming)이라는 방법도 등장하고 있다. 말 그대로 게임을 통한 브레인스토밍이라고 할 수 있다. 게임이 달성해야 하는 목표와 경쟁, 기술의 습득 혹은 재화의 물물교환이라는 다채로운 미션이 담겨 있다는 점에서, 해결해야 할 문제점을 놓고 브레인스토밍을 하는 모습과 유사점이 크다. 아직은 낯선 개념이지만, 현재의 회의 분위기나 회의스킬을 향상시키고자 한다면, 이와 같은 새로운 기법을 적극적으로 도입해 봄으로써, 새로운 패러다임을 저항감 없이 받아들이기 위한 지혜를 발휘해 보는 것도 적극 추천한다.

　각자를 인정하고, 경청하는 분위기가 형성된다면, 달성할 수 있다. IDEO의 사장이 아이디어 회의에서는 자신도 하나의 의견을 제안하는 사람에 불과하다고 한다. 원탁에 앉아 있다는 의식이 없으면, 아이디어는 제한될 수밖에 없다. 관료적 구조를 가진 조직이라면, 자치권을 가진 국가들의 연합체인 연방국과 같이 하부 조직에 독립적인 의사결정과 예산운영권한을 주어서라도 변모의 과정을 밟아야 한다. 기업만큼 견제와 균형이 설 자리가 없는 조직도 드물기 때문이다.

Chapter **2**

성장하는 조직을 위한
IP 전략

1. 성장하는 조직의 비밀, '학습'

- 성장을 방해하는 교육은 이제 그만! -

子曰, 學而時習知 不亦說好.
(배우고 때때로 익히면 기쁘지 아니한가)

'학습'이라는 단어를 우리에게 전해 준 ≪논어≫의 첫 구절은 학습을 즐거운 것으로 정의하고 있다.

또 교육이라고?

직원들을 위해서 이런저런 좋은 교육에 보내도 보고, 훌륭한 외부 강사도 불러서 초청강연이라도 해 본 CEO나 교육관계자라면, '학습'이라는 말에서 불쑥 무슨 또 교육이냐는 다소는 회의적인 반응을 보일 것 같다. 직원들을 위해 돈과 시간을 들이는 것에 그만한 효과나 성과는커녕 특별히 감사의 말이라도 들었으면 싶었다는 게 그들의 반응일 거란 예상을 해보게 된다. 그럼에도 왠지 교육이라는 것이 기업에는 분명 필요한 요소라고 하는데, 교육을 단지 복지차원에서 접근하는 게 합리적인 것은 아닐까 고민하게 될 수도 있을 것이다.

교육을 기업과 조직에 효용한 수단으로 만들어 주려면, 교육을 강조하고 강제하기 위한 방안을 마련하는 것보다는 직무와의 연결점을 찾아주는 것이 우선이다. 교육시간을 정해놓고 이를 의무교육화하는 것이 일반적이고, 필수직무교육 항목을 정해놓고 이를 수강토록 하거나, 외부의 교육기관이 제공하는 직무향상 교육들을 통해 직원들의 직무능력향상을 꾀하는 경우가 많다. 하지만 내부적으로 교육의 결과를 역량 향상으로 연결하는 시스템이 구축되어 있지 않으면, 한때 활용해 보는 교육의 방법 정도로 그치는 경우가 적지 않다. 그리고 교육의 효과를 측정할 만한 명확하고도 정확한 기준이 없다는 점에서 교육의 활용도에 대해서는 어느 정도 포기하고 있는 것은 아닌가 싶기도 하다.

'팀워크 향상을 위한 방안'과 같은 교육을 수강했다고 할 경우, 팀 전체가 이 교육을 함께 수강하지 않으면 누구도 교육받은 바를 적용할 여지가 없는 것은 자명하다. 오히려 교육받은 내용을 이상적인 팀워크의 모습으로 인지하고 그러한 시각으로 자신이 업무하는 팀의 모습을 보면 오히려 발전의 가능성에 대해 실망하는 경우도 있을 것이다. 이러한 총체적인 내용의 교육을 팀의 일원이 일회성으로 교육받는 것으로 직접적이고 현실적인 교육의 효과를 기대하기는 어렵다. 그리고 현실의 어느 팀에서도 의사결정과정이 5~6단계의 명확하고 시스템적인 절차를 거쳐 이루어지지도 않는다. 가장 합리적인 형태의 의사결정의 절차를 배운 것으로 조직의 의사결정의 합리성이 급격하게 향상되기 어렵고, 이를 쉽게 측정하는 것도 쉬운 일은 아니다.

기업은 교육을 통해 성장한다

그럼에도 불구하고, 누구도 거부할 수 없는 진실은 '기업은 교육을 통해 기업의 전통을 전수하고, 성장한다'는 사실이다. 모든 조직은 암묵지의 형태로든 형식지의 형태로든 조직이 가지고 있는 경험과 기술 그리고 정보를 선임자가 후임자에게 전달하고, 이를 토대로 조직의 능력을 내재화한다.

과거 IMF 사태[23])를 통해 우리도 충분히 경험한 바는, 눈앞의 구조조정이 단기간에 조직의 역량을 강화하는 효과를 줄지언정 사업의 축소와 매각이라는 절차를 통해 얻은 규모의 축소에 따른 경영효율의 강화이지, 구조조정이 기업의 건전성에 장기적인 긍정적 효과를 가져왔다고는 볼 수 없다는 사실이다. 반면, 배우지 못해 망했다고 이를 악문 기업들은 오늘의 명성을 구가하고 있다. 삼성이 세계기업으로서 위상이 격상된 것만으로도 이는 명확히 증명된다. 한때, 테헤란로의 마지막 남은 삼성건물을 매각해야 했을 정도의 자금압박에 처했을 때에, '다시 돌아오겠다!'고 다짐한 삼성의 뜻은 테헤란로의 시작점에 삼성이 세운 삼성타운으로 이루어졌다고 볼 수 있다. 끊임없이 배움을 강조하고, 사장단 교육에 열을 올린 이건희 회장의 노력이 가장 컸다고 할 것이다.

이건희 회장의 교육은 기본적으로 사례연구였다고 할 수 있다. 막연한 비전의 강조와 열심히 일하라는 주문이 아니라, 생각을 바꾸도

---

23) IMF(국제통화기금)는 우리나라의 방만한 국채, 외화경영체제의 결과로 발생한 모라토리엄에 대해, 회생 자금을 지원했다. 따라서 IMF를 우리나라 경제위기의 원인인 것처럼 IMF 사태라고 하는 표현에는 불합리한 점이 있지만, 위기감을 명확히 하기 위한 표현으로 선택해 봤다.

록 하는 혁신의 사례를 전했다고 알려지고 있다.

〈표 5〉 2012년 이건희 회장이 단행한 문책성 인사목록. 문책성 인사라고 하지만 조
직의 변화를 촉구하기 위해 단행한 조치로 보인다. 리더만 바꾼다고 변화를
일으키리라 기대하지 않았을 것이라는 측면에서 보면, 변화의 도구로는 조직
학습을 요구했을 가능성이 높다. 23)

6월 15일	□ 삼성테크윈 비리감사에 대한 후속 조치 ○ 삼성테크윈의 CEO, 미래전략실 경영진단팀장 및 인사팀장 교체
7월 1일	□ LCD 사업부진 책임 ○ LCD 사업부장 경질 및 LCD 조직 통폐합
10월 25일	□ 삼성의료원 경영감사에 대한 후속 조치 ○ 의료원장 경질 ○ 삼성서울병원 사장으로 비의료인 출신 윤순봉 사장 선임

교육과 학습의 과정

사례연구(Case Study)가 하버드 비즈니스 스쿨(Harvard Business
School)에 본격 도입되면서, MBA(Master of Business Administration)
의 역사가 열렸다고 해도 과언이 아니다.24) 이 사례연구의 강력함은
이것이 기업의 성공사례에 대한 명확한 형식지를 보여 주고 있다는
데에 있다. 마케팅이나 새로운 제품의 론칭이 성공한 사례들을 분석
하여 성공의 요소를 뽑아냄으로써, 연구자가 속한 기업이 취할 성공
전략을 구축할 수 있다. 기업과 조직은 도제식 교육에만 의지할 것이
아니라면, 다양한 성공의 형식지를 확보할 필요가 있다. 그러한 형식

---

24) 최근 들어, 하버드 MBA의 투자가치에 대한 의문을 제기하는 사례가 늘고 있다. MBA 졸업생 19명 중
10명은 '완전실패'라는 식의 조사도 있었다고 한다. 그러한 분위기의 반영인지 몰라도, 최근 하버드
MBA는 필드(field)라는 이름의 현장 중심의 과정을 도입하고 있다.

지들이 있어야만 조직 전체에 내재화할 재료들이 갖춰지기 때문이다.

<table>
<tr><td>◎ Les Memorables</td></tr>
<tr><td>하버드 MBA 사례연구를 한마디로 표현한 말</td></tr>
<tr><td>"파워포인트와 통계는 잊어라. 사람들에게 강한 영향력을 미치기 위해서는 스토리가 필요하다."25)</td></tr>
</table>

형식지라고 해서 그것이 업무표준으로 작성되거나 일정한 양식과 프로세스를 따를 필요는 없다. 그런 점에서 하버드 비즈니스 스쿨의 사례연구에서는 공식화된 표나 형식화된 양식이 아닌 스토리를 기반으로 교육이 이루어지고 있다. 사고의 틀로서의 형식화를 의미하는 것이지, 업무상의 매뉴얼 같은 형태를 의미하는 것이 아니란 뜻이다.

업무의 매뉴얼화는 일단 기업 내에 이를 갖추기를 시작했으면, 최소한 연단위로 업데이트와 업그레이드가 되어야 한다. 단위업무의 변화와 협력기업의 변경에 따라 즉시적으로 변경되지 않으면, 오히려 업무의 혼선을 주는 단점이 있다. 업무의 효율화를 위해 만든 도구가 오히려 업무의 발목을 죄는 함정이 될 수 있다는 것을 인식하는 것이 보다 중요하다. 마치 대학시절 시험을 앞두고 과거에 만들어 놓은 소위 '족보'라는 것이 그 교수의 것이 아닌 이상은 무용지물이라는 것이나 비슷하다고 하겠다.

어려서부터 위인전을 많이 읽고 자란 아이들이 후에 큰 업적을 이

---

25) 미국의 유명한 발명가인 제롬 레멜슨과 MIT가 공동 설립한 레멜슨-MIT 재단의 '모든 발명의 뒤에는 스토리가 있다'는 모토를 떠올리게 된다.

루는 위인이 된다는 것은 동서양에 변함없는 사실이다. 그럼에도 불구하고, 많은 기업들이 전문가 찾기에 혈안이 되어 있다. 사람이 없어서 일을 못한다는 이야기는 사실 부끄러운 이야기이다. 마케팅이 부족하다는 생각에 마케팅 전문가를 찾아 어렵사리 채용하고도 전문가라는 사람이 자사의 타깃 시장과는 전혀 다른 전략을 내놓거나, 기업의 핵심사업의 변경 등 경영환경의 변화 때문에 막상 뽑아 놓은 전문가가 필요 없는 인력이 되어 꾸어다 놓은 보릿자루 신세로 전락하는 경우도 없지 않다. 결국 극단적으로는 스페셜리스트(specialist)를 일반 행정직원으로 만들어 버려, 직원 개인에게도 그동안 갈고닦은 칼날을 무디게 만드는 한편, 기업의 입장에서도 별다른 소득을 얻지 못하는 일들이 벌어지고 만다.

형식지의 내재화

먼저는 기업에서의 교육은 외부에서 새로운 것을 배워오기 이전에 자사가 가진 지식과 정보를 확인하는 일로부터 이루어져야 한다. 앞서도 언급했지만, 외부에서 새로운 것을 잘 배워 와도 이를 내재화할 환경과 분위기가 조성되어 있지 않다면, 머리 따로 몸통 따로의 형해화를 경험할 수밖에 없다. 내부의 시스템을 먼저 분석함으로써, 새로운 툴을 도입할 필요 내지는 여지를 만들 수 있다.

자사의 문제해결 과정에 교육과 학습이 내재되어 있는가? 단발성 과제를 해결하는 데에 급급한 구조는 아닌가?

애플의 "매킨토시"를 탄생시킨 영광은 어쩌면 제록스의 **PARC**(팰

러앨토 연구소) 연구원들이 가져가야 할 것이었는지 모른다. 그리고 스티브 잡스가 **PARC**를 방문하여 마우스의 클릭으로 동작되는 **GUI(Graphic User Interface)**를 보지 못했더라면, 언젠가는 제록스가 활용해서 보다 정교한 컴퓨터 시스템을 구축했을지 모른다. 그런 제록스의 **PARC**가 가지고 있는 문제해결 과정에 빗대어, 형식지를 내재화하는 과정을 검토해 볼 수 있겠다.

> 스티브 잡스가 제록스 연구소인 **PARC**를 방문하여, 그래픽 유저 인터페이스(GUI)가 구현되는 컴퓨터 화면을 보고, "바로 이거야!"를 외쳤다. 이후 **GUI** 시스템은 매킨토시의 유저 인터페이스의 기본이 된다.

전략적 직관을 얻는 **4단계**

역사에서의 사례 발굴	마음 다스리기	직관	결의와 결단
○ 남의 아이디어 훔치기 ○ 훔친 아이디어들의 조합	○ 편견·선입견 버리기 ○ 마음 수련 (명상 등)	○ 섬광과 같은 통찰 ○ 아이디어의 재조합	○ 직관의 실천 ○ 직관을 전략화

〈그림 6〉 미국 컬럼비아 대학교 경영대학원의 윌리엄 더컨 교수가 말하는 전략적 직관을 얻는 4단계. 스티브 잡스가 PARC에서 GUI 시스템을 채택한 사례를 들어 설명한 바 있다.

제록스의 문제해결의 첫 단계는 문제를 확인하고 선택하는 것에 있다. 단순히 문제의 확인과 선택이라는 과정에 의미가 있는 것이 아니라, 다음 단계인 문제를 분석하기에 이르는 횡적인 과정을 담고 있다. 6개의 종적인 단계와 각 단계별로 4가지의 종적인 단계를 가지고 있는 것이 특징이다.

각 단계별로 횡적인 과정은 일률적으로, '질문-확대·확산-축소·

수렴-다음 단계를 위한 요소 검토'의 4가지로 구성되어 있다. 즉, 첫 번째 단계인 문제 확인 및 선택에서의 질문과정에서는 '우리가 무엇을 바꾸고자 하는가?'이다. 그리고 확대·확산의 과정에서는 고려사항들을 최대한 짚어 보는 것이다. 축소·수렴과정에서는 총론을 모으는 것이다. 바람직한 방향을 공유하는 것이다. 그리고 다음 단계를 위해 문제를 보는 시각의 차이를 확인하고 앞서 확인한 바람직한 방향에 대한 언어를 통일하는 것이다. 교육과 학습이 추구하는 목표이자 과제는 이러한 언어의 통일과 소통이라는 점에서 그 중요성이 더욱 강조된다고 하겠다.

두 번째 단계는 문제에 대한 분석이다. 문제의 분석에서는 1단계에서 확인하고 공유한 바람직한 상태를 방해하는 요인이 무엇인지를 찾는다. 그러한 원인을 다각도로 확대 검토하고, 축소·수렴 과정을 통해 주요 요인을 검증한다. 그리고 두 번째 단계에서 문제가 확정되고, 원인이 검토된 바는 문서화를 통해 공유와 소통의 장으로 내보내야 한다. 이는 위기의식을 공유하고자 하는 것보다는 문제를 확정하고, 이를 해결하고자 하는 노력의 시작을 선포하는 차원이라고 볼 수 있다.

세 번째 단계에서는 가능성 있는 해결책을 찾는 노력이 이루어져야 한다. 이 단계에서도 앞서와 같은 과정을 밟는다. 어떻게 변화를 만들 것인가? 앞의 두 단계가 문제인식이라는 What의 질문이었다면, 이제는 How의 질문으로 넘어온다. 그리고 문제 해결을 위한 다각적인 아이디어를 수렴한다. 이들 아이디어들 가운데에서 실행가능성의 순위로 해결책 목록을 작성한다. 물론, 실행가능성만이 기준이 될 필요는 없다. 문제의 해결은 기존의 패러다임으로 해결할 수 없는 경우가 많기 때문에 임의적인 해결방안도 무시해서는 안 된다. 다만, 비현실적인 방법을 사용한다는 것은 조직 전체에서 이해할 수 없는 사안인 경우가 많으므로, 실행가능성이 우선이 되어야 하는 것이 합리적이다.

네 번째 단계로는 해결책의 선택과 계획이다. 실행을 위한 가장 좋은 방법을 묻고, 해결책의 가능성과 효과를 판단할 다양한 기준을 마련해두고, 이를 평가할 아이디어를 도출한다. 해결책 가운데 동의한 사항들에 대한 기준을 마련하고 나면, 이들에 대한 실행계획을 세운다. 따라서 다음 단계는 해결책의 실행이다. 계획에서 가변적인 사실은 항상 주지해야 한다. 무엇에도 완벽한 계획은 없다. 계산하지 못한 변수와 미지항이 어떤 효과를 가져올지 모른다. 무엇보다 해결책을 정했으면 실행이 우선이다. 잘못된 해결책이라면 되도록 빨리 실패하는 것이 좋다.

마지막 여섯 번째에는 해결책을 평가하는 것이다. 해결책이 계획에 맞춰 제대로 실행이 되고 작용을 하였는지를 확인한다. 문제가 해결되었는지를 확인하고, 여전히 지속되는 문제점을 확인한다. 문제가 해결되지 않았다면, 실행된 해결책과 제안된 다양한 방안 중에서 새롭게 방법을 모색하거나, 새로운 방안을 찾아야 한다. 조직 내부에서 활용 가능했던 기존의 문제 해결 패러다임이 더 이상 적용되지 않는 새로운 문제일 수 있기 때문이다.

학습된 조직은 이러한 과정에서 선험적인 해결방안보다 창의적인 방법을 더 쉽게 찾아낸다. 오늘날의 교육은 도제식 교육으로는 감당하기 어려운 새로운 문제점이 등장하게 마련이고, 이는 기존의 문제 해결 방식으로는 풀리지 않는다. 그리고 해결된 듯 보이지만, 문제점이 잠재된 형태로 위기를 키우는 경우도 있다. 모든 것을 개방하는 구조가 아니어서 잘잘못을 따지고 나누는 분위기라면, 보이지 않는 문제점이 노출되지 않을 가능성이 높다. 특히 그 문제점이 숨겨지는 곳은 임원이나 말단에 있는 것이 아니라 두터운 중간층에 있는 경우가 대부분이다.

중간관리층의 축소

피터 드러커는 조직 내에 정보순환이 활성화되고, 학습이 활발한 조직은 중간관리층이 대폭 축소될 수밖에 없다는 전망을 내놓기도 했다. 이는 중간관리층을 없애거나 축소하는 조치를 취해서 생기는 것이 아니라, 정보의 효율적인 이동이 만들어 낸 결과라고 할 수 있다. 보다 가벼운 조직을 원하는 CEO의 입장과 달리, 중간관리층은 자신의 지위를 지키고자 저항할 것이다. 그래서 더욱 정보의 흐름을 중간에서 차단하는 일이 발생할 수 있다. 만일 임원이나 CEO의 입장에서 볼 때 말단의 생생한 정보가 지나치게 가공되거나 입수되는 정보의 규모가 작을 때는 바로 그러한 일이 벌어지고 있음을 의심해 보면 된다.

많은 조직 내의 구성원들이 공유하고 있는 착각은 조직의 상층으로 갈수록 고급정보가 더 많이 오고 갈 것이며, CEO가 가진 정보가 최상의 정제된 정보라는 생각이다. 분명히 시각에 따라서는 확연한 질적인 차이는 있겠지만, CEO가 접하는 정보의 규모와 말단직원이 접하는 정보의 양은 그다지 큰 차이가 없을 수 있다. 사업운용의 결정적인 정보가 말단에 닿아 있을 때, 그것을 판별하는 체계가 없다면, 그 귀중한 정보는 하위 직급자가 가졌다는 이유로 그 가치를 평가받지도 못한 채 사라질 수도 있다. 그래서 정보의 흐름에 있어서는 역피라미드 구조가 갖춰져야 한다는 주장이 무게를 갖는다.

현장전문가 개념을 도입하는 것도 이러한 정보의 역피라미드 구조를 구축하기 위한 좋은 수단이 된다. 교육과 학습이 추구하는 것도 현장의 담당자들을 전문화시키는 데에 목적이 있다. 현장의 담당자들이 정확하고도 기민하게 대응해주기를 바라면서도, 여전히 담당자들에 대한 통제의 끈을 놓지 않는 것은 이율배반적인 행동이다. 날고자 하는 독수리의 발목에 끈을 묶어 놓으면 독수리를 잃지 않을 가능성은 높을지 몰라도, 사냥 능력은 전혀 발휘할 수 없다. 심지어 그 독수리는 발목에 매인 가죽끈을 부리로 끊고 달아날지 모른다.

사냥매를 단련시키는 방법은 통제와 먹이관리에 있지 않다. 인간과 매의 교감이 그 모든 것에 우선한다. 조직과 조직 내의 구성원 간의 관계도 그와 같아야 한다. 각 사람을 특정한 기능단위로 보는 것은 비인간적인 접근법일지 모르지만, 모든 것이 공유와 공감의 기반 위에서 이루어져야 한다는 점에서 가장 인간적인 조직을 만들어 낼 수 있다.

학습조직의 구축

조직의 학습은 로마와 같다. 하루아침에 이루어지지 않는다. 하지만 그 시간들을 인내하지 않으면 조직은 과거를 답습하며 경쟁에서 뒤처지게 된다. 기업과 고객과 협력업체들이 모두 동반성장하기 위해서는 경쟁보다 치열한 교육과 학습이 있어야 한다. 그리고 무엇보다 우리 조직과 기업에 학습의 체계가 구축되어 있지 않으면, 다른 조직을 선도할 수 없다. 우리가 흔히 어쩔 수 없는 상황임을 말할 때, '시스템이 없어서'라고 얼버무리는 모습들을 보게 된다. 없으면 만들라.

◎ **Les Memorables**

IDEO에서는 새로운 아이디어 창출을 위해 브레인스토밍 회의 기법을 활용하고 있다. 창의적이고 즉시적인 아이디어들을 포스트잇에 적어 표현하고 팀원들끼리 서로 공유하는 과정에서 구체적인 아이디어가 만들어진다.

첫째는 분위기를 조성하는 것이다. 학습환경을 만드는 것이 하루 아침에 이루어지지는 않는다. 이것이 압력으로 작용할 때, 직원들은 교육과 학습을 회피수단으로 삼는다. 피난처로 삼기 딱 좋다. 배우지 않아서 모른다고 하면 더 할 말이 없다. 학습을 위한 시간에 자유를 부여하는 것이 최고경영자가 해야 할 일이다.

그리고 다양한 학습과 토론의 기법들을 적용하는 일이다. 펜이 좋으면 글씨도 잘 써지는 법이다. 천재는 악필이라고 말하는 이들은 분명 천재가 아니다. 괴테가 남긴 서체를 보라. 유려하고 아름답지 않은가? 브레인스토밍을 제대로 활용해 보는 것도 권장할 일이다. 트리즈(Triz)[26]와 같은 기법을 문제해결에 활용하는 조직도 있다. 필기도구가 달라질 때 글씨체가 달라지는 것처럼, 청바지와 정장 혹

---

26) 영어로는 창의적 문제해결 이론(Theory of Inventive Problem Solving)으로 러시아(구 소련)의 특허심사관이었던 겐리히 알츠슐러가 창의적인 특허에는 공통의 법칙과 패턴이 있음을 발견하고 이를 이론화한 것이다. TRIZ는 러시아어로 Teoriya Resheniya Izobretatelskikh Zadatch의 두문자어다.

은 예비군복을 입었을 때의 자세와 마인드가 달라지는 것처럼, 학습과 회의의 방법이 달라지면, 그만큼 다른 결과를 만들어 낼 수 있다.

둘째는 상호의 경계를 허물고, 아이디어를 자극하는 것이다. 조직에 따라서는 적극적으로 직위체계를 허물고, 원탁회의를 이끄는 사례도 많다. 그들이 과연 어떤 점에서 성공했는지를 확인하는 것은 아직 시기상조이겠지만, 그런 노력을 취하는 기업들을 관찰하면, 역동적인 변화의 힘을 느낄 수 있다. 타인의 외부적인 타격으로 움찔하는 것과 자발적으로 꿈틀하는 것의 차이를 안다면, 이러한 변화의 노력은 분명 자발적으로 꿈틀하는 모습이라고 보면 된다. 기업들이 다양한 태스크포스(Task Force)를 통해 실질적인 업무를 해내는 것은 어제오늘의 일이 아니다. 기존의 조직이 가진 경직성에서 벗어나기 위한 활동임에는 두말할 나위가 없다.

셋째로는 학습포럼을 만드는 것이다. 흔히 CoP(Community of Practice)는 표현 그대로, 사례를 만들기 위한 모임인 것이다. 우리말로는 학습조직이라고 표현하지만 기본적인 역할은 앞서 말했던 형식지를 만드는 것이다. 그리고 형식지에 포함되어야 하는 것은 경영환경 및 기술동향에 대한 분석(툴)과 기업의 기술 혹은 제품 포트폴리오, 기업이 보유한 특허의 위치를 파악할 수 있는 특허맵이나 기술평가자료 등이다. 또한 시스템의 유효성을 판단할 수 있는 감사체계와 내부 경쟁력 보고서 등이 포함되어야 한다.

뿐만 아니라, 이러한 내부적인 성과와 성장 시스템이 효율과 효과를 드러내기 위해서는 기업 내외간의 공유와 상호학습이 필요하다. 애플의 GUI 시스템이나 iPhone의 운용체계를 베끼는 것으로는 특허침해 같은 것은 되지 않는 것이 확실해진 상황이다. 적극적으로 외부와 공유하고 협력하는 일이 필요하다. 협력기업과의 워크숍은 물론이려니와 관련 업계의 심포지엄을 개최하는 주최기업이 되는 것도 마다하지 않기를 권한다.

학습의 효율 평가

학습의 효과를 평가하지 못해서, 학습과 교육의 필요성을 인식하지 못하는 관리자들도 제법 존재한다. 대규모의 생산단위를 가진 기업의 경우는 6시그마와 같은 학습의 척도를 가지는 사례도 있지만, 그와 같은 규모와 조직을 갖추지 못한 조직에서 측정도구를 갖기란 쉽지 않다. 흔히 경험곡선이라는 것이 필요한 기업이 있다. 생산원가와 가격이 제조의 효율성에서 판가름되는 경우가 적지 않기 때문이다. 그렇다고 학습을 그저 동기유발의 요소로만 인식하고, 학습의 기회를 선택의 문제로 돌릴 것인가? 그렇게 하기에는 학습이 조직 성장에 필수요소라는 점을 간과하는 결과밖에 되지 않는다.

물론 제조기반을 가진 반도체 기업에서 도출한 결과이기는 하지만 매우 고무적인 결과가 있다. 개선이라는 측면에서 볼 때, 개선에 소요되는 시간이 짧을수록 학습의 속도와 효과가 높다는 점이 관찰되었다. 어쩌면 학습의 효과를 측정하는 기준으로 원가나 단가 혹은 비용의 절감을 고수하기 때문에 학습에 대한 가능성과 필요를 놓치고 있었던 것인지 모른다. 혹은 단지 복지차원으로 생각해서, 돈이 남으면 할 수 있는 생산 외적인 요소로 치부했을 것이다.

학습의 성과는 세 단계를 따라 확인된다. 첫째는 인지단계이다.

성공적인 사업에서 산출된 문서나 아이디어들을 볼 때, 우리는 생각이 깨이는 경험을 한다. 이것이 바로 새로운 아이디어나 개선의 필요를 느끼는 단계가 된다. 그다음은 이를 응용하거나 활용해 보는 행동단계로 넘어간다. 스스로 필요하고 좋다고 느낀 것을 실행해 보는 것이 일반적인 인간의 행동유형이라고 보면, 앞서 가는 좋은 사례를 많이 접할수록 행동의 요소도 발전하게 된다.

그리고 최종단계로서 성과 개선의 효과가 드러난다. 측정 가능한 개선의 효과들이 나타나는 단계이다. 애초에 특정한 교육을 정해 놓고, 그 교육이 가져올 성과를 예측하는 것이 필요한 경우도 있지만, 개선과 성과의 아이디어는 제한된 루트를 통해 이룩되는 것이 아니다.27)

조직이 공통된 언어를 사용하는지, 직원들의 행동분석을 통해 기업이 바라는 공통된 혹은 바람직한 반응을 보이는지를 확인하는 등 학습감사의 도입을 권하는 경우도 있다. 이는 학습의 필요성을 인지하지 못하는 경영층에 대한 설득자료로서도 필요할 것이다. 이에 대한 공용화할 수 있는 측정지표들이 체계화되어 있지 않기에 특정한 자료를 선뜻 제공할 수는 없지만, 기업의 문화와 협력업체들과의 관계 그리고 산업계의 환경분석을 통해 학습의 목표가 나올 것이므로, 교육담당자는 그러한 점을 고려하여 다양한 분석자료를 만들 수 있을 것이다. 이상까지의 짧은 글로나마 보다 효율적인 학습조직을 구축하여, 항상 발전하는 기업이 육성되기를 바라는 마음으로 제안해 보았음을 밝힌다.

---

27) 키스 소여의 ≪그룹 지니어스≫(북섬 출판사, 2008)를 통해 조직의 창의력을 높이는 방안들을 살펴보길 권한다.

2. 한국 기업의 대표적인 지식재산전략은 무엇입니까?
-일본 기업의 삼위일체 지재경영전략-

들어가며

애초에 모토로라에서 고안된 6시그마28)는 제조단계에서의 불량률
을 줄여 완벽에 가까운 제품을 만들어내기 위한 기법이지만, 많은
기업들이 이를 경영기법의 하나로 인식·발전시킴으로써, 강력한 경
영툴의 하나로 각광받은 바 있다. 이제 기업 간의 치열한 지식재산
전쟁이 전개되면서, 지식재산의 운영전략이 경영전략화하는 단계를
밟아 나가고 있다. 이러한 와중에 우리 기업들도 저마다의 지식재산
경영전략을 세워 나가고 있지만, 아직 우리 기업들에 적합하며 확립
된 경영전략의 대표적인 것을 말하기는 이르다고 말할 수밖에 없다.

이에 우선은 지식재산 부문의 확립된 경영전략으로서 '삼위일체
경영전략'을 내세우고 있는 일본의 사례를 통해, 우리에게 맞는 경
영전략의 수립을 기대해 보는 기회를 가졌으면 한다.

---

28) 1986년 모토로라의 엔지니어인 빌 스미스가 정립하였다. 이전에 많이 쓰이던 불량률 제로 운동, 총체적
품질경영기법 등의 다양한 품질관리 기법에서 많은 영향을 받아 만들어졌다. 6시그마는 1995년 잭 웰
치가 제너럴 일렉트릭에 도입하면서 한층 더 알려지고 발전하였다.

경영원칙으로서의 삼위일체

삼위일체 경영전략이란 간단히 말하면, 사업전략, 연구개발전략, 지재전략이 하나의 경영전략으로 맞물려 기획되고 추진되어야 한다는 지식재산의 위치에서 본 경영원칙이라고 할 수 있다. 물론 기타의 분야에서 바라보는 경영전략은 그 분야의 수만큼 많다고 할 수 있다. 재정 측면에서, 기업의 핵심이 되는 기술의 측면에서 기업 전체의 경영전략을 논해 왔다는 것은 익히 아는 사실이다. 그리고 이런 각 경영부문의 중요성을 인식하여, 분야별 최고책임자를 두고 있다. 그런데 아직까지 지식재산에 대한 경영적인 마인드가 확산되어 있지 않은 탓에 기술 중심의 대기업에서도 기술최고책임자(CTO)는 있어도 지식재산최고책임자(CIPO)는 없는 경우가 많이 있다.

특히 소니의 경우, 뛰어난 경쟁기술을 가진 기업임에도 불구하고, 기술로열티의 흑자라든지, 특허출원과 관리에 대한 인식은 여타의 경쟁기업만큼 강하지 않다. 매출수준에 따른 특허출원의 상관관계에 관한 일본지적재산협회의 조사에서 보면, 일본을 대표하는 전기분야

11개 대기업 중 소니는 가장 높은 매출지수를 보이고 있지만, 특허 출원에서는 최하위로 나타나고 있다.

성급한 결론인지 모르지만, 지식재산에 대한 각별한 투자와 조직 체계를 가지고 있는 캐논이 1990년대 후반부터 급부상한 데 비해, 소니는 1990년대 후반부터 삼성이나 애플을 비롯한 후발주자들에게 선두자리를 내주고 있는 사정에서 지식재산 부문에 대한 투자와 집중이 얼마나 중요한지 알 수 있다.

◎ Les Memorables

도표와 데이터로 기업의 성과를 설명하는 애플의 신제품 "아이패드" 발표 현장에서 소니, 닌텐도와 애플 게임 타이틀의 판매량을 비교하는 도표와 같이 타 기업과의 경쟁력을 두드러지게 제시함으로써, 자사의 성장세를 한눈에 보도록 한다는 데에서 애플이 선보이는 프레젠테이션에 강점이 있다.

결국, 삼위일체 경영전략이란 지식재산 부문에서 바라보는 기업의 경영원칙이라고 볼 수 있다. 지식재산이 기술개발과 마케팅 등과 별개로 이루어질 수는 없다는 것은 너무나 자명하기 때문이다. 핵심기술을 만들어내는 것으로 기술을 보호하고 활용할 수 없는 시대가 되었기 때문이다. 조금이라도 유사한 기술을 선보이는 기업이 있으면, 특허소송으로 몰아가는 것이 지식재산분야의 대외환경이다.

자사의 기술을 효율적으로 보호하고 활용할 수 있도록 만들기 위해서도, 이를 경영의 핵심전력으로 삼아 운용하기 위해서도 사업전략과 기술개발전략 그리고 지재전략은 하나로 움직여야 하는 것이다.

관리에서 경영으로의 전환

앞서 소니의 예를 들었지만, 그렇다고 해서 소니가 결코 지식재산 교육에 관심이 없다거나 조직체계를 갖추고 있지 않다는 의미는 아니다. 소니는 삼성이나 LG보다 앞서 지재조직을 갖추고 있고, 지재 부원들에 대한 교육도 신입부터 관리자까지의 체계적인 과정을 진행하고 있다.

다만, 소니의 지식재산 조직은 경영의 관점보다는 관리적인 측면에 보다 근접해 있는 것이 사실이다. 그리고 수많은 영상콘텐츠를 확보하여, 세계 영화 저작물의 2/3를 보유하고 있다고 할 정도의 규모를 자랑하고 있지만, 우리는 아직 소니가 이러한 방대한 콘텐츠를 네트워크화하거나 애플의 앱스토어와 같은 전자적인 형태의 영상공급망을 갖추어 나가는 등 적극적으로 사업을 전개해 나가는 모습을 볼 수 없다. 소니는 아직까지도 자체기술을 표준화한 블루레이용 영상을 만들어 내는 데에 더 주력하고 있을 뿐이다.

앞서 언급한 대로, 소니는 '기술로열티 수지 흑자는 별로 중요하지 않다. 소비자가 원하는 제품을 만드는 것이 기업경영의 목표'라고 말하는 측면이 더 강하다.

거대한 기업 소니를 다소 함부로 폄하하는 표현이 되었는지 모르겠다. 다소 거시적인 예를 들어, 지식재산의 관리에서 경영으로의 전환이 필요하다는 점을 강조한 것이므로, 어찌 보면 결과론에 입각한 이야기일 수도 있다는 점은 경계의 말로 남겨둔다.

그렇다면, 지재부서관리적인 측면의 지재에서 경영으로의 지재를 위한 보다 세부적이고 실천적인 방안은 어떤 것이 있을까? 삼위일체 지재경영이 무르익어 가는 일본에서는, 그들의 문화에 어울리게도, 지식재산이 전사경영에 미치는 영향력이나 가치를 지수 혹은 금전적인 척도로 환산하여 설명할 수 있어야 한다고 말한다. 우리나라에서도 IP지수의 개발을 논하기도 하지만 이를 기업의 주가와 연계하는 방안이나 특허에 대한 평가시스템의 구축 정도로 집약되어 있는 느낌이다.

단순화해서 말하면, 경영은 결국 금전으로 표현되고, 숫자로 평가된다. 더욱이 아직 지재 부문이 경영전략의 일부로 인식되고 있지 않은 상황에서는 타 부문의 협력을 도출하기 위한 공통의 언어로서 어려운 지재용어보다는 경영의 언어가 더 중요하다는 것이다.

예를 들어, 특허사용료의 수입과 지불은 순수입, 순지출 성격의 금전으로 이는 사업부문의 영업이익에 해당한다. 영업이익률에는 혈안이 되어 조금만 감소해도 민감해하는 사업부문의 인력들에게 특허사용료를 같은 시각으로 보게 하는 것도 지재경영으로 가는 길의 하나인 셈이다.

일본 역시도 제조분야 기업의 특허부서는 코스트센터(cost centre)라는 위치에서 벗어나지 못하고 있다. 이런 점에서 사업부서와 같은 프로핏센터(profit centre)와는 달리, 숫자로 표현되는 경영의 언어에는 생소할 수밖에 없다. 연구개발부문에서 만든 발명을 권리화하고, 사업부문에서 고안한 상표와 의장을 권리화하는 지재부서의 기본활동은 결국 관리업무라고 할 수밖에 없다. 이러한 관리 측면의 지재활동에서 벗어나서 전사경영이라는 역할을 감당하기 위한 노력이 삼위일체 경영전략에 담겨 있는 것이다.

눈에 보이는 지재

결국 지재 부문의 경영전략화는 지재를 눈에 보이게 만드는 데에
초점이 있다고 본다. 이는 재무제표와 지재활동을 연결시킬 수 있는
지표화와 지식재산정보의 구축으로 집약해 볼 수 있을 것 같다.

특허의 지표라는 것은 개발된 기술을 어떻게 권리화할 것인가와
연관이 있다고 볼 수 있다. 방어를 위한 기술인지, 제품화를 위한 기
술인지, 라이선싱을 위한 기술인지 등을 판단할 수 있어야 한다. 기
업의 재무제표, 즉 손익계산서(PL), 대차대조표(BS), 캐시플로계산
서(CF) 등을 활용하여, 시장점유율이 높은 제품과 관련된 기술인지,
시장점유율과 시장성장률이 높지 않은 기술인지, 시장성장률은 높지
만 자사의 시장점유율은 낮은 제품인지, 또는 시장점유율이 높은데
시장성장률은 낮은 제품인지 등의 구분 또는 지표화도 생각해 볼 수
있을 것이다.

그리고 경영정보로서의 지재정보를 구축하는 것도 매우 중요하다.
특허의 경우, 출원부터 권리화에 이르기까지 타임로그(time log), 기
술의 진부화, 기술의 트렌드 변화에 따른 자산가치의 변화가 크다는

점으로 인해 종래의 경영 수법으로는 이를 분석하여 경영정보 활용하는 데에 한계가 있다. 지재를 창출하는 사이클은 지식재산을 창조하고 권리화하여 바로 활용하도록 한 후, 이렇게 지재를 활용하여 생긴 자금을 다시 연구개발에 투자하는 형태로 그려져야 한다. 그런데 통상 이러한 사이클은 기술 분야에 따라 다르겠지만, 한 사이클이 도는 데에는 대략 10년여의 시간이 걸리는 것으로 보고 있다. 그래서 과거에는 긴 시간의 축을 중심으로 자산상황을 투영해 보는 방식이 운영되었지만, 이제는 시간의 흐름에 따라 동적인 흐름을 직감적으로 읽어낼 수 있는 경영정보의 구축이 필요하다는 것이다.

수익성, 사업성, 사업규모를 횡축으로 하고, 시장의 성장률 등의 장래성을 종축으로 하는 그림을 그려냄으로써, 특허 관련 데이터가 사업성과 장래성을 나타내는 지표로 확장할 수 있는 특허가치의 궤적을 추적해야 한다. 이러한 변화는 일본의 지재전문대학원에서 다루는 과목을 통해서도 파악해 볼 수 있다. 소위 지재를 아는 경영자, 경영을 아는 지재책임자를 육성한다는 목표를 가지고 지적재산경영전략특론과 같은 과목을 통해서, 회사경영에서의 지재 역할론, 또는 타 부문에서 지재를 바라보는 방법을 논하고 있다. 재무제표와 지재활동과의 관계를 논하는 경영과 지재의 연결뿐만 아니라, 연구기획부문의 인력을 위한 과목을 설치하고 있는 등 다양한 응용전략을 제안하고 있는 것이다.

기술에서 경영까지를 관통하는 눈

리버스엔지니어링의 문제가 특히 심각한 반도체집적회로의 배치설계 분야에서는 어떤 분야보다 균등론을 보완할 요소가 필요하다. 기존의 집적회로와는 다른 새로운 기능을 구현하는 배치설계라고 하더라도, 사무실 하나를 차지할 만큼의 큼직한 배치설계 도면은 누가 봐도 차이점이 없어 보인다. 그래서 소위 반도체 집적회로의 핵심기능을 구현하는 코어 셀에서 특이점이 있으면, 이를 리버스엔지니어링의 결과가 아니라고 판단하게 된다. 하지만 이도 수월치 않아서, 법원에서는 코어 셀에 대한 연구개발이 리버스엔지니어링이 아닌 자체의 기술력을 통한 개발임을 입증할 자료로 연구노트(paper trail)의 제출을 명령하기도 한다.

이처럼 연구개발 단계 이전부터 분쟁을 보는 눈을 갖추지 않으면, 지식재산 업무는 파편화되어 일관성과 체계를 잃을 가능성이 높다. 더욱이 이는 손쉽게 경영의 탑에 인식시키기도 쉽지 않은 사항이어서, 어떤 분야보다 더 치밀한 설득의 논리와 작업이 필요하다고 할 수 있다. 아직까지 특허를 출원하는 일이 지재부서가 특허와 관련된 분쟁이나 소송의 수행을 법무팀이 맡게 되는 이원화된 지재활동으로 운영하는 기업이 적지 않다. 설령, 한 팀이 되어 특허의 출원부터 활용과 분쟁을 담당하더라도, 담당업무별로 나뉜 특허부서의 힘이 시너지를 발휘하는 쪽으로 모으는 것도 역시 쉬운 일은 아니다.

미국과 구미의 많은 기업들이 출원부터 소송까지를 경험한 통찰의 눈을 가진 IP Counsel을 구하는 데 혈안이 되어 있는 것도 이에 다르지 않다. 우리의 환경이 그들과 다르다는 것만으로 우리는 그렇게 할 수 없다고 하는 것도 납득할 만한 이유가 되지 못한다. 결국 우리에게 칼을 들이대는 이들은 지식재산에 관한 통찰의 눈을 가진 이들이기 때문이다.

◎ **Les Memorables**

2010년에 일본 정부가 제시했던 '일본의 신성장전략'은 표면적으로는 디플레이션 탈출 전략이라고 할 수 있다. 좀 더 들여다보면, 이 전략의 엔진 격으로 그린 이노베이션(에너지 확보와 환경선진화, 농림수산 분야의 재생)과 라이프 이노베이션(게놈정보 기반 의학, 고령자·장애인의 생활 향상)을 삼고 있다. 좀 더 들여다보면 연구 강화와 정보통신기술 등 기반기술 성장과 인재육성 및 국제화가 바탕에 깔려 있다. 그보다 더 관심을 가져야 할 것은 신성장전략의 두뇌 격인 정책 컨트롤타워를 가동하여 지식재산정책을 중심에 놓겠다는 점이다.

지식재산의 경영입문

매우 진지하고 중요한 주제를 구체적인 사례가 미흡한 가운데 몇 가지의 예를 들어 이야기했다는 점에는 많은 부담이 생긴다. 충분한 화두가 될 수 있는 이야기임에도 실현이나 실천에 이르기까지는 막연한 과정들이 놓여 있는 것 같은 느낌도 든다.

그럼에도 일본을 놓고 볼 때, 삼위일체 경영전략이란 어느 정도 무르익은 경영전략으로 다듬어져 가고 있다. 일본의 치밀하고 정치한 경영전략의 매뉴얼화가 어찌 보면 경영과 어울리지 않는 방법인지도 모른다. 일본이 미국과 벌인 미드웨이 해전도 결국 치밀한 전략에 오히려 패인이 있었다고 보는 견해도 없지 않다.

하지만 이들이 지식재산을 경영전략화해 나가는 일련의 과정은 매우 합리적이라는 생각을 갖게 한다. 그중 가장 눈에 띄는 것은 '지재의 언어를 경영의 언어로 표현하라'는 점이다. 물리학 서적에 공식이 하나 들어갈 때마다 독자가 절반씩 줄어든다는 출판업계의 불문공식이 있다. 그래서 스티븐 호킹의 ≪시간의 역사≫라는 책에서는 그가 천재적인 이론물리학자임에도 $E=MC^2$ 이상의 어려운 물리공식을 담지 않았다. 물리학을 일반인의 눈에 맞춰 설명함으로써, 물리학의 이론을 경영학이나 사회이론을 해석하는 데에까지 적용할 수 있게 만든 것이다.

지재부서의 역할이 여기에 또 하나 있다고 본다. 그럴 틈이 어디 있느냐, 그럴 만한 툴이 마련은 되어 있느냐 한다면 확답을 줄 수 있는 여지는 많지 않다. 하지만 지재의 언어를 다른 분야의 언어로 바꾸어 표현할 수 있을 때에, 특히 경영의 언어로 표현할 수 있을 때에, 지식재산은 그제야 경영에 입문하는 것이다.

3. 원칙과 기본에 충실한 특허조직 만들기를 위하여
- 중소기업 등 우리 기업의 특허경영전략의 필요성 -

들어가며

지식재산 분야의 업무 특성을 분석한 연구과제가 진행된 바가 있었다. 기업의 특허팀에서 수행하고 있는 거의 모든 업무영역과 활동을 담겠다는 의지가 반영된 연구였음에도, 이 연구의 결과가 우리 기업의 특허업무의 효율성을 위한 연구에 항상 기본 자료로 활용되지는 못했던 것으로 안다.

이 자료의 존재를 몰랐기 때문이라는 가장 원초적인 이유를 벗어나서 생각해보면, 기업마다 각자의 상황과 환경이 너무 달라서, 지식재산 업무의 분야와 영역을 일률적으로 정한다는 것 자체에 모순이 있기 때문이라는 결론을 내리게 된다. 물론, 기업에 따라서는 공통의 특허업무라고 할 수 있는 항목들 중에서 현재 필요하지도 급하지도 않은 업무 영역들이 있기 때문에, 현재는 특허부서의 업무에서 배제되어 있는 업무 영역도 있다고 볼 수 있을 것이다. 하지만 반드시 그런 것만도 아닌 것 같다. 기업마다의 역량의 문제도 고려하지 않을 수 없을 것이고, 방법론의 문제일 수도 있을 것이다.

출원에서 특허의 관리와 운용, 그리고 보다 적극적인 활용이라는 측면과 특허와 관련된 소송 등에 이르는 일련의 과정을 고려하지 않을 수 없다는 것은 특허와 관련된 업무를 분석하는 이들의 일관된 의견이지만, 사업의 구조와 분야에 따라서는 고려할 필요가 없는 분야들이 반드시 있게 마련이다. 누가 봐도 기술의 총화와 종합예술이라고 할 수 있는 자동차 분야를 기본으로 하여, 특허업무를 분석한다고 하더라도, 틀림없이 이는 표준화가 되기 어려운 점들이 눈에 띄게 될 것이다.

하지만 그럼에도 불구하고, 기업마다 특허분야의 업무에 대한 다양한 노하우를 서로 교환하고, 이를 통해서 좀 더 효율적인 방법론을 찾기 위한 노력은 끊임없이 진행될 것이다.

다시 말해, '경영'이라는 개념이 필요한 시점에 도달하게 되었다는 의미로 새길 수 있다.

◎ **Les Memorables**

지식기반 사회의 도래와 지식노동자의 개념과 역할을 역설한 피터 드러커(1909~2005)의 경영철학은 '손익계산'이 있는 곳에는 경영이라는 평가와 측정의 도구가 필요하다는 것이었다.

경영의 개념

피터 드러커의 견해에 따르면, 경영을 필요로 하는 가장 결정적인 이유는 '손익계산'에 대한 인식에서 나온다고 한다. 지금까지도 많

各戦略の成果イメージ

◆ 各戦略について、2020年に達成されるべき成果イメージを提示

戦略1 国際標準化特定戦略分野における国際標準の獲得を通じた競争力強化

・研究開発・事業化戦略と連携した戦略的な国際標準化の推進や
知的財産権の獲得・活用を通じて、国際標準化特定戦略分野
（7分野）において世界市場を獲得する。

戦略2 コンテンツ強化を核とした成長戦略の推進

・コンテンツを核とした海外収入を増加させる： 約1．2兆円→約2．6兆円
・海外からのコンテンツ関連の留学生数を増加させる： 約3,000人→1万人
・デジタル・ネットコンテンツビジネス（新規ビジネス含む）の市場規模を拡大する： 約1．4兆円→約7兆円

戦略3 知的財産の産業横断的な強化策

・知的財産の活用を促進し、世界に先駆けた新規事業を創出する。
・我が国の技術輸出額を増加させる： 約2兆円→約3兆円
・世界でも活躍するニッチトップ事業を多数輩出する。
・中小企業による輸出額を増加させる： 約10兆円→約14兆円

〈그림 7〉 2010년도 일본의 지적재산전략의 대강. 국제표준화, 콘텐츠 강화, 지적
재산의 산업 연계 강화를 전략의 성과로 제시하고 있다. 특히 지적재산
정책에 있어서는 지적재산이 산업에 횡단면 모두에 스며들어, 신규사업을
창출하고, 중소기업의 수출액 증가를 이루겠다는 목표점을 내세우고 있다.

은 기업들은 특허업무를 관리업무의 하나로 보고, 특허부서의 업무
는 비용을 쓰는 조직으로 인식하고 있다. 손익계산이라는 관점에서
보면, 특허부서는 이제 경영을 필요로 하는 조직이 되고 있는 셈이다.

이 외에도, 현대사회를 '지식과 지식의 융합의 시대'29)로 본다면,
특허부서의 역할은 더욱 선명해진다고 할 수 있다. 결국, 특허란 지
식과 지식의 융합의 결과가 되어야 한다는 점에 공감하고 있기 때문
이다. 특허의 출원업무만 하더라도, 기술개발부문과의 협업에서 기

---

29) 오늘날의 '창조'에 대한 인식은 소위 '무에서 유를 만들어 내는 작업'과는 달리, 좀 더 현실적이고 실천
적인 개념으로 옮아 온 것 같다. 이전의 지식사회라고 했던 데에서 좀 더 진화하여, 지식과 지식을 결합
했을 때 나타나는 변화와 새로움에 '창조'라는 이름을 부여하고 있는 것이다.

술 검색, 해외출원과 국내출원의 각기 상이한 단계별 업무 수행, OA(Office Action)대응30)이나 심사관과의 협력활동 등등의 작은 단위업무들로 편제되어 있다. 복잡하고 다기능적인 복합기에 필수적인 것은 마이크로프로세서, 혹은 컨트롤러 등 소위 중앙처리장치라고 한다면, 다기능적인 특허조직에 필요한 것 역시 '경영'이라고 해야 하지 않을까.

일본의 '삼위일체 경영전략'을 간략히 소개했지만, 삼위일체라는 일본의 IP 분야의 경영전략이 그 자체로 어떤 기능을 하는가도 중요하지만 더욱 중요한 것은 지식재산 부문에 경영의 개념을 도입했다는 데에 더 큰 의미가 있다. 최초에는 경영에 기여하는 조직운영 전략으로서의 IP경영이었는지 모르지만, 이제는 IP 부문의 운영 전략으로서, 방법론으로서의 경영전략으로 변모하고 있다. 이제는 일본 내에서는 최소한 특허관리를 목적으로 해서 황급히 특허부서를 뚝딱 만들어 내는 기업은 없는 것으로 보인다.

원칙과 기본에 충실한 조직

그렇다고 해서, 무분별하게 낯선 경영이론을 도입하고 기존의 분석틀과 잣대로 특허부문에 대한 평가요소들을 만드는 의미의 경영을 도입하자는 것은 아니다. 먼저 필요한 단계는 일본에서와 같이

---

30) OA는 Office Action의 약칭으로, 특허출원이나 특허심사의 과정에서 특허청(심사관)이 공식적으로 내리는 결정 또는 의견을 의미한다. 이러한 OA에 대한 대응이 특허의 권리화에 매우 중요한 과정이기 때문에 해외출원을 진행하는 지재부서에서는 OA대응을 부서의 핵심 업무의 하나로 인식하고 있다.

특허부서의 활동이 기업의 경영에 기여할 수 있는 역할에서부터 시작해야 할 것이다.

특히 특허의 경험과 경력이 많지 않은 중소기업의 경우엔 더더욱 경험을 쌓는 일이 선행되어야 한다. 특허출원도 특허를 만들어 낼 수 있는 기술개발의 바탕이 마련되어 있어야 진행할 수 있다. 단순히 외부의 기술을 활용하여 생산에 주력하고 있는 기업이라면, 특허부서를 만들어서 관리능력을 분산할 필요는 없을 것이다. 자체적인 기술을 확보할 수 있는 수준까지는 생산에 주력하고, 새로운 기술을 개발하여 독자적인 사업을 운영할 수 있는 단계에 이르기까지는 독자적으로 기술개발을 할 수 있는 환경과 힘을 길러야 할 것이다.

우리 기업뿐만 아니라, 세계의 많은 기술 기업들이 수많은 특허를 생산해 내는 데에 집중했던 시기를 지나 현재는 질 높은 기술을 만들어 내기 위한 노력을 경주하고 있다고 한다. 하지만 기술개발의 초기에 있는 소규모 기업들이 처음부터 양보다 질의 출원전략을 추진하기에는 역량의 부족을 느낄 수밖에 없을 것이다.

어느 한 분야에 정통한 전문 인력을 보유하고 있느냐 없느냐로 사업의 존폐 여부가 결정이 나는 사례가 과연 얼마나 될까? 인력의 보유가 인허가의 요건이 되는 경우라면 모를까, 소위 출원 전문가가 없다고 해서 애써 개발한 기술을 특허화하는 데에 주춤할 이유는 없다. 중소기업은 물론이거니와 대기업들도 전략적으로 출원업무에 대해서는 상당 부분 아웃소싱을 하게 된다.

앞으로 좀 더 분석된 내용을 소개할 수 있겠지만, 해외출원을 위해서는 해외로펌으로의 아웃소싱이 필수적인 만큼 아웃소싱의 경험과 지식의 축적을 통해서, 아웃소싱 전략을 기업 내에 마련하는 것도 분명 필요하게 될 것이다. 대리인의 선정은 단지 출원의 성패만이 아니라, 비용과 향후 분쟁에까지도 영향을 미치는 매우 복합적인 문제이기 때문이다.

이제 미국은 물론이려니와 일본만 봐도, 기업마다 특허분야에서 20~30년을 근무하면서 특허부문의 전문성을 획득한 인력들을 확보하고 있다. 우리도 기업마다 특허부서를 갖기 시작한 지는, 삼성전자를 기준으로 볼 때, 30년이 채 되지 않는다. 물론, 30년가량을 특허부문에 몸담은 분들은 있지만, 체계화된 조직 내에서의 경험과 비교하면 그 인적 규모 면에서 경쟁상대가 되지 못한다.[31]

결국, 실무와 경험에 충실한 인력을 키우고 확충해 나가야 한다는 기본과 원칙에 충실해야 한다는 결론을 말할 수밖에 없다. 그리고

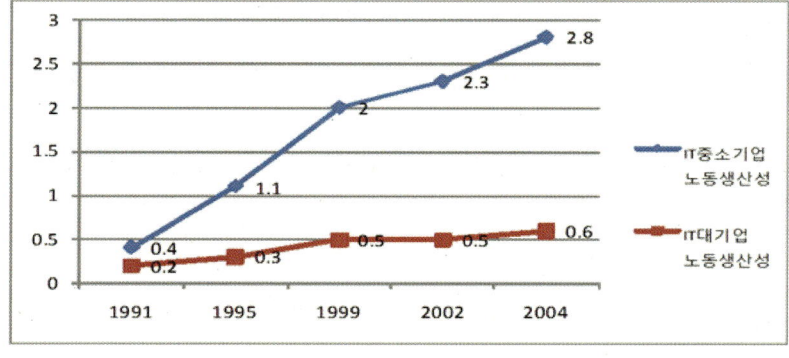

〈IT제조업내 대기업과 중소기업 노동생산성 추이〉

〈그림 8〉 중소기업과 대기업의 IT 분야 노동생산성의 비교. IT산업의 성장세를 보였던 기간의 비교라는 점에서 최근의 IT산업에 대한 지원이 쇠퇴한 시점에서 중소기업의 생산성을 비교해 볼 필요가 있겠다.

---

31) 일본은 30년 이상의 특허경력을 가지고 은퇴한 이들에 대한 채용경쟁이 매우 치열하다. 특히 특허 검색이나 특허조사 분야에서 이들에 대한 대우는 은퇴 전이나 크게 다르지 않다.

효율적인 기본기의 수련을 위해서는 조직적인 노력이 필요하다. 특정 인력을 특허업무에 배치하고, 개인적인 교육을 수행하는 것으로 목표가 달성되는 것이 아니고, 기술개발인력과 특허담당인력 그리고 경영진의 관심과 참여가 함께 조직적으로 운용되어야 한다. 대기업이 특허부서나 조직을 만들어 나가면서 가장 아쉬워하고 안타깝게 생각하면서 체득하고 체화한 것 중에 하나가 바로 특허업무의 조직화라고 할 수 있다.

다양한 자원과 지원 프로그램의 활용

대기업에 대한 정부의 지원은 매우 제한을 받는다. 대기업들이 추진하고 있는 사업들은 상당 부분 해외의 경쟁기업을 갖고 있기 마련이다. 정부가 대기업을 지원하는 데에는 명분이 있을 수 없다. 미국의 오바마 정부가 미국의 자동차 업계의 부실을 지원한 것으로부터, 자국의 산업을 보호하려는 움직임들에 대해 상호 제동을 걸던 분위기가 다소 완화된 듯 보이지만, 대기업에 대한 지원을 통해서 자국산업을 활성화하겠다는 움직임은 단지 기업 간 경쟁의 문제가 아니라 국제정치적인 측면을 띤다. 이 점에서 기업 경제의 풀뿌리인 중소기업에 대한 정책적인 지원의 필요성과 명분이 생긴다.

지난 2004년에서 2006년에 이르는 경제침체기에서도 유럽에서의 고용증가율은 기업규모별로 각각 영세기업(10인 미만 사업장) 4.2%, 소기업(10~49) 5.8%, 중기업(50~249)이 5.5%를 기록한 가운데 대기업은 2.7%를 기록하고 있다. 중소기업 이하의 기업들이 유럽 내

전체 고용과 경제성장의 2/3를 차지하고 있는 현실에서, 우리도 정책적인 지원이 모색되어야 하는 것은 너무도 당연하다.

더욱이 중소기업의 생산성이 대기업에 65%에 미치지 않고 있는 점을 감안하면, 중소기업의 생산성 증대를 위한 지원과 노력이 얼마나 중요한지 짐작해 볼 수 있다. 우리 정부도 중소기업에 대한 다양한 정책과 지원사업을 운용하고 있는바, 비록 정책의 효율성과 합리성에 대한 반성과 검토가 지속되어야겠지만, 먼저는 중소기업들이 이를 적극적으로 활용할 수 있는 인식이 향상되어야 할 것이다.[32]

지금까지 이야기해 온 바의 맥락에서라면, 중소기업에 대한 지식재산 부문의 조직화가 선행되어야 할 것으로 본다. 기업들의 높은 관심에 비해 추진은 다소 늦어지고 있지만 중소기업형 특허관리시스템 등도 중소기업의 지식재산 부문의 조직화를 위한 기본적인 툴(tool)이 될 것이다. 중소기업에 대한 자금의 지원도 필수적이지만, 이를 누수 없이 활용할 수 있는 시스템이 없다면 터진 둑에 물을 쌓는 노력에 비할 수밖에 없다.

실현가능성을 점치기 어려운 사안이지만, 최근 환경기술의 세계화와 관련하여 선진국으로부터 개발도상국으로의 기술 이전이라는 문제가 등장하고 있다. 이러한 점에서, 대기업의 환경 관련 기술이 중소기업을 토대로 하여 실시되게 하고, 이를 다시 개발도상국으로 기술 이전하는 형태를 구축한다면, 중소기업의 국가적인 중요성뿐만 아니라, 해외 진출에 지대한 영향을 미치지 않을까 하는 생각도 갖

---

32) 물론, 산업부문에 따라서는 중소기업의 노동생산성이 대기업을 앞지르는 경우도 없지 않다. 대표적으로 IT분야에서의 중소기업의 노동생산성은 지속적으로 증가해 온 반면 대기업의 노동생산성을 답보상태를 유지할 뿐이었다. 최근 들어, IT산업에 대한 정부의 지원이 고갈된 상황에서는 IT부문의 중소기업들의 약세가 두드러질 것으로 보인다.

게 된다. 대기업에서도 실시기술로서 활용하는 데에는 많은 한계를 갖고 있는 상황에서 환경기술이 개발도상국의 대기업 등으로 바로 이전된다고 했을 때, 단지 기술의 전달만 될 뿐, 효율적인 활용과 실시기술로서의 가치가 낮아지는 측면도 고려해 볼만 하리라 본다.

결론

최근 지식재산기본법의 제정을 위해 정부가 분주하게 움직이고 있다. 일본이 지적재산입국을 선언하고 정비했던 2002년 11월의 지적재산기본법과 그 추진을 위해 총리 산하에 설립한 국가지적재산전략추진위원회의 활동에 크게 자극받은 바 없지 않다.

우리 정부가 추진하고 있는 지식재산기본법 안에는 중소기업에 대한 다양한 정책들을 수행할 수 있는 근간과 근거들을 마련해 두고 있는 것으로 안다. 문제는 과연 우리 중소기업들의 지식재산 현실이 얼마나 잘 반영될 것인가 하는 점이다. 의원입법으로 제안되었지만, 실제로 법의 내용을 준비하고 있는 것은 정부 부처 간의 협력을 통한 것으로 알고 있다.

아직 많은 우려가 있는 점도 염두에 두어야 할 것이다. 과거 반도체 산업과 관련하여, 미국 의회의 압력으로 일본이 반도체집적회로의 보호에 관한 법률을 입법한 것에 이어, 역시 미국과 일본의 압력에 의해 우리가 같은 이름의 법령을 제정한 사례를 떠올리지 않을 수 없다. 과연 이 법률이 적용된 분쟁이나 소송이 몇 건이나 될까? 국내 사건으로는 대법원 판결은 현재까지도 없는 것으로 안다. 이

법률이 잠재적인 분쟁의 소지를 일소해왔다는 법률만능주의의 결과론적 설명에 내맡겨도 좋을지, 우리의 산업토양이 이 법의 실효성 자체를 논할 수 없는 환경이었다는 것이 사실은 아닐지 생각해 보아야 할 것이다.

기본법이라든지 통합입법 등은 어쩌면 '국가경쟁력 확보'와 같은 현실적인 방안을 담아내기 위한 틀이라고 말할 수 없는지 모른다. 기본적인 근거를 마련하는 것으로 법을 제정한다고 할 수도 있지만, 이는 법에 대한 근본적인 오해에서 비롯되는 것이다. 법은 실효성 있고, 실재하는 것들에 대한 규율이나 증진을 위한 도구가 되어야 한다.

이러한 점에서 중소기업들이 지식재산의 운용과 개발을 위해 마련해 두어야 할 정책은 무엇이며, 이를 법률 안에는 어떻게 구현할 것인가가 고민되어야 할 것이다. 무엇보다 경제적인 측면에서의 접근이 이루어지지 않으면 안 된다. 중소기업의 생산력을 증대시키는 것에는 지식재산 분야에 종사하고 있는 인력에 대한 교육지원에서부터 출원시스템의 쉼 없는 진화와 편의성 증대 등도 포함되어야 할 것이다.

먼저는 중소기업에서부터 인식의 변화와 제고를 통해서, 지식재산의 조직화를 위한 다양한 목소리를 정부나 국민에게도 전달하고 공유할 수 있어야 할 것이고, 필요한 경우에는 정부가 개최하는 공청회나 의견 수렴을 위한 자리에도 적극적으로 대표권을 형성하여 참석하고 의견을 개진해야 한다. 어떤 조직이나 어떤 절차에나 담겨 있는 시스템을 발견하고 이를 잘 활용해 나가는 지혜가 어느 때보다 필요한 시점이라고 하겠다.

4. 변화를 관리하는 기업

- 목표와 변화를 관리하는 기업전략이 필요하다 -

들어가며

언제부터인가 우리에게 '변화'라는 단어는 너무나 일상적인 표현이 되어 버렸다. 물론, 변화를 싫어한다는 의미에서 공무원 조직을 일컬어 '철밥통'이란 말을 쓰기 시작한 것은 벌써 오래전 일이긴 하지만 기업의 경영과 운용에 관련해서 지금만큼 '변화대응'을 이야기하던 때도 없었던 것 같다. 심지어 기업에는 수많은 최고책임자들이 있는데, 변화관리자 혹은 변화책임자(Chief Change Officer)[33]라는 직책들을 서둘러 만들지 않을까 싶을 정도이다.

과거 1980년대까지만 해도 우리 기업에 관해서는 어떻게 하면 수익을 낼 수 있는지에 대한 논의가 주를 이뤘으며, 관리와 경영의 전문화를 논하던 90년대를 지나, 늦었지만 최근에는 리더십과 지식관리에 대한 논의가 활발하게 이뤄지고 있음을 볼 수 있다. 초창기 우리 기업들에게는 수익을 창출할 수 있는가의 여부가 곧 기업의 존립

---

33) 물론 최고변화책임자라는 직위를 운영하는 기업이 없지는 않다. 이들은 다양한 기업전략들을 변화되는 시장환경에 맞춰 개발하고 적용하는 역할을 수행하고 있다.

과 생사의 갈림길이었다. 물론, 이는 지금도 마찬가지이긴 하지만 흔히 배곯는 사람이 줄어들면서 소위 잘 먹고 잘살아야 한다는 웰빙으로의 관심이 전환된 것처럼, 오늘날의 기업도 단지 죽느냐 사느냐를 넘어서 어떻게 조직을 잘 운영할 것인가 하는 데에 초점이 옮겨가고 있다. 최근에는 기업에 대한 인식이 많이 변화하면서 기업이 미치는 사회적 파장을 고려하여 기업이 쉽게 망하지 않도록 하는 사회적 장치들이 마련되어 있다.

이러한 상황들 속에서, 어떻게 하든 기술과 생산능력만 있으면 기업은 존속할 수 있다는 식의 사고도 생겨났으리라 본다. 하지만 과연 얼마나 많은 기업들이 그럴 수 있겠는가? 오늘날과 같은 변화에 부닥쳐서는 '가치 있는 기업'으로서의 존속을 고민하느니, 차라리 폐업의 갈림길에서 결단을 내리는 것이 더 손쉬울 것이다.

우리 주변에는 변화에 민감하지 않은 기업들이 적지 않다. 특별한 가치를 창조하거나 추구하지 않고, 사람들이 꾸준히 구매하는 물품들을 적당히 시장에 만들어 냄으로써 기업을 존속시키는 경우가 얼마나 많은가? 특히 국내시장이라고 하는 우물 속에서 내수의 다변화 정도만을 신경 쓰면서 명맥을 이어가는 기업들이 얼마나 많은가? 또, 정부의 물가안정대책을 비웃기라도 하듯, 두 자릿 수의 가격 인상률을 결정하는 기업들은 얼마나 많은가? 기업 자체가 변화하기보다는 환경의 변화를 최대한 억제하기 위한 노력 속에서 경영이 이루어지는 경우라고 할 수 있다. 아니, 경영이라기보다는 영업이 기업 활동의 전부인 경우가 대부분일 것이다. 경영이란 조직의 운영 전략을 기본으로 하는 것인데, 전략이 없는 기업에는 경영이 없는 것이나 마찬가지다. 과거에 기업의 주요 활동이었던 채용, 기술개발, 영업수준의 마케팅을 가리켜 더 이상 경영이라고 하지 않는다.

이 사람을 채용할 것인가? 이 기술을 통해 어떤 제품을 만들 것인가? 이 제품을 만들기 위해 필요한 기술을 구입할 것인가, 라이선스 해 올 것인가? 이 제품의 판매대상은 누구로 할 것인가? 이러한 수많은 판단을 경영이라고 할 수는 없다. 소위 구멍가게 전략과 다를 바 없다.

밤늦게까지 문을 열고 장사하려면 야간 아르바이트를 고용해야 할 것인가? 손님들이 주로 원하는 제품을 잘 공급해 주는 유통업체와 계약을 맺을 것인가, 내가 직접 발품을 팔아 필요한 제품을 구매할 것인가? 동네 주민들만이 아니라, 대량으로 거래할 수 있는 학교나 교회 같은 지역단체는 없는가? 구멍가게도 하고 있는 고민이자 판단이다.

구멍가게와 기업의 운영이 다르지 않다고 흔히 농담처럼 말하는 것은 우리의 기업풍토와도 관련이 있지 않을까? 당장의 생산과 판로의 기회를 위해서 Ad hoc[34]식으로 사업을 운영하고, 그때그때의 필요한 인력을 조달하고, 자금을 구하는 식의 영업 중심의 기업 활동이 우리의 기업풍토가 되어 왔다고 하면 너무 호된 표현일까? 물론, 선진기업이라고 해서 모두가 합리적이고 꾸준한 목표점을 가지고 경영되었다고 할 수는 없지만, 모터기술자로서 1960년대에 처음 3명의 직원으로 기업을 시작한 일본전산이라든지, 스티브 잡스와 워즈니악의 2인 기업으로 출발한 미국의 애플이라든지, 3D 애니메이션을 만들어 보겠다는 의지만으로 이 회사 저 회사에 더부살이하면

---

34) '특별한 목적을 위해서'라는 뜻의 라틴어로, 임시방편의 해결책 또는 즉석 이벤트라는 뜻을 함축하고 있다. 여기서는 '충분한 계획이 아닌 그때 그때의 필요에 의해 추가한'이라는 의미로 사용하였다.

서 명맥을 이어오다 결국에는 디즈니에 합병될 정도의 우수한 애니메이션 기업으로 성장한 픽사와 같은 기업을 보자. 현재 이들이 이루어 놓은 엄청난 성장과 결과에 주눅이 들어, 이들은 우리의 처지와 다르다고 할 수도 있지만, 그들 역시 현재 우리나라의 수많은 영세기업이나 중소기업들과 크게 다르지 않은 환경에서 출발하였다.

◎ Les Memorables
현재 계열사 140개, 종업원 13만 명의 초일류기업으로 성장한 일본전산은 창립자 나가모리 시게노부 사장에 의해 1973년 교토의 시골창고에서 임직원 4명으로 시작되었다. "직원은 호통을 쳐서라도 가르쳐야 한다"는 철저한 교육철학이 인상적이다.

기업의 존재 목적

일본전산과 같은 기업은 오죽하면, 일하러 오는 취업희망자가 없는 데다가 있어도 필요한 능력을 갖추지 못한 이들뿐이어서, 결국 독특한 채용전략을 취할 수밖에 없었다. 일단 뽑고 나서 성장시키자는 의지로, 밥 빨리 먹는 사람, 목소리 큰 사람, 화장실 청소 잘하는 사람들을 채용했다.

일본전산이 고육지계에서 선택한 방법이었지만, '일보다 사람이 먼저'라는 소위 위대한 기업들의 성장전략에 딱 들어맞는 경영전략이기도 했던 것이다. 과연 이러한 방법을 통해 채용한 사람들을 오늘날 글로벌 기업의 임원급으로 성장시킨 원동력은 무엇일까?

다른 무엇보다 모터분야에서 1인자가 되겠다는 창업부터의 목표가 바로 그 원동력이라고 꼽고 싶다. 그리고 그 목표를 위해서 일단 포섭하고 채용한 사람들은, 자기 발로 나가지 않는 이상 끝까지 함께하면서 파트너로, 동료로 성장시켰다. 앞서 언급한 픽사의 경우도 다르지 않다. 루카스 필름의 외진 사무공간에서 '애니메이션의 꿈'을 가진 이들이 모여 충분하지 않은 급여를 나누어 가지면서도 사람만큼은 포기하지 않았다. 이들이 Pixar라는 이름으로 스티브 잡스에게 팔려 가면서도 스스로 고통을 감내했을 뿐, 눈칫밥을 먹으면서도 목표와 꿈을 잃지 않았다. 고작해야 적자를 메울 수도 없는 정도의 수익밖에 얻지 못했던 TV광고용 애니메이션을 만들면서도 '장편 애니메이션 제작을 위한 경험이자 훈련'으로 받아들이면서 꿋꿋이 목표를 향해 정진했다.

◎ **Les Memorables**

애니메이션 <토이 스토리 3>를 만든 픽사(Pixar)의 3D 영상 슈퍼바이저 밥 화이트 힐이 국내에서 열린 한 콘퍼런스에서 다음과 같은 말을 남겼다. "픽사의 크리에이티브 담당자들이 아이 같은 감각을 지녔는지는 모르겠지만 어른도 재미있어야 한다는 게 우리의 생각이다."

기업은 과거 교과서에서 배운 바대로 '이윤 추구'가 목표이다. 아니 목표이기도 하다. 하지만 이윤 추구에만 목표라는 방점을 찍어서는 이윤을 얻기 어렵다. 달성하고자 하는 목표점을 먼저 세워야 한다. 그리고 그 목표에 달성하기 위한 방법 역시도 목표와 어울리는 것이어야 한다. 세계적인 디자인 기업인 IDEO는 애플, 마이크로소프트, 코닥, 펩시콜라, 토요타 등의 굴지의 글로벌 기업은 물론, 심지어 LG전자와 현대카드 등 우리 기업들을 고객으로 두면서 '디자인

의 심장'이라는 명성을 얻었다. IDEO에게는 경영도 디자인이다. 디자인적인 사고를 통해 기업을 운영해 나간다는 것은 어떤 의미일까? 단지 새로운 것을 만들어 간다는 막연한 의미일까? 아니다. 디자인이란 대부분의 경영컨설팅 기업들이 제시하는 식의 분석적인 방법으로의 문제 해결이 아니라, 확장하는 사고방식이다. 문제에 대한 새로운 해석이자, 다양한 대안으로의 확장이라는 것이다.

전략이 있는 기업

일본의 기업들도 지식재산 경영이란 측면에서 도입하고 있는 '삼위일체 경영'에 있어서, 이제는 양뇌적 사고를 도입하고 있다. 즉, 숲과 나무를 모두 볼 줄 아는 직원을 키워내는 것이 보다 구체화되고 있는 삼위일체 IP경영전략이다.

IDEO는 오히려 패션회사처럼 일하라고 주문한다. 하나의 제품에 대한 디자인을 만들거나, 다음 시즌에 출시할 의류를 만들어 내듯이, 일정한 목적을 가지고 시작하고, 그것이 끝을 맺도록 하는 프로젝트식 운영방식을 제안한다. 금융회사나 R&D가 없는 제조업체가 갖는 프로세스 중심의 사고와는 완전히 별개의 운영방식이라고 할 수 있다.

하지만 일반 제조업체라고 해서, 단지 프로세스적인 측면만 강조할 수 있을까? 혁신을 위한 프로젝트는 반드시 있어야 한다. 현재까지 해외 혹은 국내 유수 기업의 특허나 기술을 가지고 생산에 주력하고 있는 조직이라면 더욱이 혁신을 위한 준비가 있어야 한다. 특허분쟁은 제조 하도급을 맡고 있는 기업도 가만히 두지 않는다. 특허침해에 대한 위협은 제조업체를 향해서 흔히 제기되기 때문이기도 하다. 그리고 기술과 특허가 변화되면, 그에 따른 제조설비와 생산인력의 변화에도 감당해야 할 무리가 따른다.

스마트폰의 등장으로 그동안 다양한 소재의 키패드를 만들던 제조업체들은 이제 어디로 가고 있는가? 이들이 전혀 기술이 다른 터치스크린을 만들어 내고 있는가? 휴대전화에 키패드를 납품하던 기업이라면 유사한 키패드를 사용하는 다른 아이템을 발굴하든지 어쨌든 업종의 전환이나 고객의 전환이라는 변화를 겪어내야 한다. 그렇지 않으면 사업의 종결을 맞이하는 수밖에 없다.[35]

과거 우리의 기업 역사를 돌아볼 때, 치약을 만들던 럭키가 LG와 합병되었고, LG생활건강이 다양한 생활용품들을 만들어 내고 있으며, LG화학이 화학 기반의 소비재, 건축자재 등을 만들어 내고 있다. LG화학에서 건축 관련 분야는 LG하우시스로 독립하였고, 최근에 LG화학은 오바마 대통령의 기공식 참석으로도 유명해진, 전기자동차용 배터리 생산 공장을 미국 미시간 주 홀랜드에 세우기도 했다. 치약을 화학산업의 대표적인 생산품이라고 한다면 요즘 같아서는 그저 코웃음만 치고 말 것이다. 과거의 기업이 그 명맥이나 이름을 간직하고 있는 경우도 드물지만, 과거에 설립한 기업이 여전히 동일한 사업을 운용하고, 동일한 제품을 주력으로 생산하는 경우는 극히 드물다.

---

35) 현재 많은 키패드 생산 업체들이 소재 개발에 주력하던 것에서 벗어나, 센서를 활용한 제품이나 터치기술을 도입하는 등의 변화를 모색하고 있다. IT 관련 산업분야에서 터치 기술이 적용되지 않는 입력장비로도 시선을 돌리고 있음을 관측할 수 있다.
터치기술은 입력상의 오류를 포용하는 입력기술인데 반해, 키패드는 입력오류를 배제하기 위한 입력기술인 점에 주목해 보라.

2010년 7월, 미국 대통령 오바마는 LG화학의 미시간 주 홀랜드 공장 기공식에 참석하였다. 경제성장과 일자리 창출에 목마른 미국의 경제상황이 느껴지는 일화가 되기도 했다. 당시 LG화학은 2012년 3월 첫 상업 생산을 시작으로 2013년까지 순수 전기자동차 6만 대에 공급할 수 있는 배터리를 생산할 계획을 밝힌 바 있다. 미국 정부가 1억 5,100만 달러를 지원하여 2012년 6월에 완공되었으나, 안타깝게도 당초 계획과는 달리 미국 전기자동차 시장의 위축으로 운영의 차질을 빚고 있다.

변화 관리

이제 변화는 관리되어야 한다. 특히 앞서 언급한 일본전산과 픽사의 경우처럼 일관된 목표를 향해 끝없이 목표관리를 해 온 기업들도 변화를 예상하고 있다. 일본전산이 미국 3M에 카세트용 소형모터를 납품하는 것으로 시작해서, 이후 IBM에 하드드라이브용 모터를 납품하게 된 데에는 시장의 변화를 감지한 나가모리 시게노부 사장의 집념이 있었고, 앞으로 모터구동형의 하드디스크를 대체할 플래시 메모리형 디스크가 점점 보급되고 단가가 낮아짐에 따라, 새로운 시장을 개척해야 하는 변화의 시기를 맞이하고 있다. 일본전산은 세계를 움직이는 동력의 50%를 모터가 차지하고 있다는 점과 향후 화석 연료의 한계를 절감하여, 모터로 움직이는 자동차를 개발하겠다는 야심 찬 계획을 추진하고 있다. 모터 부문의 세계 제일이라는 그들의 목표에 변함이 없었던 것은 바로 그들이 목표관리와 함께 변화관리를 끊임없이 해왔기 때문이다.

픽사의 경우도 수많은 경쟁자들을 인식하고 있을 것이다. <슈렉> 시리즈로 시장의 점유율을 높인 드림웍스라든지 20세기 폭스사의 <아이스 에이지>도 시리즈를 거듭하면서 그들의 점유율을 높여 가고 있다. 물론 애니메이션 시장이 단지 극장용 영화에만 머물지는 않을 것이고, 어느 정도는 시장도 성장할 것을 전망할 수 있지만, 그것은 결국 틈새를 만든다는 의미이고 그 틈새로 또 어떤 경쟁자가 나타날지 모르는 데다가, 확대된 시장은 누가 선점할 것인가도 이들의 고민이 될 것이다. 픽사는 초기에 생명이 없는 무체물에 생명을 불어넣는 데에서부터 시작했다. <토이 스토리>를 통해, 장난감에 생명과 인격을 부여했고, <벅스 라이프>와 <니모를 찾아서>를 통해 동물들에게 캐릭터를 부여했다. 그리고 그들이 좀처럼 등장시키지 않았던 '인간들'을 서서히 애니메이션의 소재라는 수면 위로 떠올리고 있다. 비록 보통의 인간들은 아니지만 <인크레더블>을 통해 인간 가족의 삶을 소재로 하였고, 이제는 <업>과 같은 휴먼드라마를 통해 주변의 평범해 보이는 인물들을 등장시켜 '새로운 동화'를 만들어 내고 있다.

변화는 주도하거나 민감하게 반응하면서, 변화주도자들을 긴장토록 하는 활동이 필요하다. 특허라는 측면에서도 분명 원천기술을 개발하고 보유한 기업들이 있다. 하지만 일본 기업의 대다수는 원천기술의 실현기술과 주변기술들을 섭렵해 나가면서 원천기술을 가진 미국 기업들을 위협하였을 뿐만 아니라, 결국에서 스스로도 원천기술을 갖게 되었다.

배움의 열정을 불태우는 CEO

우리가 변화관리자 혹은 변화책임자라고 하는 직책을 두지 못하더라도, 기업에 속한 모두가 바로 변화관리자 혹은 변화책임자로서의 책임과 역할을 할 수 있는 소양을 키워야 할 것이다. 앞서 언급한

IDEO의 사례를 한 가지 더 소개하면, 이 기업은 디자인 기업이면서도 1,000개 이상의 특허를 가지고 있다. 단지 저작권 정도로 인식할지도 모르지만, 디자인권이 아니라 1978년부터 축적하여 기술적인 측면의 특허들을 보유하고 있다. 이는 단지 새로운 디자인의 개발이 디자이너들의 자기계발 노력에 맡겨져 있지 않고, 창업자인 데이비드 켈리가 스탠퍼드 대학의 교수직과 IDEO의 이사회 의장을 맡고 있고, CEO인 팀 브라운의 경우, 런던 왕립예술학교에서 석사학위를 받는 등 경영진에서부터 끝없는 혁신과 학습에 노력한 데에 따른 것이다. 개인의 창의성을 무시하고, 밤낮없이 일하는 것으로 기업을 유지할 수는 없다. 밤낮을 가리지 않고 일을 시키는 것으로 유명한 일본전산도 개인의 계발을 위해 토요일과 일요일에는 직무교육프로그램을 운영하면서, 참가하는 직원 모두에게 최고의 대접을 해주고 있다.

가진 게 없고, 시간이 없어서 교육도 등한시하고, 기술개발도 불가능하다고 한다면, 결국 애사심을 가지고 기업에 공헌하는 직원도 남지 않을 뿐만 아니라, 기술도 없이 생산력만 고갈시키고 말았다는 후회만 남게 될지 모를 일이다.

기업의 발전가능성을 점쳐 보기에 가장 간단한 방법이 있다. 팀장급이나 CEO가 무엇을 배우고 있는지를 확인해 보는 것이다. 실질적인 공부보다는 인맥을 쌓기 위한 유명 대학의 최고위자 과정을 다니고 있는 건 아닌지, 사무실 책장이 장식용으로만 있지 않고 항상 다른 책들이 꽂혀 있는지, 그리고 직원들이 자기계발이라는 이유로 시험을 위한 영어공부를 하는지 아니면 자기분야의 전문가가 되겠다는 일념으로 학습하고 있는지를 확인해 보라. 당신이 보는 것이 바로 그 회사의 미래이고 5년 후, 10년 후 당신의 모습이다.

5. 특허와 디자인의 만남
- 지식재산경영전략을 완성하는 힘, 디자인 -

"그는 시칠리아의 대장장이가 두들겨 만든 갑옷을 입고, 그 위에는 이소스 전투에서 얻은 가슴막이를 입었다. 투구는 테오필루스가 만든 것이었는데, 강철로 만들었지만 잘 달구고 다듬었던 탓에 은처럼 빛이 났다. 그리고 목에는 값진 보석을 강철에 막아 만든 목막이 갑옷을 두르고 있었다.

그가 싸움터에서 가장 많이 사용하는 칼은 키프로스 섬의 키티움 왕이 선물한 것이었는데, 어찌나 잘 단련되었는지 놀랄 만큼 가볍고 강했다. 허리띠는 어느 전투에나 찼던 것으로, 다른 것들에 비해 한결 호화로웠다. 이것은 옛날 헬리콘이 만든 것으로 로도스 섬 주민이 바친 것이다. 왕은 군대의 대형을 정돈할 때에는 보통 늙은 부케팔로스(테살리아인 필로니쿠스의 명마로서 알렉산드로스의 부친인 필리포스 왕에게 13탈렌트의 막대한 값으로 팔겠다고 가져왔던 말)를 쉬게 하고 다른 말을 타곤 했다. 실제 전투에 나갈 때는 반드시 부케팔로스를 탔다. 이때에도 그는 부케팔로스에 성큼 올라탄 다음, 군대를 지휘하여 공격을 개시했다."[36)

알렉산드로스(영어식으로는 알렉산더) 대왕은 기원전 4세기에 살

〈그림 9〉 명마 부케팔로스에 올라 전장을 지휘하는 알렉산드로스 대왕의 모습

앗던 인물이다. 30대 초반의 나이로 사망했지만, 그를 호칭할 때는 항상 대왕이라는 칭호가 따른다. 오늘날의 그리스 반도에서 마케도니아가 차지하는 비중은 영토 면에서나 경제규모 면에서나 극히 미약한 수준이다. 하지만 플루타르코스 영웅전에 기록된 내용만 보아도, 기원전을 살고 있는 사람치고는 갖추고 있는 전투장비들이 오늘날 못지않게 매우 다국적이다.

시칠리아에서 수입한 갑옷과 이소스 지방에서 획득한 가슴막이, 만든 이의 이름을 기록할 정도로 유명한 테오필로스라는, 오늘날로 치면 베르사체나 아르마니 같은 디자이너의 이름을 딴 투구, 당시 전투에서 가장 중요한 무기였던 칼도 메이드 인 키프로스(Made in

---

36) 『플루타르코스 영웅전』 중에서 알렉산드로스 편의 일부에서 발췌.

Cyprus)였고, 허리띠마저도 로도스에서 제작된 것이었다. 그리고 말, 오늘날로 치면 전투용 차량으로서 자동차나 오토바이라고 할 수 있는 이 제품도 테살리아 산(産)이었다. 우리나라도 많은 전투용 차량들이 국산화가 되었지만, 여전히 이탈리아의 피아트 사에서 만든 경량 장갑차를 사용하고 있고, 미군 장비이기는 하지만 오늘도 우리나라의 산야와 고속도로를 미국의 험비들이 달리고 있는 것과 마찬가지다.

단순히 자급자족의 시대였고, 화폐가 없던 시대라는 식의 고대사회에 대한 막연한 생각이 마치 상식처럼 자리 잡고 있다면, 얼마나 고루한 생각이었는지 다시 한번 곱씹어야 할 순간이다. 2000년 전의 일을 기록한 이 역사가가 제작자의 이름을 명기할 정도로 유명하고 순도 높은 제품이 이 시기에 만들어지고 있었음은 결코 지식재산의 역사가 최근의 산업사회로부터 시작된다고 할 수만은 없는 증거가 되고 있다.

특히, 이 제품들이 가진 디자인적인 상품가치는 또한 어떠한가 보자. 강철로 만들었지만 은 제품처럼 보일 정도의 제조 기술이 스며들어 있는 투구라든지, 호화롭기 그지없는 허리띠가 기록되어 있음을 보면, 단지 기능적인 제품만이 아니었음을 알 수 있다. 당시 전투를 위해 수많은 칼과 무기와 장비들이 곳곳에서 제작되었을 것이지만, 왕을 위한 특별한 제품에는 디자인의 요소가 결코 절약과 절제 없이 사용되었음을 알 수 있다.

디자인 지향의 시대가 도래하다

우리는 현재 후기 산업사회 내지 후기 지식기반사회를 살고 있다. 이제 새로운 명칭이 필요한 새로운 시대가 도래할 것이다. 시대는 변화하고 있고, 모두가 새로운 이름을 붙이기에 혈안이 되어 있을 정도이다. 그래서 가장 정확하게 새로운 시대를 명칭하는 사람에게 어떤 기득권과 명예가 주어진다고 생각될 정도이다.

피터 드러커가 '지식노동자'를 언급한 이래, 우리 사회를 비롯해서 전 세계적으로 지식노동자의 지식생산활동이 끝없이 이루어져 왔다. 오늘날도 그의 성장이론과 경영전략을 배우기 위한 노력들이 끊이지 않고 있다. 하지만 서구의 많은 학자들이 산업사회와 지식기반사회의 앞에 '후기'라는 이름을 붙이기 시작했다.

특허 중심의 기술기반 기업들에서도 보이지 않는 수많은 변화가 일어나고 있다. 물론, 이미 선도적인 기업들은 수십 년 전부터 시작해 오던 일이기는 하지만 이제는 디자인이 경영의 중심에 부각되고 있다. 일본의 마쓰시타 전기의 마쓰시타 고노스케 사장이 '이제는 디자인이다!' 했던 것이 이미 1950년대라는 점은 디자인에 대한 인식이 우리에게 언제부터 있었느냐 하는 데에 미치기까지 한다.

◎ **Les Memorables**

≪타임≫지의 표지모델이 된다는 것 자체로 인물의 위상이 평가되던 시절이 있었다. 1962년 2월호 ≪타임≫지에는 일본에서 '경영의 신'이라 불리는 마쓰시타 고노스케 사장이 실렸다. 전후의 침체를 딛고 일어선 일본 경제의 급성장을 이끈 인물 중 하나이다.

다시 말해, 기업경영에서 지식재산의 창출이 중요한 열쇠가 되는 것에 더하여, 지식재산의 창출을 위해서도 상품에서 브랜드, 기업 문화에 이르는 폭넓은 영역에서의 디자인 활동이 필요하다는 것이다. 단지 IPR(Intellectual Property Rights) Management가 아닌 보다 넓은 의미의 Rights Management를 고려해야 한다는 시사라고 할 수 있다.

일본의 디자인-브랜드 파워

일본의 브랜드 파워를 이끄는 기업 중 10위권을 형성하고 있는 기업의 하나인 혼다자동차를 통해, 앞서 가는 기업의 지식재산과 디자인 전략의 융화를 관찰할 수 있을 것이다. 혼다의 창업자인 '혼다 소이치로'로부터 손을 통한 원천기술(original technology)의 확보가 제창되었다. 손을 통한다는 것은 이론적이고 가상적인 차원의 기술 개발이 아니라, 기업의 연구 인력을 비롯한 모든 임직원이 현장에서 배우고 기술개발에 총력을 기울인다는 것을 의미한다. 혼다 회장은 스스로도 경영자 이전에 발명가였다. 그런 이유로 혼다는 지재담당 인원을 거쳐 사장직을 수행하는 경우가 거의 전통처럼 되어 있었다.

◎ **Les Memorables**

2013년 초 혼다가 출시한 경차, "N-One(엔원)"은 1967년 '인간의 극대화, 기계의 최소화'를 모토로 개발된 혼다의 베스트 셀러카 N360을 원형으로 하고 있다. 45년 만에 새로이 부활한 N360의 디자인은 혼다 소이치로의 디자인 철학을 담고 있어, 시대가 달라져도 변하지 않는 가치에 대해 생각해 보게 한다.

그럼으로써, 기본적으로 정교한 제품을 만드는 기업이 갖춰야 할 기술력을 바탕으로 브랜드의 가치를 확장해 나갈 수 있는 기반이 되었던 것이다. 혼다는 우리가 보는 것처럼 항상 승승장구하던 소위 '잘나가는 기업'으로 인식하기엔 적지 않은 위기가 많았다. 1950년대 혼다가 창업할 당시 오토바이를 만들던 기업이 150개였지만 현재는 혼다, 야마하를 비롯해서 오직 4개 기업만이 살아남았다. 더구나 자동차 산업에 뛰어든 혼다에 일본 내의 경쟁기업뿐만 아니라 해외에서의 경쟁은 그야말로 전쟁이었다.

더구나 최근에는 특허출원에 대한 한계점에 대해서 새로운 전략을 세워나가지 않으면 안 되었다. 특허출원의 한계점은 간단히 말해서, 비용의 문제라고 할 수 있다. 특허가 권리로서는 매우 강력하지만 권리의 확보는 기간이라는 점에서는 20년에 불과하고, 그 권리를 유지하는 데에만도 상당한 비용이 소요된다. 자동차 제조업으로 융성한 국가에 특허출원을 하는 데에 그치지 않고, 이제는 남미와 동남아 등에서 경쟁국이 부상하고 있기 때문에, 해외출원을 해야 하는 대상국 역시 확대되고 있는 상황이다. 이런 상황에서 혼다의 선택은 노하우 전략과 브랜드 전략에 있었다고 할 수 있다.

노하우는 특허로서의 기술보호를 포기하고, 자사의 전략기술이자 비밀기술로서 철저히 비공개로 하고, 필요한 경우 컨소시엄이나 표준화 그룹 사이에서만 일정한 라이선스 규약을 통해 공유하겠다는 전략인 것이다. 기업의 지식재산전략이 특허전략에만 머무는 것이 아니라, 다양한 방향으로 전략화되어 가고 있음을 알 수 있다. 이는 특허팀 축소나 폐지가 아니라 오히려 특허팀의 확대와 명칭의 변경이 필요함을 의미하는 것이다. 특허팀이 아니라 지식재산전략본부 정도가 탄생해야 한다는 의미이다.

영화 <미션 임파서블 4>에 등장해 눈길을 끌었던 **BMW 8i**는 미래형 슈퍼카의 이미지로 디자인되었지만, 그릴 모양과 헤드램프만으로도 이 차가 **BMW**의 디자인 전통을 따르고 있는 모델임을 알 수 있다.

혼다가 선택한 브랜드 전략도 지식재산전략과 무관하지 않다. 브랜드는 이제 단지 상표권의 대상으로서의 마크와 로고에 머무르지 않는다. 기술에 대한 지속적인 투자와 디자인의 계속성이 곧 브랜드라는 자각이 기업경영 문화를 지배하게 된 것이다. 우리는 흔히 독일의 메르세데스 벤츠나 **BMW**를 보면서, 차량의 디자인만으로, 비록 신차라 하더라도 한눈에 어느 브랜드의 차량인지를 감지해 낸다. 항상 신차가 나올 때마다 '어디에서 만든 차야?' 물어 보지 않을 수 없는 우리의 자동차 산업의 배경에서는 그러한 지속성이 어떤 의미가 있는지 이해하기 어려울지 모른다.

이는 곧 디자인의 계속성을 말하는 것인데, 기업이 일관된 디자인을 유지하면서 항상 지속적으로 창의적인 디자인을 적용해 가고 있음을 보여 주는 것이라고 할 수 있다. 디자인이 일관되지 않다는 것은 디자인에 일관된 투자와 개발이 없다는 것에 다름 아니다. 우리 기업들이 최근에 와서야 일관성 있는 디자인을 보여 주는 것은 역시 디자인에 대한 지속적인 투자가 이루어지고 있음을 의미한다. 새로 개발된 차량이 어느 회사의 제품인지를 모를 정도로 기존 차량과의 연상성이 없다는 것은 적당히 트렌드를 따라 차량 디자인을 수립하거나, 해외 디자이너에게 일회성의 계약을 맺고 디자인을 진행했음을 의미할 뿐이다. 디자인 매니지먼트가 있는 기업은 신뢰성을 준다고 할 수 있다. 제품을 만들어 내는 데에만 급급한 기업이 과연 디자인에 신경 쓸 여지가 있겠는가라고 한다면 납득이 갈 것이다.

기술뿐만 아니라 디자인이 지속적으로 개량된다고 하는 것이 곧 혼다의 브랜드인 것이다. 현재도 마찬가지지만, 우리도 한동안 기업들이 '기술력'을 홍보하는 것이 유행처럼 번지던 때가 있지 않았는가?

그래서인지, 최근에는 한때 지식재산부서를 발 빠르게 설치하던 기업들에서 디자인부서의 신설을 서두르는 모습도 볼 수 있다. 혼다에는 '럭비 어프로치(Rugby Approach)'라는 독특한 전략을 운영한 바가 있다. 이는 하나의 상품은 하나의 사업이라는 경영의 목표점을 가지고, 마케팅, 기술개발, 세일즈 그리고 디자인의 요소들이 럭비에서 선수들이 스크럼을 짜는 것처럼 동시에 제품개발에 참여하는 방식을 의미한다. Top-down의 상명하달식의 기술개발이 아니고 상향보고식의 Bottom-up도 아닌 평등한 민주주의적 방식이라고 할 수 있다.

디자인의 각축장에서 취해야 할 전략은?

축구에서는 Total Soccer, 전쟁터에서는 Win-Win, 그리고 전쟁에서는 총력전이라고 한다면, 혼다에게는 바로 Rugby Approach가 있다. 그렇다면, 우리에게는 무엇이 있어야 할까?

히딩크는 상대 팀의 볼 점유율을 최소화하기 위한 최선의 방법으로서 압박축구를 제안하여 한국 축구를 세계 4강까지 끌어올렸다. 압박축구를 하게 되면, 자기 진영보다 상대방 진영에 머무는 시간이 많아지면서 운동장을 보다 좁게 사용하게 되는데, 운동장을 절반만 사용한다고 했을 때, 4m/s의 속도로 뛰면서 전체 운동장을 사용할 때보다 5m/s의 속도로 뛰면서 압박축구를 할 때 공을 다루는 여유시간이 1.5배 이상 줄어든다.

선수들의 체력만 받쳐준다면, 압박축구를 통해 상대 선수가 볼을 다루는 시간을 줄여 실수를 유도하고, 공을 가로챌 기회를 더 많이 확보함으로써, 공격적인 축구를 구사한다는 점에서 운동장 전체를 활용하면서 볼 점유율을 높이는 축구 스타일의 팀에 대한 공략전술로 유용하다.

물론, 갑작스럽게 디자인 중심의 기업으로 내지는 특허와 디자인을 아우르는 다변화 기업으로 전략을 급히 수정하지 않으면 안 된다는 식의 말을 하는 것은 아니다. 기업의 전략은 단지 디자인이나 특허와 같은 요소들의 결합으로만 이루어지는 것은 아니기 때문이다. 전략은 균형감도 있어야 하고, 무엇보다 상품을 만들어 판매하지 않으면 존속할 수 없는 것이 바로 기업이란 것도 섣불리 좋다고 하니 도입하자는 식의 밀어붙이기가 불가능한 이유가 되는 것이다.

이에 균형과 조합의 묘가 필요한 점을 언급하지 않을 수 없는데, 기술전략과 마케팅과 지식재산전략 간의 지속적인 커뮤니케이션이 이루어져야 한다는 점을 강조하고 싶다.

상생경영, 공정거래 혹은 Win-Win 활동이라는 이름으로 발주기업과 협력사와의 관계를 다져나가는 사례들을 자주 보게 된다. 기업 간 화합을 도모하는 친선활동뿐만 아니라, 지식재산 전략의 공유와 특허분쟁 공동 대응 또는 협력사에 대한 직무발명지원 등 지식재산 분야의 구체적인 협력활동이 함께 전개되기를 기대해 본다.

먼저, 기술전략을 우선으로 하는 경우에 기업은 과다투자를 할 우려가 있다. 기술개발에 투입되는 비용은 때로 막연한 투자가 될 우려가 없지 않다. 제품개발에 이용되지 않을 기술을 개발하고 있는 사례가 적지 않은 것이 현실이다. 그리고 마케팅을 우선으로 하는 경우에는 상품 전략을 과거의 성공을 답습하는 형태가 되기 쉽다. 우리의 자동차 업체들이 과거 성공한 모델 베껴오기에 투자했던 것은 실패를 최소화하기 위한 고육지계였음에서도 알 수 있다. 기술인력들은 기술의 특성상 항상 기술의 이상(理想)을 이야기한다. 극단적으로 말하면, '이 기술로 기업을 먹여 살릴 수 있다'내지 '소비자가 원하는 제품만 만들다가는 기술발전은 요원할 수밖에 없다'는 의식이다. 여기에 기술 부문과 마케팅의 거대한 간극이 발생하는 것이다. 또한 지식재산만의 우선으로 하는 것에도 분명 취약점은 있다. 간략히 말해, 과거 데이터 분석에 치중한다는 것이 그것이다. 분명 선행기술 조사라든지, 매입기술, 라이선스 기술 조사 등은 필수적인 활동이지만, 직접적으로 미래적인 데이터를 만드는 작업들이 아닌 점에서 지식재산에 치중한 전략의 맹점이 있다.

이 세 가지의 균형을 위해서는 기타 내외적인 정보가 부가되어야 하는데, 사회의 정치·문화적 동향이나 환경 변화도 이에 포함된다. 친환경 기술(Green Technology)이라든지 기후변화협약과 같은 국제적인 동향을 파악하고 분석하는 것이 사소한 일이 아니라는 것은 강조하지 않아도 될 일일 것이다. 그리고 더욱 중요한 것은 기업이 가지고 있는 기술의 역사적인 흐름이 어떤 것이냐 하는 것도 반드시 고려해야 할 것이다. 이는 의식적으로 고려하지 않아도, 기업의 기술개발인력을 비롯한 모두가 공유하고 공감하는 경우가 많을 것으로 보인다. 이는 기업의 문화에도 영향이 미치는 것으로, BMW가 세계대전 당시 항공기 엔진을 제작하던 기업임을 나타내기 위해 파란색과 흰색이 교차된 로고를 사용하고 있는 점이나, 혼다가 오토바이가 가지는 진취적인 이미지를 직원들에게 전파하기 위해, 오토바이 면허취득을 장려한다든지 하는 것이 이에 해당한다.

앞서 말한 바처럼, 기술 분야에서는 이상적인 형태의 기술 중심의 제품을 구현하는 입장에서 조금은 물러나야 하고, 마케팅의 입장에서도 일반 사용자들은 기술적이고 새로운 것을 이야기하기보다는 사용의 편의성이나 유지 혹은 내구성 등에 초점을 두어 의견을 말한다는 점도 고려해야 한다. 그리고 지재측면에서는 타사의 기술정황을 명확하게 분석하여, 미래시장에서의 독점적인 권리를 보유할 수 있는지를 분석, 제시함으로써 과거 데이터 분석에 치중되는 경향에서 벗어날 수 있다. 협업이라는 것이 제품의 개성과 특성을 지워낸다고 보는 식의 우려에서 벗어나야 할 것이다.

디자인은 제품 외관의 미감을 높이고 상품가치를 높이는 제품개발의 과정이라는 협의로만 이해하는 시대는 지난 것 같다. 흔히 우스갯소리로 요즘은 '현대-기아자동차'를 '기아-현대자동차'라고 부른다고 한다. 최근 기아자동차의 디자인 분야의 투자가 매출상승으로 이어지고 있기 때문이다. 결국 디자인은 영어사전에서 정의하는 두 번째 의미, 즉 계획과 기획, 설계에 맞춰져 가고 있는 시대이다. 앞서 기술 전략과 마케팅 전략, 지재 전략의 균형을 위한 또 하나의 축으로 디자인 전략의 중요성을 말하지 않을 수 없었다.

마치며

이 장을 마감하면서 혼다 소이치로 회장의 말을 인용해 볼까 한다.

> "세상에는 말야. 세 가지 모양밖에 없어. 그건 동그라미, 세모, 네모
> 지. 동그라미는 원만함을, 세모는 혁신을 연상시키지. 그리고 네모
> 는 견실한 느낌을 갖게 해. 기업 경영도 마찬가지로 원만한 것만으
> 로는 회사가 망해. 혁신만을 추구하는 것도 위험하고, 역시 기본은
> 견실함이지. 시대의 흐름을 잘 파악해서 견실한 바탕에다 원만한
> 것과 혁신적인 것을 오묘하게 혼합하는 것이 중요해.
> 스타일도 마찬가지야. 특히 자동차처럼 비싼 물건에 대해서는 이런
> 점을 더 많이 생각해야 해. 원형이나 삼각형에 치우치면 처음엔 좋
> 지만 금방 싫증이 나게 마련이지. 그런 점에서 사각형은 튼튼하고
> 오래 가는 법이야."

개인적으로는 두 가지의 통찰을 얻었다. 앞서 언급했던 기술 전략
과 마케팅 전략과 지재 전략의 균형을 맞춰주는 도구로서의 디자인
의 가치를 하나의 통찰로 얻었다. 그리고 한 가지는 스티브 잡스가
애플의 아이팟이나 아이폰이 가지는 디자인 구조에 대해 설명하는
것 같은 느낌을 받았다는 것으로, 기본의 조합이 어떻게 조직되느냐
에 따라서 혁신이 탄생한다는 점이다.

◎ Les Memorables

애플의 아이폰 디자인은 사각형, 원, 삼각형의 기본 도형의 조화로운 디자인으로 유명하
다. 디자인의 원칙은 도형에 있는 것이 아니라 디자인을 이루는 구성요소 간의 조화에
있다.

아이폰이나 아이팟을 가진 사람이라면 디자인 구성을 살펴봐도 좋을 것 같다. 먼저 사각형의 툴(tool)과 사각형의 화면이 있고, 전원이나 휠 버튼을 이루는 원이 있다. 그리고 여기서 중요한 삼각형은 어디 있을까? 전원을 켜면 나오는 화살표에도 있고, 음악을 듣기 위해 터치하는 플레이버튼이 바로 삼각형이다. 시작과 진행을 선택하는 버튼이 바로 '혁신'을 연상시키는 삼각형으로 형상화되어 있는 것이다. 혁신과 디자인이라는 이미지는 언제나 기존에 없었던 것이라는 인상을 주지만, 우리 세대의 가장 혁신적인 제품에는 기본 세가지만이 담겨 있을 뿐이다.

6. 사람을 키워야 할 때

- 인재육성 체계를 갖추고 있습니까? -

　　나폴레옹을 한 시대의 걸출한 영웅으로 평가하는 건 프랑스만의
역사관은 아닌 것 같다. 우리나라에서도 아이들에게 읽히는 위인전
에도 어김없이 등장하는 게 나폴레옹이고, 나폴레옹의 전기를 읽지
못한 사람이라도 '나의 사전에 불가능이란 없다'는 말이 나폴레옹의
말이라는 것 정도는 다 알고 있다. 더 나아가 다비드의 '나폴레옹 대
관식'37)과 같은 유려하고 장엄한 그림들 때문에 나폴레옹이 대관식
때 왕관을 수여하는 주교로부터 관을 빼앗아 썼다는 둥 황제로 등극
한 나폴레옹의 지칠 줄 모르는 권력욕을 꼬집곤 한다. 그런데 나폴
레옹이 황제로 등극하게 된 것은 나폴레옹의 권력에 대한 욕심 때문
만은 아니었다.

　　나폴레옹의 황제 등극은 나폴레옹 개인의 문제가 아니라, 프랑스
의 정치 현실에 더 깊은 배경이 있었다. 전쟁터에서 주로 생활하는
나폴레옹은 비록 전성기에는 거의 모든 전선에서 연전연승을 거두
었지만, 언제 죽을지 모르는 몸이었다. 하지만 현실적으로 나폴레옹

---

37) 이 그림의 원제목은 〈1804년 12월 2일 파리 노트르담 사원에서의 황제 나폴레옹 1세의 황후 조세핀의
　　대관식〉으로 현재는 루브르 박물관에 전시되어 있다.

사후에 그의 권력을 이양할 만한 인물이 없었다. 그래서 나폴레옹에게 황제라는 이름을 부여함으로써, 프랑스대혁명 이후 여전히 저항 세력으로 남아 있는 왕당파 등의 재기 기도를 무마하는 것은 물론, 나폴레옹 사후에 그를 이을 사람이 없어서 생길 국가 위기를 극복할 수 있다는 생각에서 프랑스 태생이 아닌 나폴레옹의 가문 전체를 프랑스 제국의 황제일가로 만들어 낸 것이다. 그의 혈족이면 누구라도 나폴레옹의 황위를 이어 통치권자의 유고 사태를 막을 수 있기 때문이었다.

조직의 가치를 이어받는 구조를 갖추고 있는가?

조직은 신입직원을 채용하고, 특별한 기술개발의 능력을 갖춘 이들을 영입하는 등 다양한 경로를 통해서, 새로운 인력을 수혈받게 된다. 이를 통해서, 기업이든 기관이든 그 조직의 이념과 전통을 이어가면서 그 가치를 존속해 나가는 것이다. 비록 프랑스 왕가의 황통을 재건하는 일만큼 거대한 일이 아니라고 할지도 모르지만, 조직 내에서 사람을 키우는 일, 그리고 그렇게 키워 낸 사람을 조직의 가치를 이어나갈 사람으로 세우는 것은 간과해서도, 미약하게 실행해서도 안 되는 일이란 점에는 누구도 이견을 내세우지 못할 것이다. 그만큼, 전임자의 역할 이상을 기대할 수 있는 사람을 세우는 일은 만만치 않은 일이다.

흔히, 직장생활 속에서 눈엣가시 같은 후배 사원이나 뭔가 콕 꼬집어서 야단치고 싶지만, 마땅치 않은 때에 쉽게 내뱉는 말이 '네가

CEO야?'라든지 '이건 상전 모시는 것보다 어렵군' 하는 말들이다. 시중에 경영과 자기계발을 논하고 표방하는 수많은 책들은 펼치기만 하면, CEO처럼 일하라, CEO처럼 생각하라, 스스로 CEO라고 생각하지 않는 직원은 필요 없다는 말들이 줄줄이 적혀 있다. 책 속의 이야기들을 단지 현실과 이상 간의 괴리로 치부하고 웃고 넘어가면 될까?

좀 더 심각하고 피부에 와 닿는 이야기로 이런 질문을 해 보면 어떨까? '귀사의 인사체계는 연차가 쌓이면 자동으로 승진38)하는 구조입니까?' 물론, 많은 기업이 도제식으로 업무의 소소한 것부터 새로운 프로젝트를 기획하는 일까지 다양한 일들을 경험하고, 현장에서 부딪히면서 자연스럽게 배우고, 소위 내공을 쌓는 과정을 통해 사람을 성장시키고 있다. 반드시 필요하면서도 가장 효과적인 방법이라고 볼 수 있다. 하지만 그 과정이 실패한다면? 충분한 경험과 스스로의 자기계발 노력이 잘 어우러져, 균형감 있게 잘 교육된 이들이 경쟁적으로 나타난다면 더 말할 것도 없지만, 과연 그런가?

이젠 교육도 체계를 세워야 할 때

'교육은 무슨 놈의 교육이냐? 당장 물건 팔아 적자만 내지 않아도 다행인데…'라고 한다면, 미래는 뻔하다. 정체된 물은 고인 물이요,

---

38) 자동승진이란 말이 당연히 아무런 인사평가가 없이 이루어지는 것을 의미하지는 않는다. 승진연한 이외에도 특별한 자격이나 인준절차를 갖는 경우라고 하더라도, 하위직급 시절부터 체계적인 교육과정 없이 단편적인 리더십 교육이나 변별력이 약한 승진시험 등을 통해 상위 직급으로 승진하는 것을 포함한 넓은 의미로 이해하면 된다.

곧 썩고 만다. 당장의 불을 끈다고 해서 문제가 해결되는 것은 아니다. 짐 콜린스의 ≪좋은 기업을 넘어 위대한 기업으로(Good to Great)≫에서 말하는 사람의 중요성과 대교그룹 강영중 회장의 ≪배움을 경영하라≫와 같은 책들이 말하는 내용들이 단지 이상을 말하고 있는 게 아니라, 필요와 필수를 말하고 있다는 점을 인식해야 한다. 이는 ≪좋은 기업을 넘어 위대한 기업으로(Good to Great)≫에 나오는 위대한 기업들과 대교와 같은 교육분야 대기업만의 이야기가 아니다.

기능적으로 잘 짜인 인력배치라고 하는 것은 기업의 업무가 세분화되어, 각각의 직원이 마치 큰 기계장치의 톱니바퀴처럼 누구나 교체될 수 있는 직무를 수행하는 체제가 가진 것을 의미하는 것은 아니다. 오히려, 대체 불가능한 요소를 가지고 조직의 가치를 창출할 수 있는 역할을 하는 이들이 서로의 업무를 공조하고 이해할 수 있는 바탕이 마련된 조직을 일컫는 표현이라고 할 수 있다. 심지어 기능성 제품이나 부분품이나 부품을 제작하는 기업이라고 하더라도, '행정인력+생산인력'만으로 구성된 부문구성만으로는 조직을 움직일 수가 없다.

전문성을 키우기 위한 인사-교육의 연동체계

중소기업은 한 사람이 다양한 업무를 수행해야 한다는 부담감이 있는 반면, 대기업의 경우는 직원을 한자리에만 두지 않고 순환보직을 운영하면서, 업무의 연계성과 전문성을 잃어버리는 일들이 흔하다. 능력 있는 사람을 과거의 직무에서 보다 중요한 자리로 옮겨 배치하는 관행이 전문성의 맥을 끊는 일을 초래하곤 한다. 일본의 특허분야 임원들의 면면을 보면, 완전히 다른 분야에서 일하던 경력자들이 아니라, 말 그대로 특허분야에서 잔뼈가 굵은 특허 30년 이상의 경력을 갖춘 베테랑들이다. 그런 점에서 일본의 특허분야 임원들의 경쟁력은 타의 추종을 불허할 뿐만 아니라, 임원이 되면 자신의 노하우를 가지고 하나의 '~관'이나 '~론'을 제시할 수 있는 데에까지 이른다.39)

따라서 기업이 사람을 키우기 위한 교육체계는 그 사람이 언젠가는 전혀 다른 분야의 업으로 이동한다는 것이 전제가 되면, 좀처럼 체계를 갖기 어려워진다. 기업의 교육체계는 신입에서 임원까지를 꿰뚫는 구조를 갖춰야 한다. 비록, 근무연한이 짧은 조직이거나 이직률이 높은 직종이라도, 각각의 직무와 직능에서 요구되는 교육의 과업을 정해놓는다면, 외부에서 전문 인력을 영입하는 경우라도 어떤 사람을 영입해 와야 할지는 명확해진다. 교육체계라는 건 기업의 비전과 사명에 맞는 인재를 육성하고 확보해야 한다는 기반 위에 세워지는 점을 고려하면, 교육체계를 세우는 일이 단순히 직원들에게 교육기회를 제공한다는 식의 접근으로는 어렵다는 결론을 얻을 수 있다.

---

39) 일본의 인사 관행에 대해서는 긍정적인 측면만 있는 것은 아니다. 실상 한자리에 30년 이상 오래 일을 한다는 것도 합리적인 조직운영의 관행에서 나온 것만은 아니다. 자기 자리만을 지키며 타인의 역할과 임무에 관심을 두지 않는 유동성이 부족한 조직 구조가 원인이라고 꼬집을 수도 있다. 그럼에도 현실적으로는 한 분야에서 깊이 있는 전문성을 가지게 됨으로써, 뛰어난 역량을 발휘하고 있는 점은 무시할 수 없다.

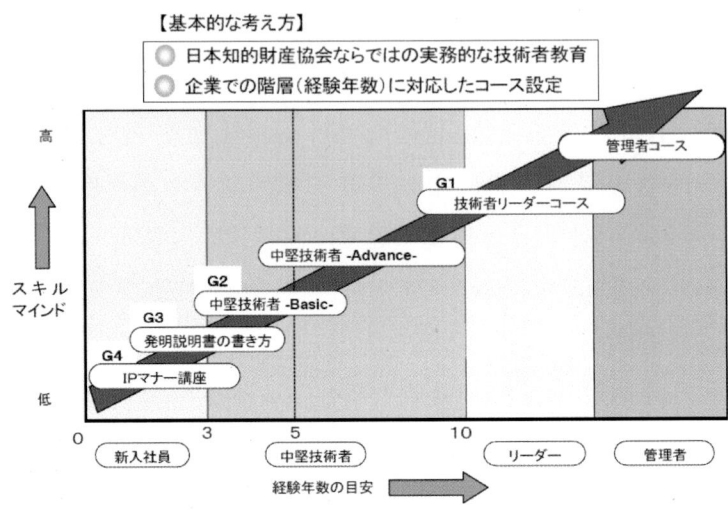

【基本的な考え方】
○ 日本知的財産協会ならではの実務的な技術者教育
○ 企業での階層（経験年数）に対応したコース設定

高

スキル
マインド

低

G4
IPマナー講座

G3
発明説明書の書き方

G2
中堅技術者 -Basic-

中堅技術者 -Advance-

G1
技術者リーダーコース

管理者コース

0　　　　　3　　　　　5　　　　　　　10

新入社員　　　中堅技術者　　　リーダー　　　管理者

経験年数の目安

〈그림 10〉 일본의 지식재산 교육연수 프로그램으로 유명한 JIPA(일본지적재산협회)의 상향식 교육프로그램 체계 개념도

교육은 복지가 아닌 전략

　교육에 대한 기존의 인식은 '복지차원'에서 고려한다는 시각이 적지 않았다. 마치 포상의 개념이나 복지의 일환으로 교육을 보내준다는 인식이 상식적인 생각이었다. 그래서 누군가 교육명령을 받아서 자리를 비우게 되면, 공백이 생긴 업무를 떠맡는 사람들은 뜻하지 않은 부담으로 스트레스를 받곤 했다. 하지만 누구에게나 필요한 교육이 이루어지는 체계적인 교육의 흐름 가운데에서 인재육성 정책이 운용이 된다면, 그러한 부담이나 스트레스는 한결 줄어들 것이다.
　교육은 일부에게만 주어지는 포상이 되어서는 안 된다. 특정 인력에 맞는 특별한 교육을 제공하는 것은 반드시 필요한 절차이며 정책이지만, 특수업무이기 때문에 주어지는 특별한 기회가 일부 직원들에게만 주어진다면 이는 교육이 아니라 포상이요, 복지의 일부일 뿐이지, 교육을 받은 직원의 인식도 크게 다르지 않기 때문에, 자신이 얻은 교육의 기회를 자신이 성장하는 기회로 인식하여, 그 교육에서 얻은 성과를 업무와 연결시키려는 노력은 그만큼 줄어들게 된다. '내가 잘해서, 내가 뛰어나서, 내가 자격이 돼서 받은 교육인데' 하는 생각이 교육의 효과를 분해하는 요소이다. 결국 앞서 언급한 바와 같이 교육은 단계적이고 점증적인 상향식 교육체계를 마련하여, 모든 임직원이 이 교육체계 내에서 교육을 받고 그 성과를 자신의 직무와 연결하는 방안을 찾도록 구축되어야 한다.

필수 직무교육과 선택 직무교육 간의 균형

교육체계의 구성은 이렇듯 상향식 체계를 갖춘 필수 직무교육이 기본이 되고, 이에 직원 개인별 직무특성이나 관심사를 고려한 자율적인 선택직무교육 체계도 마련해 두어야 한다. 자율적인 선택교육을 통해서 스스로 학습의 동기를 부여하고, 복지와 교육이 혼화된 이상적인 체계를 마련할 수 있다.

여기에는 직무에 도움이 될 만한 언어교육이 포함될 수 있을 것인데, 직무와 직접적인 연관성이 있는 교육사항이라면 필수직무교육에 포함하는 것도 바람직하다. 언어교육에 대해서는 직원 각자가 학습의욕도 높고, 스스로 동기를 부여하므로, 개인적인 학습에 맡기는 경우가 많은데, 기업이 이를 필수교육으로 하여, 특정학원과 교육

계약을 맺거나 외국인 강사를 섭외하여 교육과정을 수행하는 것도 바람직하다.

이와 같이 언어교육이나 특정 기술 분야에 대해서는 필수교육이나 전사교육으로 진행하는 것이 바람직하다. 이런 교육은 픽사(Pixar)에서 <니모를 찾아서>를 기획할 때에 해양생태학자를 초빙하여 대학원 수준의 교육을 진지하게 수행했던 것과 같이, 적시적기에 시행함으로써 높은 업무효율을 기대할 수 있다는 장점이 있다. 개인의 희망교육을 충분히 뒷받침하는 것도 필요한 반면, 직원들의 교육수요를 간파하여 전사교육으로 수행하는 것도 직원들의 개인적인 부담이 줄어들 수 있는 효과가 있는 만큼, 의무교육과 선택교육 간에는 균형을 맞추는 것이 중요하다.

운영의 묘 살리기!

모든 임직원이 교육에 대한 의무를 직원으로서의 권리로서도 받아들여야 하는데, 막연히 강압적이고 강제적인 형태로 시행되지 않도록 하는 것도 중요하다. 그러기 위해서는 교육의 강약을 조절하고, 교육의 체계에 자율성을 부여하는 것이 무엇보다 중요하다.

여기서 교육의 강약이라고 하면, 두 가지로 고려해 볼 수 있을 것 같다. 하나는 해당 직급에서 소화할 수 있는 정도의 교육내용을 담고 있는 것이어야 한다는 것이다. 즉, 신입직원에게 아무리 기초과정이라고 해도, 프로젝트 관리와 같은 교육을 수강토록 하는 것은 무리가 있다는 점이다. 아직 사업에 대한 전반적인 시야와 경험이 갖추지 못한 이에게는 단계에 맞는 교육을 시행해야 한다. 두 번째로는 해당 직급에 맞는 교육을 선정하였을지라도, 그 교육이 해당 직급의 해당 연차에 맞는 교육인지도 검증해 보아야 한다. 대리급을 대상으로 프레젠테이션 스킬을 위한 교육을 받도록 할 때라도, 대리라는 직급은 통상 1년에서 10년에 이르는 다양한 연차의 경력자들이 분포되어 있는 경우가 있음을 고려해야 한다. 그리고 대리 2~3년 만에 과장 승진의 기회가 주어지는 경우라도, 과장 승진에 누락한 이들에 대한 교육은 무방비 상태로 두어서는 안 될 것이다. 같은 목적과 제목의 교육과정이라도 연차별로 다른 내용의 교육이 이루어져야 한다. 최소한 프레젠테이션의 기초와 연습, 사례 등의 다양성을 확보해 두어야 보다 효과적인 교육이 되고, 이를 수강하는 이들도 교육의 필요성을 더 절감하게 된다는 점을 놓쳐서는 안 된다.

지속적인 동기 부여는 곧 교육에 대한 열정

교육에 대해서는 무엇보다, 지속적으로 동기를 부여하는 일을 멈춰서는 안 된다. 조직은 한 가지의 일을 시작하면서는 저항을 경험하게 된다. 임직원들의 저항은 물론, 교육 담당자의 저항도 있다. 심지어는 경영진 내부에서의 갈등도 없지 않다. 이러한 저항이 약해지고, 인정과 동화의 단계를 거쳐 정착이 되면, 또 다른 복병이 기다린다. 바로 권태감이나 피로감이라는 것이다. 소위 매너리즘이라고 하는 녀석이 어느 순간엔가 뒤통수를 치게 된다. 이를 극복하기 위해서는 다양한 모티베이션 기법이 필요하게 되는데, 특정 분야의 전문

인력을 키워내겠다는 의지가 강할수록 매너리즘에 대한 대처는 필수적이다. 누구나 3년 정도 한 가지 업무를 수행하면 점차 손에 익고 몸에 밴 업무패턴은 좀처럼 변화를 거부한다. 이럴 때에는 다양한 분야를 접목할 수 있는 자극이 필요하다.

특허부서 인력이면, 특허만 알면 되지 않느냐 하는 식의 사고는 이미 고루하다. 수년 전부터 통섭과 창조를 강조하는 시대의 도래를 예측하는 이론과 책들이 쏟아져 나왔다. 스티브 잡스와 같은 이들은 어떤가? 그는 자신이 '언제나 기술과 인문학의 경계에 있었다'고 말한다. 우리는 이미 스티브 잡스에 대한 많은 이야기들을 통해서, 그가 전문 프로그래머나 엔지니어는 아니었음을 잘 알고 있다. 그럼에도 불구하고 현재 미국, 아니 전 세계에서 유일무이한 창조적인 하드웨어 기업의 스티브 잡스가 사망한지 수년이 지난 지금에도 미국, 아니 전 세계에서 유일무이한 창조적인 CEO의 상징으로 군림하고 있다. 그런 그가 전문분야에서 한 우물을 파지 않았다고 하니, 당황스럽기까지 하다. 우리는 어려서부터 한 우물 파기의 진득함이 결국 성공과 성취를 이룬다고 배우지 않았던가?

◎ Les Memorables

1990년에 출시되어, 볼품없는 새끼 공룡이란 냉혹한 세간의 비난을 받았던 매킨토시 클래식 모델은 실용성 면에서도 **IBM PC**에 미치지 못한다는 평가를 받았다. 매킨토시 클래식 모델은 스티브 잡스를 퇴출했던 존 스컬리 시절의 제품이다.
스티브 잡스의 복귀와 함께 애플의 새로운 PC인 아이맥과 입체감이 더해진 애플로고를 함께 선보였는데, 존 스컬리 시절의 매킨토시 클래식과 같은 일체형 디자인이라는 점이 흥미롭다.

스티브 잡스가 없었던 애플이 만들어 낸 매킨토시들을 기억하는 사람이라면, 뚜렷이 이해할 것 같다. 기술적으로나 디자인 측면으로나 이 둘이 접점을 찾아 상호 대화했던 흔적이 없어 보이는 제품들이 줄을 이어 탄생했었다. 지나치게 디자인적인 측면을 강조해서, 공룡을 만들어 냈다고 핀잔을 받은 매킨토시가 있는가 하면, 파스텔 톤에 손잡이까지 달려서 드라마나 영화에서의 소품으로는 각광을 받았지만, 너무 무겁고 기능도 새롭지 않은 탓에 실용성에 의심을 받은 제품들도 있었다. 하지만 최근의 애플의 제품들은 어떠한가 보자. 원과 사각형 그리고 삼각형의 절묘한 조화로 '기술적인' 풍미를 느끼게 해주는 제품들이란 생각이 든다. 디자인은 오직 원과 사각형, 삼각형으로만 이루어진다는 원칙에 철저하면서도, 이를 애플의 진보적인 기술성향에 맞물릴 수 있도록 디자인해 낸 것이 애플의 저력이다.

오늘의 기술은 애플보다 성능이 좋은 노트북과 MP3플레이어와 전화기를 만들어 낼 수 있다. 특히 애플의 제품만 보아도, 그야말로 다국적 기술의 총화라고 할 수 있다.[40] 그런데도 애플보다 기술적인 우위에 설 수 있는 이들이 애플을 뛰어넘지 못하는 것은 왜일까? 애플이 가진 만큼의 인문학적 배경이 없었다고 한다면 지나친 말일까? 참고로, 우리가 흔히 사용하는 패러다임이란 용어에 과학사적, 기술사적 의미를 부여한 토마스 쿤의 ≪과학혁명의 구조≫도 저자가 10년여에 걸친 인문학에 대한 독서와 연구가 아니었으면 탄생하지 못했을 것이다. 그림, 조각, 해부, 발명에 이르는 레오나르도 다빈치의 업적이 펼쳐진 영역은 또 얼마나 장대한가? 광학, 수력, 천문, 해부,

---

40) 이는 기술의 표준화와 기술 컨소시엄이라는 기술경영의 성과라고 할 수 있다. 기술을 경영의 마인드로 분석하고 해석함이 없었으면, 기술의 전략적인 라이선싱 기반을 마련하지 못했을지 모른다.

식물에 이르는 광활한 학문영역을 누볐던 레오나르도 다빈치는 웬만한 학자보다 더 많은 장서를 소유했던 것으로도 유명하다. 그의 발명과 그림은 광범위한 인문학적 배경이 낳은 걸작이라고 할 수 있다.

이러한 인물들의 행적이 보여 주는 바는 결국, 한 분야의 전문성을 키우기 위한 방법이 특정 분야에만 몰입하는 데에 있지 않다는 사실이다. 오히려 한 분야에 전문성이 있는 사람의 성과가 2개 분야 이상을 공부한 사람의 성과를 넘어서지 못한다는 것은 실험의 결과가 아니라 현실이다. 새로운 분야에 대한 인식이 지속 학습의 모티브가 될 수 있다. 사람은 지적인 존재인 만큼, 단순히 교육의 모티브를 금전적인 인센티브나 인사상의 유익에서 찾을 것만은 아니다.

2011년 12월 미국 오바마 대통령은 브루킹 연구소를 찾아 경기부양을 위해 다양한 재정적 인센티브를 약속하였다. 오바마의 2기 행정부가 시작된 현재까지도 경기부양을 위한 재정적 인센티브를 강조하는 모습을 계속해서 보여 주고 있다.
경제활성화를 위해서는 당장의 재정적인 지원을 할 수밖에 없는 상황이지만, '일이란 삶을 인격을 닦는 도'라든지 '일을 통해 삶의 가치를 높인다'고 하는 일본 경제인들의 시의적절한 의식전환 활동이 더불어 이루어졌으면 하는 아쉬움이 있다.

결어

끝으로, 배움에 대한 인센티브가 또 다른 배움의 기회가 되는 것도 제안하고 싶다. 열정적으로 배우기 위해서는 배움의 성과가 직무와 연결되는 이외에 또 다른 배움으로 나갈 수 있는 연결점이 된다는 것을 인식케 하는 것이 중요하다.

지난해 12월 미국 오바마 대통령은 브루킹 연구소에서 행한 연설을 통해, 고용 창출을 위해 구제금융 자금을 활용하겠다는 등의 경기활성화를 위한 인센티브 지원을 약속하였다. 이처럼 소위 인센티브라고 하면, 재정적인, 금전적인 보상만을 이야기하지만 동기 부여를 위한 가장 좋은 인센티브는 금전보상이 아니라, 열정과 꿈을 자극하는 것이다.

스티브 잡스가 스탠퍼드 대학 졸업식에서 행한 연설에서도, 살면서 경험하는 삶의 일들이 그저 단편적이고 단속적인 것이 아니라, 연결점을 찾을 수 있고, 그러한 연결(connecting)을 통해서 과거의 힘들었던 경험들이 배움이 되었음을 이야기한 바 있다. 목표가 없는, 지향점이 없는 교육은 이런 연결점을 찾는 일을 어렵게 할 것이다. 스티브 잡스의 경력은 단속적인 것이 아니라 연속선상에 있었다. 기업 내의 직원들의 전문성을 함양하기 위해서는 기술직이 전혀 연결점 없는 행정직으로 전보되는 일이 생기지 않도록 하는 전제하에서, 기술 인력이 특허업무를 수행케 하되, 그 과정에 필요한 필수적인 교육사항들을 빠짐없이 섭렵할 수 있도록 하는 것이 해당 직원의 경력을 위해서뿐만 아니라, 조직의 경험으로 승화시키는 데에도 중요한 일이다. 모쪼록 교육에 대한 열정은 성장에 대한 열정임을 인식하고, 그러한 열정이 조직 전체를 감싸는 데에 주력하였으면 하는 바람이다.

7. 기획자입니까, 관리자입니까?

- '인자요산 지자요수'에 대한 경영적 단상 -

　삼성의 고 이병철 회장이 즐겨 읽으며 경영의 지침으로 삼았던 책이 바로 ≪논어≫라고 한다. 비단 이병철 회장뿐만 아니라, 우리나라 CEO들이 제일로 손꼽는 경영지침서이자 경영철학서가 바로 이 ≪논어≫이다. 얼마 전 한 신문기사를 보니, 삼성에서는 CEO를 '고객(Customer)과 직원(Employee) 그리고 주주(Owner)에게 봉사하는 사람'이라고 정하고, 이를 CEO에 대한 평가와 인사에도 반영할 계획이라고 했다. 달리 말하면, ≪논어≫의 핵심인 인(仁)의 경영을 강조하는 것이다. 뿐만 아니라, 과거 삼성의 전략기획실인 컨트롤타워에서는 '논어 읽기'를 시작했다고 한다. 기본으로 돌아가자는 취지라고 한다.

　≪논어≫를 배움으로써, 군자가 되지는 못한다 하더라도, 최소한 군자연(君子然)하는 모습만으로도 놀라운 변화가 생기지 않을까 싶다.

검은 선글라스에 쌍권총을 들고 의리를 외치던 롱코트의 주윤발이 공자의 삶을 그린 <공자(Confucius)>라는 영화에서 공자 역을 맡아 화제가 된 바 있다. 춘추시대 전란의 소용돌이 속에서도 인의를 설파하며 제자들을 끔찍이 아꼈던 공자의 모습과 배신이 난무하는 조직 간의 싸움 속에서 의리를 지키며 가족과 동료들을 지켜내는 우울한 총잡이의 모습이 왠지 크게 다르지 않아 보인다.

조직의 리더는 인자와 지자로 나뉜다

≪논어≫의 옹야편에 보면, "인자요산 지자요수(仁者樂山 知者樂水)"라는 문구가 나온다. 요즘이나 줄줄이 해외여행이지만, 옛날엔 흔히 바캉스 시절이 오면, 계곡이 있는 산으로 휴가를 갈 건지, 바다로 해수욕을 떠날 건지를 묻는 물음을 논어의 이 말씀을 비유로 들어 대신하기도 했다.

그래서 직장에서도 '부장님은 인자(仁者)시니까, 산으로 가시겠네요?' 하면, 기분 좋은 얼굴로 '사람이 인자이기만 해서는 되겠나? 요즘은 물이 좋아지는 걸 보니, 지자(智者)가 되어 가나봐' 하며 아부와 자화자찬의 시트콤이 벌어질 수 있었다.

이런 조금은 유치한 일상대화 속에도 논어가 회자되는 것을 보면, 우리나라 사람들의 지식과 지혜에 대한 의식이 상당히 높지 않은가 싶기도 하다. 다만, 이를 등산객과 낚시꾼의 유유자적에 비할 것이 아니라, 앞서 삼성가에서 기본으로 삼듯, 이 문장에서 우리가 기본으로 삼을 것들을 고민해 봤으면 한다.

주자로 불리는 주희는 논어를 비롯한 사서삼경의 주해자로, 성리학의 시조가 되었다. 주자의 등장 이후, 유교의 논리와 전통은 논어라는 원전이 전하는 정신을 실천하기보다는 주자의 해석과 이론을 재해석하고 반박하는 흐름을 보이게 된다.

≪논어≫, 치국과 경영을 말한다

≪논어≫는 기본적으로 '치국(治國)'의 도에 관한 글이다. 소위 말하는 경영서나 자기계발서의 원전 격이라고 할 법하다. 우리가 접하는 논어에 대한 해석과 주석은 대개 주자의 것을 따르고 있지만, 오직 주자의 해석이 완전하고 유일한 것은 아니다. 주자 당대뿐만 아니라, 애초에 공자의 도를 전한 증자에 의해 공자의 사상이 다소는 변형이 있었을 것이며, 그 이후의 많은 주석가들의 손을 거치면서 논쟁이 되어 왔고, 기원전의 공자의 말씀이 서기 13세기의 주자에 의해 주석이 달렸다는 점에서는 수많은 해석이 가능하다고 할 수 있다. 특히 우리들은 정현과 주희와 왕양명 등이 주해한 다양한 주석의 논어를 접하고 있는바, 경영이란 것이 치국의 도에서 배울 것이 있다면 그것이 곡학아세와 아전인수 격의 해석이 아닌 한, 수없는 변형과 응용이 가능할 것이다. 오늘날은 이미 13세기 주자의 시대와 다르며, 16세기 왕양명의 세계와도 다르기 때문이다.

이에, 인자요산과 지자요수를 통해 조직 내에서 만나게 되는 두 가지 큰 경영의 줄기를 이해해 보고자 한다. 이 역시 정통의 관(觀)이나 학(學)은 아닐 터지만, 한 번쯤 고전의 이야기를 우리에게 적용해 보는 일례로서 삼았으면 한다.

≪논어≫는 사서삼경(혹은 사서오경) 중에서 인(仁)을 근본으로 하는 '인의예지(仁義禮智)'의 절차탁마(切磋琢磨)를 가르친다. 그렇기에 인자요산에서의 인자 역시 근본 어짊을 떠올리지 않으면 안 될 것이다. 인자가 산을 좋아한다는 점을 조직에 비유하면, 무엇보다 기획자로서의 덕을 의미한다고 새겨 보고 싶다. 또한 지자요수에서의 지자는 무릇 지식이 아닌 지혜의 '지(智)'를 의미하는 것으로 새기되, 물을 흐름으로 본다면 관리자의 측면에서 새겨 보는 것은 어떨까 한다.

조화의 덕

산이라고 하는 것은 우리가 오르되 머물기만을 기대하는 것이 아니라, 성취하고 땀 흘리고, 높이 올라서서 멀리 관조하는 것에 가치가 있다고 생각하는 대상이다. 기획이란 것 역시 산과 같은 성격을 갖는다고 할 수 있다. 산에는 나무가 있고, 숲이 있고, 심지어 계곡을 흐르는 물, 즉 전부는 아닐지라도 관리적인 요소도 포함되어 있다. 우리가 기획자로서 활동할 때는 하나의 단선적인 사고를 요하지 않는다. 기획이 실행력을 가지려면, 계곡에 물이 흐르듯, 관리적인 측면에서 어떻게 운영되면 좋을까를 고민하는 최적화에 대한 계획도 필요하다.

또한 산을 혼자 오르는 것은 '위험'하다. 낙오되거나 날씨를 잘못 읽어 조난하면 목숨이 위태로워지는 것이 마치 기획자의 위치와도 다를 바 없다. 함께 오르되, 조화를 생각지 않으면 결코 기획을 완성할 수가 없다. 기획부서의 팀워크만큼 주목을 끄는 일도 없다. 그래서 기획에는 출중한 능력을 가진 직원만이 필요한 것이 아니다. 사람의 능력은 어떻게 후원받고 지원받고, 동기를 부여받느냐에 따라서 일취월장하는 것임을 믿는 기획자라면, 기획 업무에서의 사람들 간의 조화의 덕을 우선할 것이다.

時의 포착

그러면 물이란 어떤 것일까? 흐름을 생각해 볼 때, 흐름에 가장 근접한 개념은 바로 시간이다. 물이란 흘러 지나가면 다시 돌이킬 수 없는 것처럼 시간 역시 한 번의 흐름으로 되돌릴 수 없는 성질이 있다. 결국 시간은 관리적인 측면에서 접근하게 된다. 피터 드러커의 지식관리자 개념은 철저한 시간관리를 바탕으로 한다. 산을 오르는 것도 오를 때가 매우 중요하지만 그것은 계획으로 조정할 수 있는 반면, 시간과 물의 흐름은 일방적이어서, 쉽사리 계획의 대상으로 삼기가 어렵다.

인사(人事)를 생각해도 그렇다. 승진의 인사는 정해진 때가 있다. 근속연수가 쌓인 이들을 제때에 적절한 사람을 뽑아 승진토록 하지 않으면, 조직은 여러 가지 면에서 흐트러질 수밖에 없다. 기한에 뒤처진 승진이나 너무 빠른 승진은 사람들 간의 불협화음을 일으키게 될 수도 있고, 귀한 인력을 외부에 빼앗길 위험도 있다. 특히 기업에서 능력 있는 사람은 마치 어여쁜 애인을 사귀는 것처럼 눈독 들이는 사람들이 많다. 애인이 어느 날 "사랑은 움직이는 거야!" 하며 떠나 버린다 한들 되돌려 세울 가치가 없다면 무슨 소용이겠는가? 또한 적절하지 않은 사람을 승진시킴으로써 생기는 폐해는 더 말할 것이 있을까? 사업은 시기와 때가 있다는 것과 그것을 놓치고 나면 다음의 기회는 더 포착하기 힘들다는 것은 바로 시(時)의 중요성을 아는 사람이라면 동감하지 않을 수 없을 것이다.

인자한 기획자

그러면 기획에서 인이 발휘되어야 한다는 것, 혹은 기획자는 인자여야 한다는 것은 어떤 의미로 생각해 볼 수 있을까? 인은 어짊을 의미한다고 하였다. 이는 결국 사람을 다루는 원칙이라고 할 수 있다. 리더의 입장에서는 다룬다고 할 수 있겠지만, 달리 말하면 관계를 형성하는 방법이라고 할 수 있다. 뿐만 아니라 시류를 바라보는 태도로서 인을 생각해 볼 수 있다. 주변의 정세나 시류에 쉬이 흔들리지 않는 정(靜)이 바로 인의 성격임을 ≪논어≫의 옹야편이 설명하고 있는 터이다.

이즈음에서 "인자요산 지자요수"가 적힌 ≪논어≫의 원문해설을 살펴보자.

> "공자가 말씀하기를, 지혜로운 자는 물을 좋아하고, 어진 자는 산을 좋아한다. 지혜로운 자는 움직이고, 어진 자는 고요하다. 지혜로운 자는 즐기고, 어진 자는 오래 산다."

어진 자(仁者)가 고요하다는 것은 앞서 말한 정(靜)을 의미한다. 흔들림이 없는 자리에 있다는 의미이다. 이는 ≪대학(大學)≫에서 주자에 의해 핵심 사상으로 논의되는 '격물치지(格物致知)'의 결과로 발견한 머무를 자리로서 인자에게 주어진 것이 곧 정의 자리임을 의미한다. 그렇다면 무엇에 어디에 머물러야 한다는 뜻인가? 경영적인 측면에서는 결국 기업과 기관의 핵심가치가 있는 미션과 비전에 머물러야 한다는 것이다. 피터 드러커의 '강점으로 승부하라!'는 경영의 절대원칙에 비추어 보면, 기업의 최고 강점에 머무를 줄 알아야 한다는 의미이다. 특히 새로운 기술과 마케팅 유형에 휘둘려 기관의 본질을 흩트리며 본말을 전도하는 일이 없어야 한다는 것이다.

코카콜라의 사례를 들어 보자. 한때 펩시콜라가 블라인드 테스트를 통해 일반인들에게 코카콜라와 펩시콜라가 들어 있는 잔을 번갈아 맛보게 하였다. 그런데 압도적인 숫자가 펩시콜라의 손을 들어주었다. 미국뿐만 아니라, 우리나라에서도 이 블라인드 테스트가 이루어지는 장면을 광고로 만들어 보여주었던 기억이 있을 것이다. 이러한 펩시콜라의 광고 전략에 코카콜라는 어떤 대응을 했던가? 새로운 마케팅 유형에 휩쓸려, 펩시콜라의 맛이 승리를 거두는 장면에 충격을 받았다. 심지어, 펩시콜라의 시음에 어떤 조작이 있을까 싶어, 자체적으로 시험을 해보기도 했다. 결과는 역시 한 모금 만에 펩시콜라의 승리였다.

코카콜라는 서둘러, 그동안 지켜왔던 맛에 변화를 주는 대대적인 변혁에 엄청난 인력과 비용을 투입했다. 그렇게 해서 새로운 코카콜라를 시장에 내놓았지만, 소비자의 반응은 냉담했다. 오히려, 코카콜라의 원래 맛을 되살리라는 고객들의 불만을 접수해야 했다.

"Take the Pepsi Challenge!"를 캐치프레이즈로 한 블라인드 테스트를 통해 펩시콜라에 손을 들어주게 된 행사로, 이 광고의 영향인지, 펩시콜라는 1976년 단일 품목으로는 가장 많이 팔리는 비알코올음료가 되었다.

〈표 6〉 순이익 규모에서 펩시콜라가 코카콜라를 앞지르기 시작한 2002년도에 코카콜라와 펩시콜라를 비교한 데이터로, 펩시가 더 많은 이익을 내고 있음에도 여전히 코카콜라의 시장 가치가 더 높은 것을 볼 수 있다. 소비자의 의식 속에 완전하게 확립된 브랜드가 시장가치를 얼마나 좌우할 수 있는지를 보여 준다.

2002년도 코카콜라와 펩시의 재무실적 및 제품 분석표

구분	코카콜라	펩시
주가	56.50달러	52.06달러
52주 상한가	57.91달러	53.50달러
연초 대비 가격 변동률	20.3%	7.2%
주당 순이익	31.6	26.7
2002년도 이익증가율	13.3%	13.4%
2003년도 이익증가율	11.2%	12.3%
시장가치	1,404억 달러	920억 달러
2002년도 순이익	198억 달러	262억 달러
신제품	바닐라 코크	펩시 블루
양사가 보유한 소프트드링크 상위 브랜드	코크, 스프라이트, 환타	펩시, 슬라이스, 마운틴듀

우리가 아는 바대로, 코카콜라는 원래의 맛을 찾았다. 그리고 나서 알게 된 사실은 콜라를 소비하는 소비자의 입맛과 심리는 콜라를 처음 입에 대는 그 첫 한 입에 있지 않다는 것이었다. 코카콜라는 콜라를 담은 병이나 캔의 이미지는 물론이고, 맛에 있어서도 상대적으로 달고 톡 쏘는 맛이 적은 펩시콜라가 첫 한 입에는 좋지만 한 잔 혹은 한 병을 다 마시는 콜라의 속성상, 오히려 진하고 톡 쏘는 청량

감에서 더 유리했던 것이다.

그럼에도 초기에는 경쟁사의 새로운 마케팅의 유형 때문에 자사가 가진 강점에 주목하지 못하고 급하게 대응제품을 출시하면서 심혈을 기울인 기술개발이 오히려 경쟁사를 도와주는 결과를 낳게 한 것이다. 즉, 동(動)이라는 적극적인 대응이 시장을 지키는 방법이라고 판단했지만, 정작 기획자는 정(靜)에 머무는 능력이 필요했던 것이다.

그리고 무엇보다 사람을 모아 일을 추진해 나가는 과정에서 인의 요소가 필요함은 두말할 필요도 없다. 우리가 일행이 되어 산을 오르는 과정을 생각해 보자. 저마다 체력도 다르고, 산에 대한 호불호도 제각각이다. 평소에 즐기지 않는 사람에게 산은 너무나 큰 에너지를 소비해야 하는 도전이다. 그리고 산을 좋아한다고는 하지만 산 자체를 즐기기보다는 산 아래에서 등산객을 유혹하는 즐비하게 늘어선 동동주와 파전에 못 이기듯 한잔 즐기기를 더 좋아하는 이들도 있다. 산을 좋아한다고 하되, 진실로 산을 좋아하지 못하는 이들이 말하는 산에 대한 애정은 왜곡된 애정이다. 조직의 비전과 성과에 무엇보다 관심이 많고 자신의 역량을 집결시킬 거라고 외치는 대다수가 진정 조직의 발전에 관심이 있는 경우는 생각보다 많지 않다. 젯밥에 더 관심이 많은 이들을 산을 오른다 하여 데리고 가는 것이 아예 산을 모르는 이들을 데리고 가는 것보다 더 어렵다.

이런 점에서 절대적으로 기획자에게는 인이 필요하다. 다그치고 윽박지르는 것은 당장은 모르겠지만, 장기적으로는 자신의 리더십을 망치는 길일 뿐이다. 극한 처방은 오직 한 번만 사용할 수 있다. 직원들을 몰아붙여서 성과를 만들어 내는 것은 일회성일 뿐이다. 뱅크 오브 아메리카(Bank of America)가 후발주자였던 웰스 파고(Wells

Fargo)의 임원들로 채워지기 전까지의 모습을 보면, 독단적인 CEO
가 임직원들을 강하게 몰아붙이던 시기가 있었다. 결과는 미국 최대
의 은행이라는 지위를 내어주는 것으로 마무리되었다. 아니 그보다
더 수치스러운 점은 거들떠보지도 않았던 웰스 파고의 임원들이 결
국 뱅크 오브 아메리카를 장악하게 된 점이다. 인이 없는 리더는 조
직을 성장시키는 데에 오히려 문제가 될 뿐임을 방증한다.

> ◎ **Les Memorables**
>
> '오마하의 현인'이라고까지 불리는 투자의 미다스의 손, 워런 버핏이 회장으로 있는 버크
> 셔 해서웨이(Berkshire Hathaway)는 웰스 파고(Wells Fargo)의 최대주주이기도 하다. 소
> 매금융에 강자인 미국 은행인 웰스 파고는 짐 콜린스의 ≪좋은 기업을 넘어 위대한 기업
> 으로(Good to Great)≫에서 위대한 기업의 하나로 연구 분석되기도 했다.

　1980년대 불었던 아이아코카의 바람이 지금은 어찌 되었는지는
새삼 새겨볼 가치도 없을 것 같다. 포드는 한때, 아이아코카의 강력
한 성과주의 경영과 구조조정으로 황금기를 구가한 바 있다. "머스
탱"이란 새로운 기술이자 디자인이 그 상징물이었다. 포드는 그래서
인지 이 머스탱이란 모델을 버리지 못하고 지금도 대표적인 차량으
로 만들고 있다. 현재까지도 제법 구매가 이루어지고 있지만, 지금
의 포드는 어떤 모양인가? 그리고 포드에서만 놀라운 성과를 거둔
것이 아니라 포드에서 물러난 이후, 그는 크라이슬러를 회생시켰다.
지금의 크라이슬러는 어디로 갔는가? 메르세데스에 팔려간 지가 십
수 년이 지났다. 아이아코카의 영향력은 오래가지 않았다. 뿐만 아
니라, 반짝 회복에 힘을 쏟아 내느라 이후에 기업을 유지할 힘마저
도 빼앗긴 셈이다. 너무 과장된 표현일지 모르지만, 결국 인의 지도

자를 갖지 못한 조직은 당대 이후를 장담할 수 없다는 사실만큼은 부정할 수 없다.

지혜로운 관리자

그렇다면, 지자로서의 관리자는 어떤 가치를 구현하는가? 지혜로움은 단순한 지식과는 다르다. 물론 지식이 기초가 되고, 기반이 되어야 지(知)에서 지(智)로 나아갈 수 있고 격물치지로써 뒷받침되어야 한다. 지(知)를 삶과 현장에서 구현하면서, 지(知)를 강화해 나가는 것이 곧 지(智)라고 할 수 있다. 과거의 농경사회에서 생각해 볼 때, 반복되는 기후와 날씨의 흐름을 보고 예측하고, 일련의 공통된 흐름 속에서 나타나는 변수들로 생기는 변화를 잘 다스리는 능력이 바로 지혜라고 할 수 있다. 여름의 우기에는 비가 항상 오는 것이지만, 언제 올지, 얼마나 올지, 그리고 어느 시기에 물꼬를 터야 할지는 농자로서 상시 농사라는 프로세스를 진행하면서 확인하고 체크하여 놓치지 말아야 할 사항이다. 이것에 대한 실패는 단지 프로세스의 붕괴만이 아니라 조직의 건실함과 이후의 예측을 무너뜨리기까지 한다. 프로세스가 가지는 연쇄작용이 손상되면, 새로운 프로세스를 세우기도 쉽지 않은 탓이다.

비록 조직의 일원을 교체 가능한 톱니바퀴로 보지 않는다고 하더라도, 조직은 끊임없이 조직의 가치를 실현할 새로운 인력이 흘러들고, 과거의 신진인력들이 다시금 세월의 흐름과 함께 흘러나감으로써 운영되고 조직된다. 이렇게 반복되지만, 결코 동일한 반복이 없다는 것을 깨닫는 것이 지혜라고 한다면, 흐름을 관장하는 관리자의 역할에 지혜가 얼마나 절실히 필요한지 알 수 있다.

기획자가 애초에 적임자라고 해서 기용했던 이들은 하나의 프로젝트가 마무리되면 어디에 배치해야 하는가의 문제가 생긴다. 그가 전문인력이어서 프로젝트가 끝남과 동시에 또 다른 프로젝트를 찾아 이직하는 경우가 아니면, 조직은 그를 수용할 여유를 만들지 않으면 안 되는 경우가 흔하다. 하지만 관리자는 새로운 텃밭을 새로이 경작하거나 2모작을 3모작으로 변화시킬 정도의 창조적인 역할을 하는 것은 위험하다. ≪논어≫에서 지자는 동(動)한다고 하는 것을 역동적인 의미에서의 변화와 혁신의 주체로 이해하면 곤란하다. 비록 물길이 산을 깎고 들을 깎아낸다고 하지만 큰 물줄기는 천년이며 만년이며 한 길을 흐르고 있다. 바로 그 흐름 가운데 있기 때문에 동한다고 하는 것이다.

앞서 말한 인사에 적용해 본다면, 인사가 결코 강고(强固)해서는 안 된다는 점과 연결해 볼 수 있다. 인사는 정함보다는 동함에 무게를 두는 것이다. 누군가를 고정해서 '이 사람밖에 없다'는 생각이면, 무엇을 하더라도 사람을 키워낼 여지는 줄어든다. 점점 선택할 사람이 줄어들 뿐이다. 동은 유연함을 의미하기 때문이고, 바로 그 유연함이 틀(process)을 만들기 때문이다. 프로세스가 정립되는 과정을 생각해 보자. 프로세스란 하나의 틀이고 시스템이기 때문에 수많은 변수와 변화의 가능성을 고려하지 않고서는 틀로서 자리 잡기가 쉽지 않다. 새로운 변수와 변화가 생기면 그 즉시 새로운 프로세스를 만들어야 하는데, 이것이 곧 프로세스의 붕괴이고, 결국 프로세스를 정립한다는 의미가 상실되고 마는 것이다. 원칙주의자는 아니되, 원칙을 지키는 사람이 관리자가 되어야 한다는 점에서는 누구도 이견을 달지 않을 것이다. 바로 그것이 지자요, 물의 흐름을 트는 관리자의 역할이다.

구하는 이에게 열리는 지혜

앞서도 언급했지만, ≪논어≫는 공자라는 학자가 아닌, 크고 작은 나라들이 벌이는 전쟁의 소용돌이 속에서 바른 정치를 세우고자 수고한 정치가가 국정의 근본을 밝힌 책이다. 흡사 마키아벨리의 ≪군주론≫에 비견할 수 있다. 당시의 노나라는 작은 나라였고, 그나마도 노나라에서 벼슬을 떠난 이후 공자의 유세를 받아들인 나라 또한 거의 없었다. 그럼에도 공자의 ≪논어≫가 오늘날의 수많은 CEO들에게 지침을 주고 있는 것은 무엇일까? 이제는 삼성과 같은 기업들의 기획부서에서 필독서로 정해지고 있고, 독서경영을 표방하는 많은 기업들에 필독서로 제안하여 직원들에게도 일독을 권하고 있다.

인문학의 바람과 더불어 1순위로 꼽힌 책이 ≪논어≫이기도 하다. 최근 출판계에 ≪마흔, 논어를 읽어야 할 시간≫과 같은 책이 출간되고 있는 것처럼 ≪논어≫는 생의 전환점에서 읽어 보기를 권하는 책 중 1순위이기도 하다. ≪논어≫는 자연인이 아닌 법인으로서의 기업도 전환점이나 변곡점을 지날 때에 참고할 만한 많은 지혜를 담고 있다. 그리고 그 지혜들은 구하는 사람에게는 반드시 주어진다.

흔히 원전보다는 그 해설이 더 어려운 경우가 많은데, 주희의 주자학, 즉 성리학이 바로 그것이 아닌가 싶다. ≪논어≫는 철학적으로 해석되어 있으므로 학문과 경전의 지위에만 머물지 않는다. 사람의 근본이 결국 관계의 근본과 조직의 근본을 말하는 것이기 때문에 경영의 원칙을 찾는다고 해도 모순되지 않는다. 오히려 원칙을 발견하고도 이를 실천하지 못하는 것이 악이라는 것을 인식해야 한다. 대개 ≪논어≫는 사서삼경을 배우는 과정에서 첫째로 보는 책이 아니라, ≪대학≫ 다음에 읽는 책이었다. ≪대학≫에서는 실천하지 못하는 것이 옳은 것을 알고도 자신의 소욕과 작은 이익에 매여 그 실천을 미루고 피하게 됨으로써 겉만 번드르르한 언어 속 지식에 머물러 타인을 괴롭히고 질타하는 도구로 쓰이는 것이라고 설명하고 있다. 실천하지 못하는 것이 자신을 계도하는 와신상담의 도구가 아니라 남을 탓하는 도구로 전락했다면, 조직에 독소를 전파하고 있음을 반성해야 할 것이다.

고전의 가치는 바로 스스로를 경계하고, 자신의 실수와 잘못에 몸을 떨게 하는 소인들에 있다. "인자요산 지자요수"라는 짧은 문구에서 경영의 두 가지 줄기를 고민해 본 것 이상으로, ≪논어≫의 수많은 설득과 가르침에 귀 기울여 오롯한 경영의 원칙을 세워 보는 것은 어떨까? 비단 논어만이 아닐지라도 삶의 원칙과 경영의 원칙이 담긴 성현들의 글과 이야기들을 옛이야기라고 하여 묻어 두는 것은 보화가 담긴 창고를 두드려 보지도 않고 지나는 것과 매한가지이다.

Chapter 3

세계의 IP를 움직이는 보이지 않는 손

1. 경제회복 이후의 심사적체
- 우리에게도 발등에 떨어진 불인가? -

들어가며

아직은 세계 경제가 활황에 접어들었다고 하기는 어려운 상황이다. 대개 깊은 경제위기의 늪에서 벗어나면 곧 기회의 시간이 다가온다는 기대감을 갖게 되지만, 세계 경제는 아직도 어디서 터질지 모르는 경제위기의 여파에 근심하고 있다. 그리스와 스페인을 비롯한 유럽 경제가 들썩이기 시작하면서, 경제회복에 대한 기대감과 자신감이 다소 주춤한 바 있다. 그래서인지 아이슬란드의 화산이 폭발한 여파로 발생한 화산재 피해에 대해서도 심각한 시각들이 던져지기도 했다. 유럽의 주요 공항에 항공기가 이착륙하지 않아 발생할 물류 흐름의 차단과 여행객들의 주춤한 발걸음을 수많은 언론사들이 곧바로 '항공대란'이란 제목으로 전 세계로 퍼뜨린 것만으로도 가히 짐작할 수 있었다.

그럼에도 불구하고, 당시 그리스 사태 등의 경제상황을 지구단위의 위기로 보기보다는 경제권역 단위의 위기로 보는 견해를 피력하는 이들도 있었다. 그만큼 유럽 일부 국가의 경제위기 상황이 주는 여파는 세계경제가 어느 정도는 탄력적으로 수용할 수도 있다는 자신감이 공유되고 있다고 할 수 있다. 끝까지 비관론을 고수한다면, 이런 지역적인 경제위기가 확대될 위험이라든지, 최대한 위기감의 고조를 억제하려는 의지가 실제 규모의 경제적 충격을 왜곡하여 전하고 있다고 할 수도 있을 것이다.

하지만 세계경제의 침체 속에서도, 소비재 제품에서 기간산업 위주의 기술개발로 기수를 돌렸던 일본의 유수기업들이 다시금 소비재 분야에서의 신제품을 출시하고, 다시금 전 세계 자동차 시장이 기술경쟁력으로 우위를 점하고자 하는 분위기가 조성되고 있다. 여전히 애플과 삼성은 휴대전화뿐만 아니라, PC를 대체할 태블릿PC 분야에까지 영역을 넓혀 가며 신제품 경쟁을 벌이고 있고, 아이폰의 기세에 눌렸던 과거의 휴대전화 제조사들이 재도약을 위한 제품들을 선보이는 등, 다시금 기업 간의 기술경쟁을 부채질하고 있어 새로운 경기회복의 분위기를 발견할 수 있다.

이와 궤를 같이하여, 기술경쟁은 곧 특허경쟁으로 이어지게 된다. 기술의 가장 효율적인 보호책으로 마련된 것이 특허제도인 만큼, 기업의 지식재산 전략은 더욱 강화되고, 세련되어질 뿐만 아니라, 양적인 증가도 예측할 수 있다. 그런 점에서 우리 특허청을 비롯해서, 각국 특허청에는 세계적인 경제위기 상황에서와는 다른 특허의 양적 증가와 더불어 질적 향상에도 대비해야 할 필요가 생겼다. 과거만큼의 양적인 증가는 없다고 하더라도 기업마다, 특히 기술 우위를 점하기 위한 치열한 전쟁에 참가한 기업들에서, 특허의 질적 향상을 위한 노력이 지속적으로 경주된 결과, 출원기술에 대한 심사 역시 질적인 제고 노력이 필요하게 되었다고 할 수 있다.

그런 점에서 비록 우리 내부의 논의는 아니지만, 전 세계 IP 트렌드의 한 흐름을 만들고 있는 AIPLA(The American Intellectual Property Law Association)라는 민간기관이 주체가 되어 진행된 콜로키움의 내용을 소개해 볼까 한다.

콜로키움의 개요

AIPLA는 미국의 IPO, 일본의 JIPA, 유럽의 Business Europe이 참여하는 민간 차원의 3극 IP[41] 유저회의에 참가하고 있는 기관으로서, 지식재산 관련 입법에 상당한 입김을 불어넣고 있는 조직이다. 미국에 근거를 두고 있지만, 미국 이외에 유럽지역을 순회하면서 해마다의 IP 관련 주요 논의 주제를 정하고, 각국 특허청과 관련 IP 기관들을 초청하여 각계의 의견을 듣고 토론하는 자리를 열고 있다.

2010년 6월 16일에 웰컴 리셉션을 시작으로 6월 18일까지 3일간 계속된 콜로키움은 FICPI라는 유럽 기반의 협력단체와 함께 유럽지역을 순회하면서 갖는 세미나로서, 올해는 '심사 적체(Patent Backlog)'를 주제로 하여, 미국 특허청(USPTO), 유럽 특허청(EPO), 영국 특허청(UKIPO), 중국 특허청(SIPO), 한국 특허청(KIPO)을 비롯해서, 덴마크나 네덜란드 등의 유럽 내 주요 국가 특허청 관계자를 초빙했으며, 민간 단위에서는 한국지식재산협회(KINPA)를 비롯해서, 미국의 IPO, 일본의 JIPA, 유럽의 Business Europe은 물론 영국의 소규모 IP 조직까지도 초청되었다.

---

41) IP 3국은 지식재산 분야를 선도하고 있는 미국, 유럽, 일본을 가리킨다.

〈그림 11〉 미국 지적소유권 협회(AIPLA, American Intellectual Property Law Association)의 Alan Kasper 회장이 격의 없는 인사말로 콜로키움의 시작을 알렸다.

　참가자들을 나라별로 보면, 호주, 브라질, 캐나다, 중국, 대만, 덴마크, 프랑스, 독일, 이탈리아, 일본, 멕시코, 스페인, 스웨덴, 스위스, 영국, 미국으로 우리나라를 포함해서 17개국에서 80여 명의 IP관계자들이 참여한 전문가들의 모임이었다. 이전의 미국 IPO(Intellectual Property Owner's Association)의 Annual Meeting과 비교해서 드러나는 차이점으로, IPO의 경우는 대체로 기업소속 지식재산 담당(inhouse IP counsel)의 참여가 많은 반면, 이번 콜로키움에서는 외부 변리사나 로펌 등에 종사하는 전문가들의 참여가 많았다는 점을 꼽을 수 있었다. 해외의 다양한 성격의 국제적 행사들을 통해서 한 가지의 이슈에 대해서도 얼마나 다른 의견들이 쏟아져 나오는지 확인해야 할 필요를 느끼게 된다.

이번 행사가 개최된 영국 스코틀랜드의 에든버러를 비롯해서, 프랑스 남부 휴양도시인 니스 등과 같은 풍광이 뛰어난 원격지에서 회의를 개최함으로써, 보다 집중되면서도 허심탄회한 회의 분위기를 조성하고 있다.

논의 주제

콜로키움을 통해서 심사적체 문제에 대한 기본적인 해결방안은 크게 특허청 간 상호협력을 통한 Work-Sharing 및 Recognition, 그리고 PPH(특허심사하이웨이) 및 PCT(특허협력조약, Patent Cooperation Treaty) 등 기존 제도의 적극적인 활용으로 제시되었다.

심사적체가 문제가 되는 것은 한마디로 특허출원에 대한 심사가 지연됨으로써 발생하게 되는 적지 않은 금전적 손해에 있다고 할 수 있다. 기업의 활동이 금전적으로 평가되지 않는 것은 없기에, 이 손해의 발생 요인을 살펴보면, 첫째로 지식재산권의 시간적인 불명확성으로 인한 손해가 발생할 수 있다는 점이다. 다시 말해, 권리의 발생 여부가 불확실함으로써 특허를 통한 제품화 등의 사업적 판단의 불명확성이 발생할 수 있으며, 권리보호를 통한 제품의 보호기능이 약화된다는 점이다. 이는 경우에 따라서는 동종기업 간의 치열한 경쟁 구도에서 자칫 열세에 처하게 될 수 있는 요인이 된다. 이러한 점에서 경쟁기업을 자사의 기술경쟁력으로 앞지르기 위한 노력을 약화시키는 결과를 가져올 수 있으며, 적극적인 권리주장의 근거를 불확실하게 할 위험이 있다.

〈그림 12〉 한국지식재산협회 대표단이 우리 기업의 심사적체 관련 의견을 발표하였다.

〈그림 13〉 전 세계 특허제도에 가장 큰 영향력을 미치는 미국 특허청(USPTO) 대표
에게 유난히 많은 질문이 쏟아졌다.

둘째로, 고도의 기술을 가진 기업을 매입하거나 이들 기업이 가진 우수한 지식재산을 매입하기 위한 전략에도 불확실성을 주게 되고, 특허가 장기간 미등록됨으로써 관련 예산이 증가하는 것도 심사적체의 문제점으로 꼽을 수 있다. 기업이 예측한 권리 획득의 시기가 짧게는 수 주에서 길게는 수년에 걸쳐 지연되는 상황이 전개된다면, 과연 특허라는 권리를 획득하는 것에 경제적 가치가 있을지 의구심을 갖게 될 것이다.

해결방안의 모색

2010년 3월 10일 미국 특허상표청(USPTO)의 언론보도에 따르면, USPTO와 영국 지식재산청(UKIPO) 양 기관은 특허출원과 심사적체를 해소하기 위한 공동계획안을 추진해 나가기로 상호 합의하였다. 특히 USPTO의 데이비드 카포스(David Kappos) 청장은 심사적체의 해소를 최상위의 정책과제로 삼아 이를 추진하되, 기본적인 해결방안의 틀은 양 청 간의 Work-Sharing을 기본 토대로 하겠다고 언급하였다. 간단히 말해서, 출원과 출원에 따른 심사의 결과물을 미국과 영국 특허청 간에 공동 사용함으로써, 이중 출원에 의한 심사적체를 우선적으로 피하겠다는 의도인 것이다.

이는 현재 양국 간의 합의만 나온 상황이지만, 현재 유럽 특허청을 비롯한 3극 특허청 간에는 이미 심도 깊은 논의와 합의가 이루어진 상황이다. 이러한 움직임에 대해서, 문화와 언어와 법체계가 유사한 두 개의 나라가 이런 논의를 시작했다는 점에 대해서는 시기적으로 매우 늦은 감이 있지만 심사적체 해소를 위해서는 시급히 선행되어야 할 사항이라는 의견이 대체적이다.

결국 대체적인 각국 특허청의 의견은 심사적체 해소를 위해 개별국의 특허청에서 특허심사에 활용했던 판단자료들을 서로 공유하고, 상대국의 특허등록 결정을 신뢰하여, 자국 출원이 개시되었을 때에, 상대국의 판단자료와 등록결정을 기초로 특허를 조속히 내준다는 것으로 귀결하고 있다. 물론 이러한 절차를 위해 향후 보다 세분화된 논의가 진행되어야겠지만, 어쨌든 협의의 방향은 확고히 세운 상황이라고 할 수 있겠다.

일부 발제자 가운데에는 PCT 활용에 대한 열렬한 지지자도 없지 않았다. 우리나라는 물론이고, 많은 개발도상국들의 PCT 이용률이

〈그림 14〉 각국 특허청에서 의견을 발표하는 중 특허청 김창룡 차장이 패널로
참석(왼쪽에서부터 일본, 한국, 중국, 프랑스 대표 순)

증가하고 있고, WIPO(세계지식재산권기구, World Intellectual Property Organization)에서도 앞으로 발표할 PCTⅡ를 통해 심사적체의 문제에 중점적으로 대응할 방침이라고 하여, 이에 대한 기대감을 높여 주었다. 또한 이미 PCT를 활용하여 출원업무를 전개하고 있는 Patent Lawyer나 Attorney들의 지지를 받고 있는 것을 확인할 수 있었다.

추가로 연구되었으면 하는 사례의 하나는, 유럽 내 국가 간의 협력활동이다. 유럽 특허청 EPO는 유럽이라는 광대한 지역에서의 효율적인 특허정보의 활용과 국가 간 상호협력을 위한 다채로운 활동을 전개하고 있다. PCT나 EPC, 유럽 내 국가 간 1:1 공조협약, Paris Criteria와 같은 협약차원의 노력이나, Euro-first, National first, PCT SA, Euro-second 등과 같은 출원심사시스템의 운영 노력

〈그림 15〉 패널과 청중이 따로 없는 열띤 토의 분위기

등에도 주목해 볼 필요가 있을 것 같다. 다자간 혹은 양자 간 협력과 노력의 결과를 벤치마킹하고 평가해 보는 것으로도 보다 효율 높은 특허시스템을 구축하기 위한 노하우가 되리라 기대해 본다.

그 외에 특허청별로 심사인력의 증원이라든지 예산의 증액 등을 추가적인 대안으로 제안하는 등 일련의 후속대응 논의가 있었다. 대체로의 논의는 특허청 간의 특허상호 인정과 정보 공유에 초점이 있었지만, 소수이기는 하지만 기업 수준에서는 일부 파격적인 의견도 없지 않았다. 특허 확보 노력과 비용에 대한 의심으로 볼 수도 있는데, 특허권 획득 이외의 방법으로 사업을 추진할 수 있다는 내용이었다. 특정한 기술 분야의 기업인 경우, 기술의 공개 없이 일정한 컨소시엄이나 표준화단체를 설립하여 대응해 나가겠다는 것이다. 특허 출원으로 인해서 발생할 분쟁의 위험을 배제하고, 기술 공개를 제한하여 특허를 통한 기술보호가 아니라, 특정 기업 간 기술 라이선스 계약을 체결하거나, 공정거래나 영업비밀 보호 등의 경제 관련 법률을 통한 보호전략을 활용하겠다는 취지인 것이다.

기업은 기술의 보호와 활용을 위해서 가장 효율적인 방법을 선택할 수밖에 없다. 그것이 특허를 통해 확보할 수 있다면, 특허를 획득하기 위한 노력에 경주를 하겠지만, 만일 특허를 통한 권리의 확보와 보호가 예상을 넘어서는 정도의 기간과 비용이 소요된다면, 또 다른 방안을 모색할 수밖에 없다. 특허제도가 국가의 심사권을 통해서 창설되는 권리라는 점에서 다분히 정책적이고 행정적인 요소가 스며들게 되지만, 그러한 요소들이 권리의 발생 자체를 방해하는 역기능을 할 때엔 권리 획득과 보호를 위한 제도로서 의심받을 수밖에 없는 것이다.

〈그림 16〉 콜로키움 이후 일정으로 이루어진 Business Europe 본부 방문
(사진 중앙이 BE 사무국의 IP담당 어드바이저인 Ilias Konteas)

특허제도가 앞으로도 유효하게 기능하리라는 점에 대해선 별다른 의심은 없지만, 기업들이 취하는 다양한 기술전략 가운데서 가장 효율적인 방안이 특허권의 활용이라는 점은 인식되도록 해야 할 것이다. 보다 적극적으로 국제적인 기술동향과 기술전략에 민감해지지 않으면 안 되는 이유인 것이다.

그들의 영향력

한반도의 함경도 격인 영국 스코틀랜드에서의 이 작은 모임이 어떤 영향력을 가지기나 한 것일까? 답을 먼저 말한다면, 'Definitely[42)]!'이다. 소위 IP3(미국, 일본, 유럽의 지식재산 분야의 강국을 일컫는 명칭)가 IP5(IP3에 한국과 중국을 포함)로 확대되는 움직임이 2010년을 전후로 활발하게 일어났다. 그래서 과거 IP3극 유저 회의는 이제 IP5 Meeting으로 확대되었으며, 회의의 참가 주체도 IP5개국 특허청(Heads)과 IP5개국 민간기구(industry)로 구성되었다. 가히 지식재산 분야의 G5라고 할 법하다.

참가 주체를 기관별로 보면, 총 10개 기관이 아니라 12개 기관이 된다. IP5 Industry에는 미국(IPO), 일본(JIPA), 유럽(Business Europe), 한국(KINPA), 중국(PPAC)에 더해 에든버러 콜로키움을 개최한 AIPLA가 포함된다. 그리고 Heads(정부 측)에는 미국(USPTO), 일본(JPO), 유럽(EPO), 한국(KIPO), 중국(SIPO)에 더해 WIPO가 추가로 참여하고 있다. 결국 전 세계 지식재산의 제도와 흐름을 좌우하는 기관들의 모임으로 보면 된다.

AIPLA의 영향력은 작지 않다. IPO가 미국 기업 중심의 민간 협의회라고 보면, AIPLA는 미국의 변리 부문의 민간 협의회라고 볼 수 있다. 이들은 서로 상응하고 협조하는 관계를 유지하고 있다. 앞서 에든버러 콜로키움에서 다뤄진 내용들은 2012년 나폴레옹의 고향 코르시카에서 열린 IP5 Meeting에서 재확인되었고 보다 구체화되었다.

에든버러 콜로키움에서 심사적체의 대안으로 제시된 Work-Share는 다양한 방법으로 구체화되었다. 먼저, 유럽과 미국이 CPC(Convention on the European Patent for Common Market, 공동시장을 위한 유

---

42) 무엇보다 강한 어조로 긍정할 때. 영미인들이 많이 쓰는 말이다. Certainly(확실히)보다 '절대적으로'라는 어감에 가깝다.

럽특허에 관한 협약)을 공식 도입하기로 했고, 이는 향후 일본의 특허분류체계를 포함하는 공동의 분류체계를 구축하는 데에까지 합의가 되었다. 결국, 우리나라도 이와 같은 국제화 과정에 있는 분류체계를 받아들이게 될 것이다.

또한 기업의 특허품질 강화와 업무공유를 위해 상당한 주의의무(Due Diligence)를 기반으로 하는 업무관계를 제안했는데, 이는 PCT(WIPO의 특허협력조약), PPH(특허심사하이웨이), Paris Route Examination (파리협약에 의한 특허심사제도) 등의 국제적인 심사제도가 채용하는 Global Dossier를 적극적으로 활용하는 것에 동의한 것으로 볼 수 있다.

이 Global Dossier란 것은 글로벌 특허심사정보서비스란 것으로, 각국에 제출된 출원특허 및 등록특허에 대한 정보를 상호 공유하게 함으로써, 그동안 각국의 특허청별로 각각이 정보를 수집하고 서로 다른 내용의 특허결정을 내려오면서 업무가 중복되고 과중되던 관행을 극복하기 위한 대안으로 만들어졌다. 이른바 특허의 프로토콜이라고 할 수 있다. 이 시스템에 최초에는 특허청 심사관들의 심사정보 공유라는 취지에서 시작되었지만, 출원인을 비롯해서, 일반인들에게도 심사정보를 제공하기 위한 시스템으로 진화해 나가고 있다.

그동안 북미, 아시아, 유럽 등의 권역별로 혹은 국가별로 운영하던 특허심사시스템에 통일화 작업에 착수한 것이다. 이러한 특허심사 프로토콜은 특허출원의 시작이 되는 출원서의 양식에서부터 통일화를 시도하고 있으며, 중국 특허청은 2012년 7월 공통출원양식 (CAF, Common Application Format)의 수용을 발표했다.

비록 현재는 가상환경이라는 형태로 특허심사정보시스템이 운영

되겠지만, 향후에는 각국 특허청이 특허정보시스템을 새로이 구축하는 시점에서는, 국제화된 통일 규격의 정보시스템을 기반으로 특허정보시스템을 구축하게 될 것으로 보인다. 그렇게 되면, 전 세계가 하나의 시스템 내에서 움직이는 실시간 국제정보공유시스템이 탄생하는 것이다.

지식재산 민관외교, 열려 버린 판도라의 상자

콜로키움에서는 심사적체의 문제가 가시화되고 있는 상황에서, 우리 특허청이 실시하고 있는 3 Track Prosecution System(3트랙 특허심사처리시스템)을 미국 특허청에서도 도입하겠다는 계획도 들을 수 있었다. 물론, 한국 특허청의 선도적인 정책을 도입하겠다는 표현은 없었고, 미국 특허청이 새로이 도입을 계획하고 있는 프로그램이라는 소개를 들을 수 있었다.

비록 이런 점 때문만이 아니라도, 세계적인 IP 이슈를 논의하는 자리에 우리의 활동이 매우 저조했다는 점에서는 반성하지 않을 수 없다. 우리 정부뿐만 아니라, 기업과 변리사 단체는 물론이려니와 특허관련 유관 공공기관들의 역할이 충분치 않았음을 애석하게 느낄 수밖에 없었다.

전 세계적인 이슈임에도 불구하고, 안타깝게도 논의의 핵심은 주요 특허 3극의 관계자들에게 집중되었음을 다시 한번 확인하는 자리였다. 앞서 언급한 참여국들의 면면을 보면, 경제개발과 기술개발의 도상에 있는 나라들의 특허제도에 대한 관심이 점점 고조되어 가는 것도 확인할 수 있었다. 우리가 해외에 출원하는 비중이 해외 기업이 우리 특허청에 특허를 출원하는 것보다 높다는 점에서도 드러나는 사실이지만, 이들이 특허라는 측면에서 한국을 대하고 평가하는 것은 경제규모에 비해 다량의 특허를 생산해 내는 나라이고, WIPO를 비롯한 각국 특허청의 다양한 출원시스템을 적극적으로 이용하고 있는 나라라는 인식에 시발점이 있는 것 같다는 인상도 지울 수 없었다.

소위 우리가 출원서비스를 이용하는 최대 고객의 하나라는 점에서 대우받는다기보다는, 가장 효율적인 출원·심사시스템과 고품질의 특허가 출원되는 나라라는 인식으로 인정받는 시기가 보다 앞당겨지기를 기대해 본다. 특히 국제무대에서 능숙하게 논의를 진행하고, 논리를 펼치는 힘과 지혜를 더욱 기르지 않으면, 저들의 눈에 한국은 단지 특허서비스의 소비자로 비칠 뿐이다.

주요 선진국인 IP3극이 중국과 한국을 끌어들이면서까지 글로벌 심사정보시스템을 만드는 데에는 전 세계의 기업과 특허인들의 편의를 제공하기 위한 선의만이 깔려 있지는 않다. 기술과 특허의 기득권자로서 정보의 흐름을 장악하기 위한 음모론 같은 의도가 없다고 할 수 없다. 그렇다면, 특허정보가 세계에서 4번째로 많은 한국의 특허청의 데이터베이스를 어렵지 않게 활용할 수 있는 포석이 된다. 더불어, 그동안 우리는 미국과 일본과는 다른 특허결정을 내려온 사례들이 있다. 때로는 그런 결정들이 국가에 이익으로 작용하고, 해외 기업의 급진적인 진출에 제동을 걸기도 했다. 하지만 심사정보의 공유와 통합은 자국의 입장을 주장할 기회를 빼앗길 바탕이 된다는 점에서 우려의 마음이 들 수밖에 없다.

〈그림 17〉 콜로키움이 있던 영국 에든버러의 에든버러 성 앞에서

　그런 의미에서 더더욱 우리나라의 정책기관과 기업들이 적극적으로 해외의 영향력 있는 지식재산 관계 기관과 논의하고 협력해야 한다. 특히 미국의 특허청에서 담당관을 파견해 가며 의견을 듣고 특허정책을 설명하기도 하는 민간기관의 콜로키움을 단지 '민간기관에서 자기들끼리 회의하는 자린데……' 하며 외면했다가는 세계적인 지식재산의 동향과 흐름을 놓칠 위험이 있다. 지식재산 분야에서의 민간외교는 너무나 중요하다. 민간기관이라는 이유로 외면하거나, 참여하더라도 준비 없이 참여하는 것만큼 위험한 일은 없다. 명확한 의사와 의견을 철저히 준비해서, 규모보다는 대회의 영향력을 고려해 해외의 다양한 지식재산 언로에 발을 들이는 일에 열심을 내야 한다.

　해외기관들이 자신들의 주제와 관련해서 필요할 때, 간혹 초청하

는 경우가 있다. 이와 같이 간헐적인 기회에 자리를 채운다는 생각
으로 참석하고 마는 '언 발에 오줌을 누는 식'의 대응은 우리가 그
들의 논의에 주빈이 되지 못한다는 사실만을 확인할 뿐이다. 우리의
준비 여부에 관계없이 이미 지식재산의 민간외교는 시작되었다.

2. 공부하는 일본
 - 일본지적재산협회의 활동을 중심으로 -

그동안 우리는 일본 경제의 위기에 대해 '버블경제', '잃어버린 10년', '끝없는 추락', '나라는 선진국인데, 국민은 못사는 나라' 등등 다양한 표현들을 접해 왔다. 하지만 최근에는 이와는 반대되는 이야기들을 심심찮게 듣게 된다. '세계 2위 경제 대국 방어', '부활하는 일본 경제' 등등이 그것이다. 일본의 침체기를 생각하면, 최근에 이러한 변화는 일시적이라거나, 세계 경제환경의 변화라는 말로는 부족할 것 같다. 미국발 금융위기로 촉발된 세계 경제 침체로부터 중국의 급성장이나 미국의 수입다변화, 경제권역별 경제공동체의 수립, FTA체결 등 국가 간 1:1 경제협약 체결, 두바이 사태에 뒤이은 유럽 국가들의 재정적자에 따른 신용도 하락 등 어떤 사안도 일본에게 유리하다고 말할 수 있는 경제상황은 꼽아볼 수 없을 지경이다.

더욱이 삼성전자나 LG전자를 비롯한 우리나라의 유수기업들이 세계 시장의 1, 2위를 자처하고 나서면서, 일본의 발목잡기 수준이 아니라 어깨를 견주는 상황에까지 이른 것이다. 심지어 한국이 일본을 따라잡지 못한 분야는 게임분야 정도라는 이야기가 있을 만큼 일본이 겪는 위기감은 자못 실존적인 측면이 있다. 전자기술에 있어서

만큼은 일본의 자부심이 상처를 입을 수 없다고 믿었을 것이다.

일본의 엔저 정책으로 그간 일본에 대해 상대적으로 경쟁력을 키워왔던 우리 기업들의 위축이 국내 언론은 물론 외신에서도 거론되고 있다. 2013년 2월에 열린 G20 재무장관회의에서 일본의 엔저 기조에 대해 우회적인 비판은 있었지만, 일본 측에서 자신들의 외환정책이 세계 경제안정에 기여할 것이라는 발표에는 반대의견이나 부정적 반응을 보이는 참가국은 없었다. 결국 일본의 핵심 산업부문과 겹치는 IT, 전자, 조선 등의 분야에서 우리나라의 고전이 예상된다.

일본 기업을 뛰어넘었다는 기개 어린 기사들이 실린 지 얼마 되지 않아, 다시금 우려의 목소리가 담긴 기사들이 나오고 있다. 하지만 이 역시도 일본의 내수활성화가 우리 기업에는 또 다른 기회가 될 것이라는 긍정적인 의견도 있는 만큼, 또 한번 우리 기업의 지혜가 필요한 시기라고 볼 수 있다.

◎ **Les Memorables**

2012년 결산 매출액을 기준으로 국산 TV의 세계 시장점유율은 41%를 기록했다. 이 중 삼성전자가 26.4%, LG전자가 14.6%를 기록하고 있다. 이는 TV 시장 진출의 도약기였던 2005년에 삼성전자 10% 미만, LG전자가 8% 미만의 매출규모를 기록한 것에 비하면 괄목할 만한 성장이다. 2005년에 10% 수준의 시장점유율을 보였던 파나소닉과 소니는 최근 7%대까지 떨어졌다. 특히 2009년도 상반기까지만 해도 미국 LCD TV 시장점유율이 8% 수준이었고, 이후 LG전자가 판매량에서 소니를 앞서기도 했지만, 이내 2010년에는 소니가 시장점유율 2위로 복귀하는 등 소니와 LG전자의 2위 싸움이 치열했다. 결국 2005년 당시 LG전자 시장점유율의 3배에 달하는 22% 수준에 육박하는 소니의 시장점유율까지 뒤집었다는 점에서 한국산 TV는 이제 세계시장에서 절대 우위를 점하게 되었다.

일본의 특허공세의 배경

2000년대 중반, 일본은 겨우 경제침체의 탈출구를 찾기 위해 애쓰며 막 몸을 일으키려는 움직임을 보이기 시작했다. 그중 하나가 한국, 대만, 중국 등의 아시아 신흥국들에 대한 특허공세였다. 2004년 한 해에만 해도, 일본의 대형 전자업체들이 우리나라 기업들을 상대로 파상적인 특허침해 주장을 펼쳤다. 이로 인해서, LG전자는 PDP 대일 무역의 진출의 길이 막혔고, 도시바는 하이닉스반도체에 대해, 후지쯔는 삼성SDI에 대해 공세를 펼쳤다. 물론, 한국 기업에 대한 특허공세가 일본에 국한된 것은 아니다. 하지만 일본이 한국에 대하여 특허분쟁으로 도발한 데에는 많은 시사점이 있다.

많은 이들이 분석하는 바와 같이, 구조적으로는 일본과 우리나라의 산업구조상 우리나라의 주력 산업이 일본의 핵심 산업과 상당 부분 교차하고 있다는 점43)이다. 그리고 경제위기를 통해 전략변경이 있었다는 점이다. 즉, 일본이 경제침체의 핵심전략으로 최종 소비자 지향의 제품생산보다는 원자력, 철강, 조선, 반도체, 가스, 자동차 등 인프라산업으로 투자방향을 선회하였고, 일본의 기술전통이 있는 전기·전자분야에서는 대형생산시설을 갖추고, 생산과 마케팅만이 아니라, 기술획득 전략에 주력하고 있다는 점이다. 여기에 기술획득 전략과 관련해서, 일본의 특허공세 강화라는 측면이 드러나고 있다.

그렇다면, 일본이 기업의 기술보호를 위한 차원에서 특허공세를 강화한다는 전략을 세우고, 해외의 경쟁기업에 대해 기술침해를 주

---

43) 1970년대 이후로 우리는 일본의 완성품 업체에 부품을 납품하던 하도급 산업을 기반으로 한 것에 기인한다고 볼 수 있다.

장하고, 특허분쟁에 돌입하는 등 일련의 활동들이 기업의 경영전략
의 수립에 따라 무리 없이 진행된 것일까? 이 점에 있어서, 일본이
이처럼 공세적인 입장을 취할 수 있었던 것은 단지 경쟁에서의 우위
를 점하고, 한국·대만·중국 기업들의 기술격차를 줄이며 추격하는
데에 따른 위기감이 바탕이 되었다는 식의 분석도 가능하겠지만, 그
보다는 일본이 그동안 '준비'를 해왔다는 점에 초점을 맞춰 보고 싶다.

◎ Les Memorables

삼성과 소니의 TV 시장을 둘러싼 공방은 게임 산업과의 뗄 수 없는 연관관계가 있다. 소
니는 TV, 모니터와 더불어 플레이스테이션이라는 시장파괴적인 제품을 보유하고 있다.
2006년 소니가 '플레이스테이션 3'를 발매함과 동시에 소니의 LCD TV 부문의 세계시
장점유율은 삼성의 17%를 바짝 좇는 형국으로 15%를 기록하였다.
이에 삼성은 플레이스테이션의 경쟁제품인 MS의 엑스박스(X-BOX)를 지원하고 나섰다.
삼성 LCD TV와 엑스박스 패키지가 등장하고, 소니의 LCD TV와 플레이스테이션 3의
패키지 상품이 경쟁을 시작했다. 이때까지 삼성과 소니의 북미시장에서의 TV 판매대수
의 차이는 겨우 1만여 대 차이에 불과했다.
46인치 Full HD LCD TV를 1,599달러에 선보인 소니와 40인치 Full HD LCD TV를
1,199달러에 내놓은 2008년 무렵만 해도, 특허공세보다는 마케팅 공세가 더 심했던 시절
이라고 볼 수 있었다.

JIPA라는 조직

일본은 버블경제가 붕괴되면서 겪은 장기적인 경제침체, 소위 잃
어버린 10년 동안에 철저하게 공부하였다. 일본 정부의 지적재산전
략 수립 등의 범정부적 차원의 지원을 차치하고 볼 때, 이러한 점은
일본의 IP 부문 최대 민간기관인 '일본지적재산협회'(이하 JIPA)의
성장을 이해하는 것에서 알 수 있다.[44]

JIPA가 기술과 특허를 사업의 기반으로 하는 제조 기업들만을 회원으로 하지 않고, 학계와 변리계, 특허정보서비스업계 등을 포섭하면서, 지식재산의 종합적이고 다각적인 성격과 기능을 갖게 되었다. 그리고 1990년대 후반부터 시작된 IP 연수프로그램의 조직을 통해, 지식재산 분야의 실무경험을 갖춘 이들의 지식을 모으기 시작했고, 2000년대 초부터, JIPA의 회원사가 급속히 늘어나기 시작하여, 이 무렵에서는 1990년대의 10배에 달하는 1,000개사 수준의 회원을 확보하게 되었다.

경제위기 가운데 회원사가 급격하게 늘어나는 단체라면 어떤 것일까? 일 년에 우리 돈으로 300~400만 원을 가입비와 회비로 납부하고, 특별한 회원혜택이랄 것도 없는 이 JIPA라는 조직이 그들에게 어떤 메리트가 있었던 것일까?

지식재산에 관한 한 기초부터 탄탄한 실무능력을 키울 수 있도록 잘 짜여진 JIPA의 연수프로그램이 우선은 가장 큰 매력이었을 것이다. 또한 각 강좌마다 일본의 대표기업들의 IP실무로 잔뼈가 굵은 팀장, 부장급의 실무가들이 강사로 선다는 것도 회원사들을 모집하는 원동력이 되었으리라 본다. 여기에는 실무과정에 참가하고 있는 강사들이 법이론적인 혹은 개괄적인 수준의 이야기만을 하지 않는다는 데에 그 이유가 있다. 생생한 실무현장의 경험을 들을 수 있다는 것을 이 강좌의 가장 큰 강점으로 꼽을 수 있다. 이러한 사실의

---

44) JIPA는 1938년에 중앙회(重陽會)라는 이름으로 설립된 이래로, 1959년에 일본특허협회란 이름을 거쳐, 1994년에 오늘의 '일본지적재산협회'라는 이름을 갖게 되었다. 이름의 변화에서도 알 수 있듯이, 최초의 탄생은 9월 9일에 창립했다는 의미의 소규모 모임이었다. 한국발명진흥회의 전신이 된 우리나라의 특허협회가 1973년에 창립했을 때에도 이와 유사한 형태였다고 볼 수 있다. 창립날짜를 모임의 이름으로 가졌을 만큼의 뚜렷한 규모와 비전이 없었던 당시와는 달리, JIPA는 점점 그 색깔을 '특허와 지적재산'이라는 분야에서 찾게 되었고, 기업 중심의 '특허'협회라는 조직에서 이제는 지적재산 분야의 다양한 기관들을 포섭한 오늘날의 '일본지적재산협회'로 탄생하게 되었다.

배경에는, JIPA 내부적으로도 강사가 자신의 실무경험을 바탕으로 이야기를 꺼리는 경우에는 다음번 강사 섭외에서는 배제하는 등의 조치를 취하는 식의 소위 보이지 않는 내부 강령이 존재한다는 사실이 깔려 있다.45)

자율적인 학습조직의 운영

'일본 기업의 IP 부서가 IP 실무에 강한 조직'으로 거듭날 수 있었던 제1의 이유를 자율적인 학습조직에 뿌리를 두고 지속적인 조사와 연구를 수행해 왔다는 사실에 두고 싶다. JIPA의 조직은 조직을 운영하기 위한 행정지원 부문으로서 사무국이 존재하고, 이를 토대로 기업회원들이 자율적으로 운영하는 수십 개의 위원회를 근간으로 하여 운영되고 있다. 이 수십 개의 위원회는 20개의 전문위원회와 PJ(Project)46)라고 하는 정책프로젝트 등으로 구성되어 있다.

정책프로젝트의 활동은 사회적으로, 실무적으로 매우 중요한 사항들에 대하여, 전문위원회가 다루고 있지만, 일본 전체 기업 차원에서 보다 심도 있고 폭넓은 이해가 있는 주제에 대해서 주로 이루어지고 있다. 예를 들어, 지식재산매니지먼트 위원회의 주요 활동 내용 중에도 직무발명에 관한 사항이 있지만, 특별히 직무발명 PJ를

---

45) JIPA의 지식재산 실무과정이 기업에 얼마나 효율적이고 필요한 교육이었는가 하는 사실은 과거 일본에서 계층과 대상에 관계없이 지식재산 교육을 주로 담당하던 일본발명협회(JIII)가 기업 실무자 대상의 지식재산 교육과정을 사업영역에서 배제한 바를 보아서도 알 수 있다.

46) 현재 JIPA에서 운영되고 있는 PJ로는 JIPA 지적재산 심포지엄 실행위원회, 직무발명 PJ, 삼극유저회의 PJ, 일중기업연대 PJ, 아시아 전략 PJ, 지재경영지원 PJ, 적정 Enforcement PJ 등이 있다 (http://www.jipa.or.jp/katsudou/project/index.html).

구성하여, 이에 대한 세부적인 연구활동과 JIPA라는 조직 수준의 체계적인 전략을 수립해 가고 있는 등이 그것이다.

<표 7> 일본지적재산협회의 전문위원회와 주요 활동 내역

전문위원회	주요 활동
특허 제1위원회	• 3극 대응의 제도의 조화(三極対応) • 지식재산 창출 프로세스(출원 및 권리화)에서의 제 문제의 검토
특허 제2위원회	• 침해소송에서의 특허무효의 항변에 관한 연구(진보성, 보정제한 등) • 심결에 관한 연구(취소소송, 판례연구, 심판제도연구 등)
국제 제1위원회	• 미국 특허소송 관련 연구(KSR최고재판소판결에 의한 CAFC의 비자명성 판단의 변화, 간접침해 동향, 침해소송에서의 공판 후 활동 등) • 미국특허법의 개정 동향 파악과 분석 • 브라질의 지재제도와 지재정세
국제 제2위원회	• 유럽에서의 특허취득, 권리활용상의 유의점 • PCT리폼, 3극유저회의 등의 글로벌 특허과제의 검토
국제 제3위원회	• 중국, 한국, 대만 등에서의 권리 취득·활용에 관한 조사연구 • 인도 및 아세안 제국에서의 특허제도의 조사연구
바이오 테크놀로지위원회	• 생명과학 분야의 지식재산의 권리보호 등 검토 및 제언 • 일·미·유럽 3극의 최신 심판결정의 조사·검토 • 특허청 관련 사항 검토(유전자원 개시 문제 등)
소프트웨어 위원회	• 컴퓨터 소프트웨어 관련 발명의 권리화에서의 여러 문제의 조사 및 연구(실무자를 위한 매뉴얼 제작, 진보성 및 기재불비 판단의 타당성 검토 등) • 컴퓨터 소프트웨어의 라이선스와 해외에서의 보호 범위의 조사 및 제언(중국·유럽·미국의 사례 조사 및 라이선싱 기법 연구 등) • 컴퓨터 소프트웨어 관련 발명의 권리행사에 관한 조사, 제언
디지털 콘텐츠 위원회	• 저작권법상의 여러 문제의 조사·연구 및 제언 • 네트워크시스템 및 콘텐츠유통에 관한 법률문제의 조사·연구 • 데이터베이스 등의 정보에 관한 법적 보호의 조사·연구 및 제언
지적재산 매니지먼트 제1위원회	• 경영에 이바지하는 지식재산 활동의 본연의 자세 • 지식재산부의 인재 육성과 커리어 형성 시스템 • 기술 유출 방지에의 기업의 대응(직무노하우 관리·보상, 정보유출의 방지책 등)
지적재산 매니지먼트 제2위원회	• 그룹 회사의 지적재산 매니지먼트의 본연의 자세(직무발명 대응 등) • 기업에 있어서 정말로 필요한 지적재산정책 • 지적재산 활동과 세금(지적재산의 세금 처리 등)
지적재산 정보시스템 위원회	• 경영에 이바지하는 지적 재산 정보 시스템의 검토와 제언 - 기업 시스템과의 제휴를 고려한 전자출원시스템

지적재산 정보검색 위원회	- 기업에서의 지식재산정보시스템 - 지식재산정보시스템의 도입·운용 프로세스 등 · 기업의 국제 경쟁력 강화를 위한 지식재산정보의 활용 연구와 제언 · 경영전략에 활용하기 위한 특허 해석 방법론 연구 · 특허정보검색 DB의 이상적 활용방안 연구 등
라이선스 제1위원회	· 국내외 라이선스에 관한 법규제 및 전략흐름 조사 연구 · 게임 이론의 라이선스 계약에의 응용 연구 · 비밀유지 또는 기술 유출 방지 관련 계약의 조사 연구 등
라이선스 제2위원회	· 안심할 수 있는 기술 거래에 관한 조사 연구 · 성과 활용을 향한 공동 연구 개발 계획의 조사 연구 · 대학 또는 공적 연구기관과 기업의 제휴의 조사 연구 등
의장 위원회	· 의장권에 근거하는 국내외 엔포스먼트에 관한 조사 연구 · 중국, 일본 외 아시아제국에서의 법개정에의 대응과 제언
상표 위원회	· 국내 상표 제도에 관한 조사 연구 및 관계 제 기관에의 의견 발신 · 브랜드 라이선스 유의점의 검토 · 해외 상표 제도에 관한 조사 연구 및 관계 기관에의 의견 발신 (중국 등 모방품 대응을 포함함에 대한 실무상의 문제의 조사 연구)
Fair Trade 위원회	- 국내외 부정경업의 조사 연구 - 영업 비밀의 관리 실태의 조사, 연구 - 정보 누설 대책 및 모방품 유출의 문제
회지홍보 위원회	· ≪지재 관리≫, ≪JOURNAL OF JIPA≫ 등 회지 발행에 관한 사항 · 홍보활동(홈페이지)에 관한 사항(사무국과 제휴하여 지속적 업데이트)
인재육성 위원회	· 경영에 이바지하는 지식재산 인재 육성을 위한 연수의 비전 실행 · 변혁리더육성 연수회, 지식재산전략스태프 연수회(특별연수) 추진 · JIPA의 지식재산 교육 전반에 대한 코스 개편 및 기획정비 등 · 위원회 간의 횡적 연결기능의 강화
종합기획 위원회	· JIPA 활동에 대한 집행부에서의 제언

    JIPA는 다양한 위원회 활동을 통해, 회원들의 자발적인 활동의 근간과 근거를 마련하여, 회원활동의 장이 형성되고 있다. 이를 통해, 회원들의 결속과 단합의 차원이 아니라 상호 협력네트워크의 형성과 지식공유를 넘어 지식의 창출에까지 활동의 깊이를 더하고 있다. 바로 이 점이 그들로 하여금 체계적인 실무학습을 가능케 하는 원동력임을 알 수 있다.

    학교교육을 통한 이론적이고 논리적인 학습이 아니라, 실전에 바탕을 둔 실천전략으로서의 업무를 배우는 기회가 되기 때문에, 일본의 기업들이 위원회 활동에 참여하게 되는 것이다. 초급자에서 실무자, 관리자로 나아가는 일련의 성장목표를 가진 JIPA의 IP 연수를 통해 습득한 내용을 현장에서 이를 적용해보고, 활용하고 있는 이들의 생생한 목소리를 통해 그 득과 실을 여과 없이 확인할 수 있는 기회가 된다. 이로써 실전 이전의 IP 연수 학습의 내용은 JIPA 회원들에 의해 더욱 날카로운 전략이론으로 변화되고, 이를 다시 일본 기업의 회원들이 학습하고 공유함으로써, 일본 기업의 특허부서원들도 더욱 날카로워지는 것이다. 검을 갈아 보면 사용하고 싶어지는 것은 너무나 당연하다. 일본 사람들이 대의명분보다도 실용적 가치에 더 무게를 두는 성품을 가지고 있음으로 미루어 볼 때, 그들은 스스로 능력을 갖추었다고 할 때, 이를 반드시 활용하는 방향으로 나아가곤 한다.

여기에 일본이 우리나라를 비롯한 아시아권의 기업들을 향해, 특허분쟁의 도화선을 놓은 작지 않은 배경과 이유가 있다고 생각하게 된다. 일본도 미국과의 지식재산 분야에서의 경쟁에 있어서는 여전히 고전을 면치 못하고 있다. 어쩌면, 강자에게서 잃은 것을 약자에게서 되찾자는 식의 술책으로 볼 수도 있을 것이다. 하지만 이런 식의 감정적인 분석보다는 그들이 얼마나 치밀하게 우리나라를 향한 특허분쟁을 준비하고 대응해왔는가에 초점을 두어야 할 것이다.

지식의 공유, 확산, 창출을 위한 학습활동

이들의 활동을 보다 체계적으로 만들어 주는 것은 각 위원회별로 다양한 문헌들을 작성해 냄으로써, 지식의 공유, 확산, 축적, 발전 등을 통한 지식 창출을 도모하고 있다는 점에 있다. 특히 일부 위원회가 해마다 개정판을 만들고 있는 몇몇 매뉴얼들은 기업의 담당자가 '이 자료가 없으면 업무를 체계적으로 추진하지 못할 것'이라고 말할 정도의 실무매뉴얼로서 손색이 없다는 평이다.

그리고 이들의 활동을 보다 세밀하게 만들어 주는 것으로 해외 각국 특허청이나 관계기관에 IP 관련 제도에 대한 제언과 의견을 제출하고 있다는 점이다. 이 역시 상대국의 제도에 대한 이해와 철저한 분석 없이는 불가능한 일이다. 상대국이 입법에 이르기까지 논의된 배경이론과 환경에 대해 충분히 논증할 수 있는 정도까지 스터디가 되지 않아서는 상대국을 설득은커녕 논리적인 주장도 할 수 없기 때문이다.

또 하나 이들의 무기는 실전에서 분쟁대응을 하고 있는 과정에서 지속적으로 학습한다는 점이다. 이미 습득하여 갖춰놓은 분쟁능력에 더하여, 실제로 분쟁현장에서 업무를 수행하는 입장에서는 그야말로 실천 전략을 갈고닦는 일밖에는 방법이 없는 것이다. 치밀한 논리와 객관적인 정보검색능력, 법률적으로 의미 있는 자료의 발굴 등이 아직 지식재산 인력양성의 초급단계에 있는 우리를 위협하는 일본의 힘이라고 할 수 있다.

우리를 위협하고 있는 상대에 대한 이해나 분석 없이는 우리도 그에 대응하는 전략을 가질 수 없다. 원양어선을 타고 먼 바다로 나선 사람이 참치를 잡겠다고 지렁이를 미끼로 쓸 수는 없는 일이다. 꽁치나 정어리를 미끼로 써서 한 마리씩 낚시로 낚아 올리든지, 그물망을 펼쳐 포획하는 방법을 사용해야 하는 것이다. 일본도 자국의 자사의 지식재산 확보를 위해 20여 개의 위원회를 통해, 세부적인 활동분야를 정하여 철저히 학습하는 정치망을 사용하고 있다. 물론, 우리가 그들과 같을 수는 없다. 같은 수법을 사용할 만큼 우리의 국제환경이나 지식재산 기반이 일본과 같지도 않다. 하지만 일본을 따라잡으려면, 그들을 배우고 탐색함으로써 일본 기업에 대한 대응전략을 세워야 한다는 점을 말하고 싶은 것이다.

위기를 극복하기 위한 자기주도 학습

우리에게도 생존을 위한 학습이 필요하다. 생존학습이라는 식의 표현이 처연한 느낌을 준다면, 자기주도 학습 정도로 표현하면 어떨까? 앞서 설명했던 것처럼 일본이 하고 있는 학습활동이 바로 자기주도의 학습이었기 때문이다. 잃어버린 10년을 되찾기 위해 벌인 생존전력으로서의 학습이었던 것이다. 이러한 점에서 일본의 사례를 일컬어 '위기를 자기주도적인 학습을 통해 극복한 사례'라고 명칭하고 싶다. 소위 사활을 걸고 도전해 오는 측면이 없지 않다. 앞서 서두에는 일본의 '세계 2위 경제대국 방어'라는 신문기사의 헤드라인을 일본 회복의 긍정적인 의미로 꼽아 보았지만, 이는 일본의 치열한 생존전략의 성과라고도 할 수 있다.

이즈음 일본이 미국이나 유럽의 경쟁기업과의 특허 소송전을 겪으면서, 시행착오 속에 터득한 특허전략을 활용하여, 한국을 비롯한 경쟁기업에 경고장을 날리고 있다. 마치 일본이 미국 페리 제독의 소함대의 무력에 개항을 했던 치욕을 조선과의 강화도 조약을 통해 풀었던 것처럼, 강한 자에게 빼앗긴 것을 약한 자에게서 빼앗아 보려는 움직임을 보이고 있다.

물론, 우리나라의 경제는 100년 전과 같지 않다. 일본이 버블경제를 낳을 만큼의 승승장구하던 시절과는 다른 사정을 우리도 여실히 느끼고 있다. 오히려 지금 일본의 공세는 역공을 당하고 있는 위태로운 상황을 극복해 보고자 하는 누란(累卵)을 밟고 도약하려는 새의 몸짓 같은 애처로움도 없지 않다.

과거 미국의 메모리반도체 시장을 빼앗았던 일본의 경쟁력이 이제는 삼성과 하이닉스 등의 한국 기업에 빼앗기고 난 이후, 모바일 디바이스와 가전시장에서도, 이제는 자동차 시장에서도 한국이라는 거센 물결에 모래성처럼 무너지고 있다는 위기감이 그들에게서 엿보인다. 하지만 일본은 경제규모 면에서는 중국에 밀려 세계 3위로 내려앉았지만, 1인당 국민소득 수준은 중국의 7배 이상이다. 일본이 여전히 경제대국이라는 점은 우리가 거두는 성과가 전투는 이기되 전쟁은 이기지 못하는 결과가 되지 않을까 하는 우려도 갖게 한다. ≪삼국지≫에서 제갈량이 위나라와의 전투에서 보여준 신기의 전략도 촉한의 멸망을 더디게 할 수는 있었는지 모르지만, 결코 전쟁의 승리를 가져다주지 못했다. 우리에게도 퇴각의 승리가 아닌 지식재산 전쟁에서의 승리를 위해, 일본에 못지않은 기업 간의 협력과 지식 창출의 노력이 있어야 할 것이다.

하지만 무엇보다 자만은 금물이다. 일본 정부의 적극적인 환율정책이 우리 기업들에 어떤 도전을 주고 있는지를 알고, 위기라면 기회로 전환할 수 있는 패러다임의 전환기로 인식해야 한다. 더구나 지금의 상황을 바라보는 이들은 '일본이 한국을 재물 삼아 부활 중'이라는 데에 더 많은 의견이 실리고 있다. 우리나라도 일본과 같이, 관 주도의 산업발전정책이 추진되어, 지금과 같은 산업구조를 이루고 있고, 일본의 '계열'과 유사한 기업 구조인 '재벌'체제를 유지하고 있다.

중세시대 이후 서구에선 사라진 핏줄을 이어 대를 물리는 권력의 승계가 대한민국의 기업에서는 비판의 여론도 없이 이루어지고 있다. 일본이 미국에서 빼앗은 제조 부문을 우리 기업들이 치열할 경쟁을 통해 점유율을 높여 왔고 현재까지 상당한 성과를 거두었다. 하지만 우리가 우리에게서 시장을 빼앗긴 일본의 유수기업들과 같은 행보를 보인다면, 우리 역시 중국의 기업과 급성장 중인 동남아시아 제국의 기업들에 다시금 빼앗길 수 있다. 혹은 세계경제의 침체가 회복되는 시기가 오면, 다시금 일본이나 미국과 유럽 기업들에 그동안 지켜온 1위 혹은 2, 3위의 자리를 내어주어야 할지 모른다.

우리나라의 대표적 기업인 삼성을 꼬집어, 창의력의 부재를 해결하지 못하면 잠시 유동의 1위를 차지할 뿐이라고 한다. 창의적인 제품으로 1위를 차지했다고 하기보다는 열심과 땀으로 피로감을 이겨내며 선두기업들을 벤치마킹하는 가운데 1위의 자리에 올라섰다. 이제 1위 자리에 올라서고 보니, 누구를 모방할 것인가에서 어떻게 창의력을 발휘할 것인가가 숙제가 되었다.

10년 전 소니가 현재의 삼성이라고들 한다. 소니를 따라잡겠다고 해시 결국 한국의 소니가 되었다. 하지만 이제는 소니와 같아서는 만년 3위의 기업이 될 뿐임을 새겨야 할 시점이 되었다.

3. 위기를 넘어서

- 2010년 제9회 JIPA 심포지엄 참관 방문기 -

    일본의 소비재 업계는 3월이 되면 몹시 분주해진다. 도쿄의 우에노 공원에는 아직 꽃잎을 떨어뜨리는 벚꽃도 없지만, 서비스업계는 벚꽃시즌을 앞두고 다양한 여행상품을 쏟아내고, 식음료업계가 벚꽃을 재료로 한 음료를 내놓는다. 다국적기업인 일본의 스타벅스만 해

〈그림 18〉 JIPA 심포지엄의 기조대담 진행모습

도 벚꽃을 연상시키는 연분홍의 색상과 벚꽃잎을 도안하여 새긴 사쿠라 텀블러와 같은 다양한 다기류와 사쿠라 스티머 등과 같은 이름의 음료를 한정판매를 하곤 한다.

한 시즌을 앞서 상품을 진열하는 패션업계의 모습이나 일본이 소비시장을 예상하며 분위기를 주도하는 관행처럼 9회째를 맞은 일본 지적재산협회의 심포지엄에서도 비슷하게 앞으로 예측되는 지식재산분야의 변화를 주도하는 모습이 엿보였다.

위기를 넘어서

JIPA는 2010년도 주제를 "위기를 넘어서, 위기 이후에 있을 새로운 경쟁 환경을 어떻게 볼 것인가? 어떻게 대처할 것인가?"로 정하고, 3월 2일 하루 동안 제9회 심포지엄 일정을 진행하였다. 오전 일찍부터 열띤 주제발표가 이어지고 저녁에는 별도의 리셉션까지 열리는 등 빡빡한 일정으로 채워졌던 과거의 심포지엄 때와는 달리, 오후 동안의 기조대담과 패널 디스커션으로만 이루어진 단출하지만 집약된 분위기에서 진행이 되었다. 애초에 참가신청을 받을 때부터 참석자를 800명으로 제한하였던바, 총 930명가량이 참석한 것으로 집계가 되었다.

심포지엄의 분위기는 올해도 그 어느 때 못지않게 진중하고, 열띤 분위기를 띠었는데, 이는 단지 참가인원의 제한이 있었기 때문에 집중된 분위기를 이끌어 냈다기보다는, 일본의 성숙한 커뮤니티 문화와 깊은 관계가 있다. 무엇보다 자신이 속한 커뮤니티의 멤버들을 위해 성의껏 자료를 준비하는 태도에 대해 동료 또는 동류의식으로 함께 참여한다는 정신이 지식재산분야라고 다르지 않게 깊이 배어 있음을 확인할 수 있었다. 더욱이 지식재산부문은 그 존재가치에 비해 기업 내에서는 작은 규모를 차지하고 있어서, 일본에서도 지식재산분야에서 일하는 이들의 결속은 다른 어떤 분야보다 강하다고 할 수 있다.

〈그림 19〉 심포지엄의 포스터세션을 준비하는 JIPA 회원들

　　JIPA가 선택한 주제에 대한 논의는 기조대담과 패널 디스커션으로 나뉘어져 진행되었다. 기조대담에서는 '경제위기 후의 경영환경 변화와 새로운 비즈니스모델'을 논제로 주제와 관련된 기본대강을 논의하였고, 패널 디스커션에서는 개별 기업의 대응전략 차원에서 보다 세부적인 주제들을 중심으로 한 의견교환이 이루어졌다.

기조대담의 주요 내용

　　기조대담에서 제시한 환경의 변화요인들로는 리먼쇼크가 가져온 경제환경 요소들, 즉 미국 소비시장의 급속한 냉각이 일본 경제에 미친 영향이라든지, G20에서의 일본의 입지, 중국을 비롯한 BRICs

등의 신흥국의 성장, 이들 신흥국이 세계경제에 미치는 영향으로 인해 발생하는 환경변화 등을 들고 있으며, 이에 더하여 새로운 정권이 등장하면서 내건 신성장전략 6개 분야에 대한 논의 등 일본을 둘러싼 경제환경에 대한 분석이 시도되었다. 특히, 일본 정부의 지식재산전략 차원에서 결정되었다고 할 수 있는 신성장전략분야 6개는 환경/에너지, 건강, 아시아, 관광/지역활성화, 과학기술입국, 고용/인재의 광범위한 영역들로, 각각의 영역에서의 세부적인 전략을 듣는 것만으로도 일본 정부의 정책적 고민을 이해할 수 있었다.

■ **일본의 신성장전략 분야**

환경·에너지 분야에서는 기본적으로 시장의 확대를 목표로 하여, 50조 엔의 시장규모를 구축하고, 여기에 140만의 고용을 창출하겠다고 한다. 소위 그린 테크놀로지로 이름을 붙인 다양한 기술의 개발로, CO_2 등 13억 톤의 배출가스를 줄이겠다는 등의 목표를 설정하고 있다. 히타치, 미쓰비시, 도시바를 비롯한 일본의 대기업들은 지난해 이미 원자력, 가스, 철도 등의 기간산업에 재투자하는 방향으로 사업의 운영기조를 전환한 바 있다. 이로써, 일본 정부의 정책이 기업의 경영기조를 뒷받침하는 형태로 수립되어진 듯한 인상을 받았다.

건강분야라고 하면, 의료부문을 포함하는 것으로, 이 분야에서는 신규고용을 280만으로 하여, 환경·에너지 부문의 2배에 이르는 성장목표를 수립하고 있는 만큼, 산업육성에 정책의 초점이 모아질 것으로 보인다.

아시아분야에서는 **APEC** 자유무역권을 구축하는 것과 아시아권의 소득증대를 목표로 하고 있다. 일본의 속사정을 속속들이 알 수는 없지만, 이는 단지 대외적인 형식외교 차원에서 아시아의 소득증대를 꼽았다고 하기보다는, 중국을 포함해서 신흥국들이 대거 포진한 아시아권과의 경제협력이 어느 때보다 중요해졌다는 인식에 바탕을 둔 것이 아닌가 생각된다.

관광·지역활성화와 관련해서는 외국인 관광객 유치라는 목표 외에도 적정 수준의 식량자급률 확보와 농수산물의 특화정책에 초점을 두고 있다.

과학기술분야는 민관 협동의 연구개발에 **GDP** 대비 **4%** 이상의 투자를 목표로 하고 있으며, 정보통신 부문을 집중 육성하겠다는 의지를 읽을 수 있었다. 한때 정보통신 부문의 핵심부문인 모바일 디바이스 시장은 소니를 주축으로 하여 일본 기업들이 세계시장을 주도한 바 있다. 그러나 최근에 이 시장이 확대되면서, 미국의 **Apple**이 석권하고 있는 가운데, 삼성이나 **LG** 등 한국 기업이 약진하고 있는 구도를 보이고 있다. 소위 일본향의 제품들이 세계의 중심에서 밀려나는 분위기가 형성되고 있음을 감지하고, 기술력을 바탕으로 한 재기와 도약을 목표로 하는 정책기조를 재정립했다고 할 수 있다.

인재 분야에서는 일본의 고용문화의 변종이라고 할 수 있는 소위 후리타47)를 절반 이하로 줄이고, 여성고용의 다양성을 확보하고 여성인력이 기업과 사회에 보다 핵심적인 위치로 진출할 수 있는 바탕을 마련하겠다는 정책을 펼치겠다고 하였다. 다소 복지적인 측면에

---

47) 정규직으로 일하지 않고, 아르바이트 등 비정규적인 직업활동으로 생계를 꾸려 나가는 이들을 일컫는 'free(영어, 프리)+Arbeiter(독일어, 아르바이터)'의 조어로, 국내외에서는 한때 일본 젊은이들의 새로운 노동문화로 주목받기도 했지만, 프리타가 발생하게 된 가장 큰 원인은 1990년대 일본의 급성장 이후의 경제침체라는 점에서 일본경제의 문제점으로 꼽을 수 있는 현상이다.

서는 여성의 출산 후에도 복직이나 취업이 가능한 노동환경을 조성하겠다는 의지라고 할 수 있다.

한 국가의 경제정책이 어떻게 그리고 얼마나 달성이 되는지는 결국 시간이 지나야 알 수 있는 것이고, 예측하지 못한 변수들로 인해 목표가 수정되기도 하지만 향후 일본의 경제정책을 분석하기 위한 기본 틀로서 상기한 6개 분야에서의 목표와 비교 평가하는 것도 의미가 있을 것 같다. 위에 열거한 일본의 경제목표들은 분명 우리나라의 경제정책에도 분명 있어야 할 목표와 계획이라는 점에서는 큰 이견이 없으리라 본다. 우리도 항상 낙관적인 경제성장률을 제시하면서 장밋빛 미래의 경제환경을 제시하기보다는 경제현실을 냉엄히 파악하고, 이에 대안을 제시하는 정책이 수립되어야 할 것이다.

■ 미래를 설계하는 토요타

기조대담에서 토요타의 대응에 대한 발표를 보면, 소위 뜬구름 잡는 식의 이야기는 없었다. 흔히 세미나, 심포지엄, 콘퍼런스에서의 논의들을 아직은 형식적인 활동 혹은 일반론을 이야기하는 자리로 인식하는 우리의 환경과는 달리, 토요타는 배기가스 저감기술, 에너지의 다양화 등의 전략을 어떻게 적용할 것인지와 미래의 사업구도에 적용하는 데에까지 제시하고 있었다.[48] 예를 들면, 배기가스를 저감한다는 목표 아래, 전기를 에너지로 사용하는 이륜차량, 근거리 이동차량, 소형택배차량의 EV영역과 가솔린·경유·바이오 연료 등 기존의 화석연료와 합성연료를 활용할 수 있는 하이브리드 승용차

---

48) 제9회 JIPA 심포지엄 관련 자료는 JIPA 홈페이지에 공개되어 있다.
http://www.jipa.or.jp/jyohou_hasin/sympo/sympo_jipa09.htm

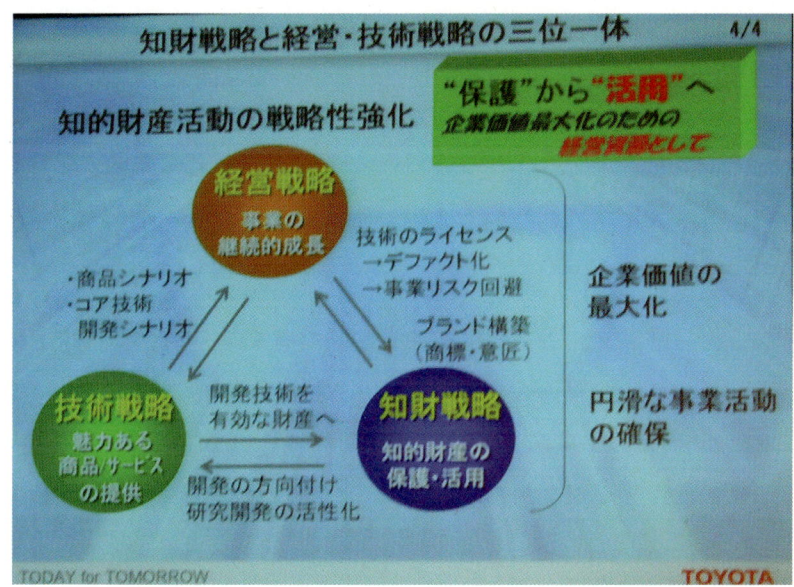

〈그림 20〉 TOYOTA가 추진하고 있는 삼위일체 경영전략 사례

계열인 HV·PHV 영역과 주로 수소를 연료로 하는 노선버스, 대형 트럭, 택배트럭 등의 FCHV 영역을 구분하여, 각각의 분야에 적응하는 모델을 개발해 놓고 있음을 보여 주었다.

이어서 이와 같은 기술적용의 경영기조 아래에서 지재 부문은 무엇을 할 것인가에 대한 이야기를 토요탄소[49]를 통해서 들을 수 있었다. 무엇보다 일본 내에서 제조를 바탕으로 한 탄탄한 중견기업이라는 점에서 우리에게 적용할 바가 많은 시사점을 주었다.

먼저 지재 부문의 역할을 '발명에 관련한 사항에 머무르지 않고, 경영의 일부로서 기업경영의 추진력이 되어야 한다'고 제안하였다.

---

49) 東洋炭素는 1947년에 설립된 전기·전자 분야의 탄소가공 제품뿐만 아니라, 차량용 복합소재 등을 생산하는 제조부문의 중견기업이다.

이를 나무와 숲이라는 비유적인 표현을 사용하여 설명하였는데, 발명자의 눈이 나무를 바라보는 눈이라고 한다면, 경영자의 관점이라는 숲을 보는 눈을 더하여 갖지 않으면 안 된다는 것이 지재 부문에 기대하는 바라는 것이다.

■ 본질은 보이지 않는 곳에

지재 부문의 역할은 볼 수 없는 자산을 쌓아 올려 활용케 한다는 것이다. 그런 점에서 보더라도 결코 쉽지 않은 역할을 담당하는 자리라는 점에서 그만큼 전사적으로 지식재산의 중요성을 인식시켜야 하는 책무도 강조하고 있다. 지재 부문의 활동이 기술성과로 이어지고 있음을 결과물로써 충분히 어필할 것을 강조한다. 또한 눈에 보이는 현장과 현물을 바라보며 눈에 보이지 않는 본질을 바라보는 시각을 갖춰야 함을 제안한다.

〈그림 21〉 Fuel Cell을 장착한 혼다자동차

지재부서가 어떤 시스템을 갖추고, 어떤 활동을 해야 한다는 구체적인 이야기가 아니기 때문에 추상적인 개념 차원의 이야기라고 느껴질 수도 있지만, 이러한 인식을 바탕으로 하여 새로운 의식으로 전환시켜야 한다는 것을 말하고 있다. 그 새로운 의식이란, "지금까지 눈에 보이는 기술들보다도, 아직도 개발해야 할 미지의 기술이 많다"는 것이다. 바로 이러한 생각과 자세가 토요탄소의 저력이 되고 있다는 점에서 많은 것을 생각게 한다. 기초기술에 대한 해명과 확충이 곧 이노베이션의 기반이 되며, 그 역할을 지재 부문에서 담당해야 한다는 것이다. 기초기술에 대한 충분한 이해와 분석이 응용기술을 만들고, 제품이라는 꽃과 과실을 맺는다는 개념은 기술개발을 하는 기업이면 어디에서나 볼 수 있는 것이겠지만, 그 역할이 지재 부문에 있다고 주장하는 기업은 그리 많지 않을 것이다.

패널디스커션의 주요 내용

패널디스커션에서는 혼다기술연구소, DIC, NHK, 파나소닉 등의 기업이 참여하여, 자사의 IP경영전략과 노하우를 설명하였다. 이들 각 사의 지식재산경영의 세부적인 사항들은 기업의 생산제품과 문화에 따라 다를 수밖에 없지만, 이들의 발표 가운데서 두 가지 공통적인 점을 찾을 수 있었다.

무엇보다 일본 내에서 지속적으로 대두되던 지식재산경영의 화두인 '삼위일체 경영'이 여전히 건재하다는 사실이다. 건재할 뿐만 아니라 성장하고 있다는 사실이다. 그리고 또 하나는 지재 부문의 인재양성체계가 패널디스커션에 참여한 모든 기업에서 각자의 특색에 맞게 잘 갖추어져 있다는 사실이다.

■ 쉼 없이 발전하는 삼위일체 경영전략

먼저, 삼위일체 경영은 기본적으로 지재 부문과 R&D 부문 그리고 경영 부문의 3위가 상호 시너지를 발휘할 수 있는 경영조직을 구축해야 한다는 IP경영전략으로서, 미쓰비시, 도시바 등에서는 이에 대한 다양한 전략을 추진하고 있음을 우리 기업들도 익히 알고 있는 바이다. 이러한 삼위일체 경영이 단지 일부 대기업만의 IP경영전략이 아니라, 지재부서를 갖추고 있는 많은 기업들이 수행하고 있는 경영전략임을 확인하는 계기가 되었다.

뿐만 아니라, 이 삼위일체 전략이 진화를 거듭하고 있었다. 과거의 삼위일체 전략과의 차이점이라면, 기존의 삼위일체 전략이 기술과 특허의 융합전략에 중점을 두었던 데에 반해, 이제는 최종 소비자를 고려한 상품과 기술의 창출에 모아지고 있다는 점이다. 그래서 일반인을 최종 소비자로 갖고 있는 기업이라면, 보다 빠른 시점부터 삼위일체 전략을 도입해 나가고 있는 것이다. 즉, '특허전략은 기술개발전략'이었던 데에서 '특허전략은 상품전략'이라는 형태로 특허부분과의 조기협력이 논의되고 있다. 그래서 과거 지재영역에서의 활동으로 꼽았던 선행기술조사연구에서 실험데이터의 수집과 해석 등이 연구개발단위 및 사업단위에서 논의되고 있다. 그리고 너무나 당연한 일이지만, 경쟁사 분석에 있어서는 기술력 분석과 지재력 분석이 필수적인 항목이 되고 있다.

■ 인재가 힘이다!

경제위기를 경험한 이후의 영향이겠지만, 인재 육성이라는 측면에서도 전통적인 관리자 교육보다는 창의력을 갖춘 인재를 우수인재로 인식하는 분위기가 형성되고 있음을 알 수 있었다. 삼위일체의 경영전략이 상호협동에서 사업단위와 연구개발단위와 지재 부문 간의 경계를 넘나드는 경영전략으로 발전하고 있는 점에서, 특허업무가 관리직무라는 인식에서 벗어나 지재풍토를 조성할 수 있는 인간관계가 뛰어난 인재를 더욱 요구하고 있는 것이다. 이로써, 3개 부문의 협동을 위한 지재인재를 육성한다는 것은 결국 지재풍토를 만들어 내는 것과 같은 일이라고 할 수 있다.

그리고 지재인재는 기술의 탄생에서 성장과 활용에 이르는 기술의 일생을 책임지는 전문인력으로 재정의되고 있다. DIC(주)의 경우, 이를 사업담당제 혹은 지재원스톱서비스라고 명명하고 있다. 특정 분야 기술에 대한 지식이 있는 지재부서원이 담당분야와 관련된 일체의 지재업무를 총괄하는 체제로 운영하면서 지재스페셜리스트를 육성하고 있다. 기술개발 부문의 인력들 역시 지식재산에 관한 세세한 지식과 능력을 갖출 필요는 없지만, 삼위일체 체제 내에서 협력할 수 있는 수준의 지식재산 정보의 습득능력과 기술의 가치를 높일 수 있는 방법을 이해하는 정도의 지식재산체계를 교육할 필요성이 있다. 간단히 말하면, 기술자와 연구자가 지재업무를 이해하는 것은 자사기술의 독창성을 담보하는 기반이 된다는 것이다.

상기한 내용들을 종합해서 말하면, 기획·경리·법무·인사·관계회사와의 교류활성화를 제안하는 것으로 이해할 수 있다. 발표내용 중에서 재미있었던 내용 중 하나는 개인의 업무의 실행성과(performance)와 관련된 두 가지 연구결과였다. 그중 하나가 실행성과와 지재부서원이 가진 전문분야의 수와의 관계이고, 또 다른 하나가 실행성과와 지재부서원이 교류하는 사람의 수와의 관계였다.

먼저, 전문분야 숫자와의 관계에서, 특별한 전문분야가 하나도 없는 사람의 성과치를 50으로 봤을 때, 전문분야가 하나인 사람은 오히려 전문분야가 없는 이보다도 더 낮은 성과를 기록했고, 전문분야가 2개 이상인 사람부터 성과가 점점 높아진다는 점이었다. 전문분야를 한 가지만 고수하는 사람은 그만큼 유연성이 떨어지게 되고, 특히 경영층의 시각을 갖고 R&D 인력의 시점에서 기술을 바라볼 수 있어야 하는 지재부서원에게는 더더욱 하나의 시각을 갖는 것은 바람직하지 않다는 것이다. 현실적이라기보다는 이상적인 요구라고 할지 모르지만, 지재인재에게 기술을 이해할 수 있는 지식과 기술을 특허화하는 데에, 그리고 권리로서의 특허를 경쟁기업으로부터 지키는 데에 필요한 법률적 지식에다가 국제무대에서의 활동을 위한 어학실력까지를 요구하는 것은 바로 이러한 점에서 필요성이 있기 때문인 것이다.

업무성과를 높이는 또 하나의 요인으로는 사람이 있다. 업무과정이나 기타 인간관계에서 관계를 맺고 대화를 나누는 사람의 수가 많으면 많을수록 업무성과가 높아지는 양상을 보인다는 점이다. 5명 내외의 접촉점을 갖는 사람은 50% 수준의 성과도 내지 못한다. 이는 앞서 전문분야가 없는 사람이 전문분야를 하나만 가진 사람보다 오히려 높은 성과를 낸다는 사실과도 상통하는 결과라고 볼 수 있다. 전문분야가 없는 사람은 오히려 다양한 시각과 의견을 포용하는 데에 더 적극적일 수가 있고, 자신의 전문분야가 없는 사람일수록 많은 이들을 접촉하면서 문제 해결을 도모할 가능성이 높다. 이에 반해, 자신이 확실한 전문분야가 있다고 생각하는 사람은 그 이상을 벗어나기가 힘든 것이 사실이다. 그런 점에서 스스로의 전공을 잘 갈고닦은 사람이라면, 새로운 또 하나의 전문분야를 개척해야 하며, 조직 내에만 머물지 않고, 대내외적으로 대화의 파트너를 넓혀 가는 노력이 지재부서원들에게는 필수적이라고 정리할 수 있겠다.

〈그림 22〉 한국지식재산협회(KINPA) 방문단과 일본지적재산협회(JIPA) 사무국
　　　　　임직원과의 방문 기념사진

소통 속의 경쟁

　지금까지 살펴본바, 2010년도의 JIPA 심포지엄은 예산 등의 문제
로 인해, 비록 예년보다 짧은 시간으로 치러진 행사였지만, 내용만
큼은 결코 삭감되지 않고 알차게 짜였다고 평가하고 싶다. 무엇보다,
진지하게 임하는 이들의 자세에 부러움을 넘어 두려움을 느끼게 된
다. 저력과 경쟁력이란 이런 데에서도 드러난다는 사실을 배우고 왔다.
　이후 일정으로 일본 특허청을 방문하여 디자인 심사와 관련하여
일본 특허청의 심사관들이 자료의 포집에 얼마나 진력하는지를 확
인했고, 일본 특허청의 특허정보전산화에 참여했던 (주)발명통신사
를 들러서는 특허정보검색·관리시스템의 발전 속도를 경험했다. 도

쿄의 오다이바 지역에 위치한 **Big Sight**를 들러, 태양전지나 연료전지 등의 2차 전지와 관련된 기술전시회를 연이어 둘러보았다. 짧은 시간이나마 민간 단위의 지식재산 활동뿐만 아니라, 일본의 실제적인 특허정책을 수립하는 특허청과 특허서비스기업, 미래기술을 선점하기 위해 뜨겁게 경쟁하는 기술전(技術展)이라기보다는 기술전(技術戰)을 방불케 하는 현장까지를 경험하였다. 일본 '기술－특허－경영－정책'의 짜임새 안에서 일관하는 바는 역시 '지속적인 소통 속의 경쟁'이라는 점이었다.

상대의 기술을 앞서기 위해 경쟁하는 가운데서도 JIPA라는 조직을 통한 소통이 있고, 경영에서도 '삼위일체'라고 하는 모든 조직을 관통하는 공통의 전략이 있고, 국제수준의 심사기준에 도달하기 위해 타 특허청과 경쟁하면서도 여전히 '우리 특허장관은 한국의 특허

〈그림 23〉 Big Sight에서 열린 2차 전지 기술전에서의 현대홍보관

청장과 각별한 친분을 갖고 있다'고 말하며 소통을 강조하는 정책가가 바로 거기 일본에 있었다. 강 건너 불구경이 아니라, 이제는 바다 건너의 불구경조차 녹록하지 않음을 경험한 일정이었다.

4. 시애틀에서 만난 여름보다 뜨거운 IP 연수의 현장
- 미국, 잠들지 않은 IP 강국 -

지식재산 연수프로그램의 두 가지 유형

해마다 여름철이 되면 다양한 여름강좌들이 개설되는 것은 IP 분야라고 다르지 않다. 특히 새로운 판례라도 나오게 되면, 기업은 기업대로 새로운 특허전략이 필요하다는 분위기가 형성되고, 또한 기업에 특허서비스를 제공해야 하는 로펌들은 그들 나름대로의 전략을 제공하고자 분주해진다. 당장은 새로운 판례의 변화에 따라 대응할 사항이 없더라도, 기업들은 분명 경쟁사의 특허전략의 변화를 예감하고 직원들을 교육해야 할 필요성을 느끼게 된다.

특허요원들을 교육하기 위한 예산과 체계가 잡힌 기업이라면, 해마다 정규적인 교육파견을 생각하게 될 것이다. 특히 해외에 수시로 출원하고, 해외 경쟁업체와의 분쟁을 겪어 본 기업이라면 거래하는 로펌에서 운영하는 세미나를 통해 구체적인 전략을 짜게 되겠지만, 그에 앞서 전반적인 미국의 특허제도와 판례동향과 그에 대한 대응방안 등, 조금은 일반적인 사항을 숙지하기 위해서는 하절기에 운영되는 다양한 IP 연수프로그램을 활용해 볼 수 있다.

〈그림 24〉 시애틀의 상징과도 같은 Pike Place Market을 알리는 네온보드

　이러한 연수프로그램은 대체로 2가지 정도로 분류해 볼 수 있는데, 교육기관이 중심이 되어 이루어지는 연수프로그램과 로펌이 운영하는 연수프로그램으로 나누어 볼 수 있다. 분명 이 둘은 각각의 장단점을 가지고 있다.

　IP 연수프로그램을 운영하는 기관은 대체로 대학의 로스쿨인 경우가 대부분이다. 해당 로스쿨 출신의 변리사와 변호사들이 주변 지역의 로펌과 기업에서 활동하고 있고, 로스쿨에서 실제 강의를 진행하고 있는 교수진 등의 풍부하고 다양한 교수인력을 갖추고 있다는 점에 큰 매력이 있다. 반면, 로펌에서 운영하는 IP 연수프로그램은 보다 전문화된 내용을 접할 수 있는 장점이 있다. 로스쿨의 프로그램들이 로스쿨에서 운영하는 교육과정의 흐름에 맞춰 외부의 로펌 변리사와 변호사를 강사로 초빙하는 경우가 많은 데 비하여, 로펌에서는 미국의 특허제도 전반에 대한 강의를 운영하는 것 자체는 비슷하지만 해당 로펌의 전문성을 내세우는 내용과 보다 구체적이고 책임감 있는 전략을 제공한다는 차이점이 있다. 또한 사교모임이나 교류활동도 로스쿨보다는 로펌 쪽이 보다 다채로운 프로그램을 제공하고 있다고 할 수 있다.

따라서 기업의 사정에 맞는 교육 과정을 선택하는 것이 무엇보다 중요해진다. 미국의 제도 전반에 대한 교육에 보다 치중한다면 로스쿨 프로그램을 선택하면 되고, 특정 로펌에서 보다 전략적인 내용까

〈그림 25〉 CASRIP 연수가 진행된 워싱턴 대학교의 로스쿨 건물

지를 배우고 싶다면 로펌에서 운영하는 프로그램을 선택하면 된다. 물론, 이 두 가지의 교육형태가 극단적으로 양분되는 성격을 갖고 있는 것은 아니다. 로스쿨 프로그램에도 다양한 사교활동이 마련되어 있을 뿐만 아니라, 다양한 로펌의 전문가들을 접할 수 있다는 장점이 있다. 로펌의 프로그램도 인근 저명 대학에 강의를 나가는 전문 변리사나 변호사의 강의가 진행될 뿐만 아니라, 대학으로부터 교수를 초빙하는 경우도 있는 만큼 각각은 교육내용의 균형을 맞추기 위해 노력한다는 점에서는 대동소이하다고 볼 수도 있다. 또한 양쪽 다 일정 정도는 로비를 위한 활동이기도 해서, 자신들의 법률 서비스를 받도록 하기 위한 목적이 깔려 있기도 하다.

〈그림 26〉 CASRIP은 미국 연방순회(항소)법원 판사인 Randall Rader의 지원과 참여를 자랑으로 하고 있다.

과정명	소재지	운영기관	교육내용(기간)
Patent & IP Law Summer Institute	미국 워싱턴 주 시애틀	CASRIP (워싱턴 대학교 로스쿨)	분야별 특허출원, 소송실무 (3주: 7.14~29)
Summer Patent Seminar	미국 버지니아 주 워싱턴 D.C. 근교	BSKB(로펌)	미국 IP 분야 실제 사례 및 특허 동향 (4주: 6.11~7.1)

로스쿨 기반의 IP 연수프로그램: CASRIP[50]

이번 글을 통해서는 대표적인 **IP Summer School** 프로그램 중 로스쿨을 기반으로 이루어지는 연수프로그램을 소개하고자 한다. 줄여서 **CASRIP(Center for Advanced Study & Research on Intellectual Property)**라고 부르는 워싱턴 주 시애틀에 소재한 워싱턴 대학교의 IP연구교육기관의 **2011 Patent & IP Law Summer Institute**가 그것이다.

CASRIP이 소재한 워싱턴 대학교(University of Washington)[51]는 미 서부에서 가장 오래된 대학으로, 북미 북서부만의 명문이 아닌 미국 전체로 봐도 명문 수준이다. 한국인 유학생이 많아 우리나라에도 제법 잘 알려진 학교인데, 현재까지 노벨상 수상자만 12명, 퓰리처상 수상자는 2명을 배출하는 기염을 토하고 있다. 노벨상 수상이 대학의 가치를 평가하는 전부는 아니지만, 우리나라의 최고라고 하

---

50) http://www.law.washington.edu/Casrip/

51) 2010년 기준 문리과대학, 건축·도시계획대학, 경영대학, 치과대학, 교육대학, 공과대학, 환경대학, 정보대학, 법과대학, 의과대학, 간호대학, 해양·어업과학대학, 약학대학, 대니얼 J.에번스 공공업무대학, 공중보건대학, 사회사업대학, 대학원으로 구성되어 있으며 140여 개의 학사·석사·박사 과정을 진행한다. http://www.washington.edu

는 대학들을 모두 합쳐도, 이 한 캠퍼스의 업적을 앞서지 못한다는 점은 참으로 서글프다.

워싱턴 대학교의 로스쿨(School of Law)은 미국 내 로스쿨 랭킹으로는 30위권으로 상당한 경쟁력을 갖추고 있다고는 하기 어렵다. 물론, IP 법률 분야 역시 로스쿨의 위상을 올려주는 수준은 아니라고 할 수 있다. 그럼에도 이 대학의 장점은 특허에 민감한 기업들이 미국 북서부에 기틀을 잡고 있고 있으며, 아시아권으로의 진출이 용이한 교두보로 활용할 수 있는 등의 발전가능성이 충분하다는 점에서 높은 평가를 할 수 있다. 미국 내 로스쿨의 랭킹이라는 것이 좋은 교육을 받을 수 있고 없고를 따지는 것이 아닌 이상, 이러한 랭킹의 위치로 교육의 질을 절대적으로 평가하는 것은 사실 무의미하다. 쉽게 말하면, IP 관련 여름 강좌를 듣는 데에는 아무런 흠이나 결격사유도 없다는 뜻이다.

IP Summer Institute의 개요 및 참가자

CASRIP의 여름학기 강좌는 2주간의 빡빡한 일정으로 구성되어 있다. 특허출원, 특허소송, 기술 라이선싱과 매니지먼트 등에 관하여 비교법적인 관점에서 미국 법제도와 소송제도 등에 대한 특허과정 전체를 다룬다. 2주 동안에 특허과정 전체를 다룬다는 것은 물론 어불성설이다. 전체라기보다는 전반을 다룬다고 할 법하지만 실제로 IP 관련 주요 이슈를 중심으로 과정이 진행되기 때문에 특허과정 전체를 다룬다는 말도 분명 성립한다. 이것이 가능하다는 것은 강좌

자체의 치밀하고 세밀함도 있지만, 이 강좌에 참여하는 대상이 특허에 대한 지식이 전무한 이들로 하지 않는다는 반증이기도 하다.

참가자들의 면면을 보면, 대개 비영어권 국가의 지재분야에서 활약하고 있는 실무자들이 대부분이다. 2011년 참여자는 일본, 대만, 한국 등의 특허청 소속 심사관과 특허법률사무소 소속 변리사와 임직원은 물론이고, 체코 지방법원 판사, 인도의 로스쿨 학생과 석유에너지를 전공하는 대학교수들, 멕시코에서 온 대학교수, 사우디아라비아의 공공기관 임원, 독일 바이엘 연구소 연구원, 카자흐스탄의 교육연구원 그리고 우간다의 국제법연구소 연구원까지로 총 59명의 면면이 모두 다채로웠다.

여기에 추가로 8명의 연구생이 참여하고 있었는데, 이들은 모두 TA(Teaching Assistant)의 역할을 해주었다. 수업 후 수업과 관련된 자료를 정리해서 이메일로 보내주거나, 수업 중에 수강자들이 충분히 질문하지 못한 바들을 강의자에게 질문하고, 수업이 종료된 후에는 수강자 그룹을 지어 자신이 맡은 수강자들과의 팀티칭을 진행하였다. 이들의 도움을 잘 활용하면, 수업에서 이해 못한 점들을 보다 상세히 파악할 수 있을 뿐만 아니라, 지역정보도 얻을 수 있는 기회를 가질 수 있다. 이들 TA 역시 영미권 출신의 연구생들은 아니다. 일부는 미국 대학을 졸업하고 UW(University of Washington의 줄임) 로스쿨에서 IP를 전공하게 된 이도 있고, 실무경험을 가진 이들 중 이론적인 측면의 연구를 깊게 하고자 참여하는 이들도 있으며, 마이크로소프트에서 Paralegal로 근무하면서 학업을 수행하는 이들도 있었다. 수강자들보다는 책임이 막중한 이들이기에 수업의 진지한 분위기를 형성해주는 보이지 않은 조력자들이었다.

〈표 9〉 CASRIP Summer Institute 강좌 구성 일람표

Mon	Tue	Wed	Thu	Fri	Sat
			14	15	16
			Legal English. US litigation Overview.	US Trademark US Trade Secret US Copyright	
18	19	20	21	22	23
Patent Basics - Patentability - Patent Eligibility	Patent Basics - Claim interpretation Patent Litigation	US Patent Prosecution - Application Drafting	US Patent Prosecution - Office Action, Examiner Interview	High Technology Protection Summit	
25	26	27	28	29	
1. Advanced Patent Prosecution(트랙별 강좌운영, 택1)					
Drug Dispute	Rule of Priority	Continuation Strategies	Appeal at USPTO	Office Action Strategies	
2. IP Enforcement & Management(트랙별 강좌운영, 택1)					
EU Practice	EU Patent Licensing	International Litigation Strategies	University Technology Transfer IP-Entrepreneurship	Patent Evaluation	
3. EU & US IP Enforcement(트랙별 강좌운영, 택1)					
EU Practice	EU Patent Licensing	International Litigation Strategies	International Enforcement	International Negotiation Strategies	

특허제도 전반에 대한 소개가 진행되는 첫째 주

앞서 언급한 바와 같이, 이 강좌는 특허과정 전체를 다룬다. 그래서 특허제도가 새로운 권리를 창설하는 기능이 있으며, 그러한 권능은 헌법에서 연원한다[52]는 점을 강조한다. 그래서 미국의 헌법 성립의 역사를 배우는 것 같은 기분으로 첫 수업을 시작하게 된다. 이어서 미국의 소송구조와 특징을 설명함으로써, 본격적인 특허제도에

---

52) 미국 헌법 권리장전 제1조 제8절 (연방의회의 권한)의 제8항은 "저작자와 발명자에게 그들의 저술과 발명에 대한 독점적인 권리를 일정기간 확보해 줌으로써 과학과 유용한 기술의 발달을 촉진한다."고 규정하고 있다.

관한 수업의 워밍업을 위한 시간을 갖는다. 그리고 특허제도와는 다른 상표법과 영업비밀, 저작권 등에 관한 제반 제도를 설명함으로써, 첫째 주의 이틀을 마무리하게 된다.

그리고 이틀간의 강의에서 가장 주안점을 둘 점은 법률용어와 우리 법과는 다른 영미법의 체계를 다소나마 이해해야 한다는 데에 있다. 미국 특허소송에 관한 지식이 있다면 향후 진행될 강의를 강의로서가 아닌 토론으로서 받아들일 수 있지만, 그렇지 않으면 강의자들의 이야기들을 오직 학생 입장에서만 들을 수밖에 없다. CASRIP에서 이루어지는 강의는 실제로도 상당 부분이 강의라기보다는 분야별로 강점을 가진 로펌들의 사업설명의 자리와 같이 내용으로 이루어지기 때문이다.

특허 분야의 전체의 핵심사항을 다루는 둘째 주

특허 요건(patentability)은 우리의 특허법에서 명시한 바와 결코 다르지 않다. 하지만 미국은 어디까지나 성문법이 아닌 판례와 법률사례로 법이 성립되는 불문법 국가이다. 그래서 우리 법처럼 산업상 이용가능성과 같은 내용도 그리 간단한 법리가 아닌 듯 비친다. 분명 법률상의 논리와 이론들은 현실의 사건으로 다루어져야 법으로서의 생명을 갖는 미국이기에, 문언적인 의미뿐만 아니라, 관련된 사건(case)들을 확인하고 점검하는 것이 중요하다.

이렇듯 특허법의 기본에 대해 다뤄지는 강의는 이틀에 걸쳐 진행이 되며, 항상 Case Book을 인용하며 진행한다는 점이 특색이다. 특허법 기본은 특허법의 기본 원리라고 할 수 있는 First-To-Invent(발명우선주의)와 Statutory Bars(불특허 요건), Claim Interpretation(청구항의 해석)이 다뤄지며, 미국 특허청 소속 심사관으로부터 Patent Eligibility(특허의 성립성)와 Utility(이용가능성), Novelty(신규성), Nonobviousness & Disclosure(비자명성과 공개) 등의 강의를 듣게 된다. 미국에서도 현재는 발명우선주의와 등록우선주의 간의 다양한 논의가 다루어지고 있다고 한다. 조만간 어떠한 변화가 있으리라는 귀띔도 들을 수 있었다.

또한 특허소송 중 선출원 전략과 변론, 그리고 미국의 소송 진행 단계인 Pre-discovery, Motion, Trial에 대한 강의로 함께 진행이 되는데, 우리의 특허법 교육이 소송을 특허법 이론 교육 이후에 진행하는 것과는 달랐다. 분명 법률은 특히 특허법은 소송과 분쟁을 염두에 두고, 분쟁을 해소하기 위한 방법으로서의 법의 활용이 미국에서 그리고 특허분야에서 얼마나 중요한 사항인지를 이해하게 된다.

특허의 출원 절차와 전략에 관한 강의도 둘째 주에 이루어진다. 그래서 특허출원서의 작성(Patent Application Drafting)과 심사결과통지(Office Action)와 심사관 면담(Examiner Interview)에 대한 내용이 이어진다. 이미 국내에서도 많은 학습과 논의가 이루어져서, 출원서의 청구항 작성에 대한 논의는 익숙할 것으로 생각된다. 청구항의 문언적 범위를 어떻게 하면 넓게 잡을 수 있을 것인가에 대한 사례들을 설명해준다. 언어의 차이로 인해 과연 어떠한 표현이 보다 광의의 표현인지를 모를 수도 있다는 점을 생각하면 분명 놓쳐서는 안 될 내용이라고 생각된다. compose와 be made up of를 같은 의미로 배우는 한국의 학교 영어환경에서는 이러한 학습과 논의의 시간이 필수라고 생각된다.

특허소송과 관련된 강의는 침해 구제(Infringement Remedies) 방안까지 이어지게 되는데, 단지 침해구제를 위해 선택할 수 있는 방법론적인 내용의 강의가 아니다. 물론 소송 이외의 ADR 등에 대한 내용을 다루기도 하지만 그보다는 훨씬 중요한 소송가액의 산정과 같은 내용이 보다 핵심주제로 다루어진다. 우리의 법원이 인정하는 손해액과 미국의 법원이 생각하는 손해액은 분명 다른 범위와 의미를 가진다는 점을 배울 수 있다. 간단히 말하면, 현실적인 손해만을 소송가액으로 삼을 수 있느냐와 어느 정도는 미래적인 가치도 소송가액을 산정하기 위한 평가대상이 되는지를 논의할 수 있는 기회였다.

세분화되고 전문적인 특허이슈를 다루는 셋째 주

셋째 주 동안의 강의 일정은 3개의 트랙으로 나뉘어 진행이 된다. 지난 7일간의 강의를 통해 충분히 미국의 특허제도에 대한 이해를 가졌다고 보기는 어렵겠지만, 어드밴스 과정으로서 보다 실무적인 사항과 국제법 관련 사항 그리고 기업가 입장에서의 특허제도를 바라볼 수 있는 기회가 주어진다.

수강자가 기업의 특허팀에서 출원업무를 담당하는 사람이거나 해외출원을 담당하는 변리사라면, 특허소송 고급과정(Advanced Patent Prosecution Track)을 선택해 들을 수 있다. 만일 기업의 경영자 내지는 특허 라이선싱 등을 담당하는 사람이라면, 특허권의 행사와 보호 그리고 특허매니지먼트에 대한 강의가 이어지는 지식재산의 집

〈그림 27〉 CASRIP의 강의자가 소속되어 있는 한 로펌이 주재한 리셉션에서 환영의
말을 하고 있는 주최자. 시애틀에서 가장 높은 빌딩인 컬럼비아 센터에
사무실이 있다. 연수 과정 중에 서너 차례 진행되는 로펌 주재의 리셉션
을 통해 로펌을 소개하고 수강자들 간 교류하는 기회를 갖게 된다.

행과 관리 과정(IP Enforcement and Management Track)을 선택할 수 있다. 그리고 유럽 등 해외에서의 특허권의 행사와 보호에 보다 관심이 있는 사람이라면, 유럽과 미국에서의 지식재산 집행 과정 (EU and US IP Enforcement Track)을 선택하면 된다.

이 세 개의 강의가 완벽하게 독립적으로 운영되기보다는 일부는 중첩되는 사항들이 있어, 혼합강의가 이루어지기도 한다. 각각의 트랙의 독특한 내용은 3개의 강의실에서 동시 진행되기도 하지만 미국 내에서의 비교법 측면에서의 다양한 이슈들에 대해서는 공통강의가 진행된다. 미국이 오늘날 국제 경제체제하에서의 분쟁을 다투는 쌍방이 합의할 수 있는 특허법원의 역할을 담당하고 있기 때문이다. 비단 우리 기업과 미국 기업 간의 분쟁뿐만 아니라, 우리 기업과 일본 기업이 특허분쟁을 할 때에도 미국 법원을 선택하는 경우가 있고, 해외의 어떤 기업과의 분쟁이라도 그 물품과 기술이 미국에서 생산, 판매, 수출되거나, 미국 기업이 연관된 기술이라면 미국에서 소송이 이루어지게 된다. 글로벌 기업이라면 미국에 사무소를 갖는 경우가 많으므로, 미국에서 소송을 수행하는 일이 빈번하기에, 비교법 관점에서의 현재 미국 내에서 이루어지는 특허이슈들은 귀담아 듣기에 부족함 없는 내용이다.

각 트랙의 특징이라면, 특허소송 고급과정에서는 Rule of Priority 와 Continuation Strategies, Appeal at USPTO, Reexamination & Reissue 그리고 Office Action Strategies 등을 꼽을 수 있겠다. 그리고 특허명세서 작성법(Patent Drafting)과 관련해서는 전기/기계, 화학/생명공학으로 세분화되어 명세서 구성 및 작성 전략이 다루어진다. 앞서 언급한 바와 같이 각 산업분야에서 어떤 표현이 청구항에 사용되어야 하는지에서 바이오테크놀로지와 같은 신기술 분야에서의 실험과 클레임의 구현과 그 입증을 위한 사항들을 다루게 된다. 특히, 미국 내에서도 민감하게 다루어지는 의약분쟁(Drug Dispute)과 바이오기술은 해당 분야의 전문가가 강의자로 참여한다는 점에서 수강자의 토의 수준에 따라서는 상당한 정도의 논의도 가능하다.

지식재산의 집행과 관리 과정에서는 특허실시권계약(Licensing)과 국내에서도 그 논의의 추이가 관심을 모으고 있는 대학기술 이전(University Technology Transfer), 특허를 통해 기업을 설립하고 운영하고자 하는 이들을 위한 조언을 담은 IP 창업기업(IP Entrepreneurship)에 대한 강의를 주목해 볼 수 있다. 특허평가(Patent Evaluation)와 관련된 강의도 이 트랙에서 다루어지고 있는데, 특허평가는 단순히 평가시스템이나 평가기관을 통해 이루어지는 이외에 특허의 가치를 높이기 위한 전략에 연계되어야 한다는 점을 강조하는 말로 마무리되었다.

세 번째 유럽과 미국에서의 지식재산 집행 과정은 독일의 직무발명 시스템(German Employee Invention System)과 EU의 법원의 구조와 재판권(EU Court System and Jurisdiction)을 다룬 강의가 특징적이었다. 특별히 WIPO의 PCT 출원에 대한 소개를 통해서, PCT 출원의 활발한 이용을 요청하는 내용의 강의가 이루어진 점에서는 이제는 특허출원 서비스도 상품화되어 가는 것이 아닌가 하는 생각을 갖게 한다. 특허제도를 이용하는 기업과 발명자를 위해 분명 WIPO뿐만 아니라, 각국의 특허청은 보다 적극적일 필요가 있다. 특허제도 역시 하나의 서비스로 자각하고, 이를 이용자 중심의 서비스로 발전시켜 나가는 것이 특허의 양적 팽창을 위한 정책의 수고에 앞서야 할 것이다.

빠뜨릴 수 없는 토론의 현장, High Technology Protection Summit

CASRIP이 마련한 IP 연수 일정 중에는 첨단기술에 대한 보호방안을 논의하는 세미나가 포함되어 있다. 연수의 두 번째 주 금요일과 토요일의 주말 양일간 진행되는 이 세미나는 새롭게 대두되는 기술에 대한 특허동향과 특허보호의 방향 설정 그리고 해외 각국 법원과 특허청의 역할을 논의한다.

주요 논의 주제는 빌스키 사건 이후 특허요건과 KSR 사건 이후의 비자명성과 구제방안(Post Bilski Patent Eligibility, Post KSR Nonobviousness and Remedies), 아리아드 사건에 대한 재해석(Rethinking Ariad, Infringement Issues and Inequitable Conduct), 미국의 특허법리에 대한 학문적인 분석에 대한 고찰(Reflections on Scholarly Analysis of Contributions to U.S. Patent Jurisprudence)을 기본으로 한다. 그리고 이러한 주제논의를 보다 다각적인 측면에서 접근하기 위해, 유럽과 아시아 법원에서의 미국 법리의 역할과 대학과 기업 간의 특허소유문제, 기술 라이선싱과 경쟁원리 측면에서 여러 패널들을 통한 토의를 진행한다. 그리고 이러한 학술적이고 실무적인 논의의 마무리는 역시 미국답게 특허법에서의 윤리적 문제(Ethical Issues in Patent Law)로 짓는다.[53]

---

[53] 이 논의는 Therasense 사건을 다루고 있는데, 불공정행위의 기준을 제시했다는 데에서 국내외적으로 행정적인 부담을 덜 수 있는 방안이 될 수 있으리라는 기대를 반영하고 있다. 특허심사 중에 사실에 해당하는 사항을 USPTO에 제공하지 않았을 경우에 부당행위로 인정되어, 특허를 받지 못할 수 있다는 것이 판결의 내용으로, 윤리적 측면이 결합된 데다가 전원합의체 판결로서 그 효력과 파장이 작지 않다고 본다.

〈그림 28〉 로스쿨 내에 계단 강의장을 가득 메운 세미나 참석자들

　세미나에 참여한 패널들은 대개 미국 내 저명 로스쿨 교수를 비롯하여, 특허법원 판사, 일본 특허법률사무소의 변리사, 독일 특허법률사무소 변리사, 미국 대형 로펌의 중국법인 소속 변리사 등으로 구성되었다. 이러한 점에서 우리나라의 특허전문가들이 해외에서 활약하는 바를 눈에 띄게 볼 수 없음을 다시금 확인하게 되었다. 특허 강국이라는 말은 단순히 특허의 출원량으로만 평가되는 것은 분명 아닐 것이다. 얼마나 자신의 의견을 반영하며 특허 4강다운 역할을 수행하는가에 달려 있다고 본다. 규모야 어떻든 우리나라의 특허전문가들이 국제무대에서 활약하는 날들을 기다려 본다.

〈그림 29〉 IP 연수프로그램이 제공하는 또 다른 교류의 장, 야구장!

Seattle이라서 좋은 점

시애틀 하면 우리는 어느덧 스타벅스로 대변되는 커피산업을 생각하게 된다. 커피 로스팅 회사로 시작한 스타벅스가 전 세계적으로 확장할 수 있는 기반이 된 곳도 시애틀이고, 스타벅스가 인수하고 말았지만 아련한 기억 속에 있는 은막의 스타 신영균 씨가 한때 사업주로 운영했던 스타벅스보다 1년을 먼저 사업을 시작한 시애틀즈 베스트 커피(Seattle's Best Coffee)의 고향이기도 하다. 시애틀은 다른 미국의 거대도시들과 비교해서 분명 작은 도시이다. 그래서 딱히

커피 이외에는 대다수의 우리나라 사람들에겐 <시애틀의 잠 못 이루는 밤> 정도로 기억되기도 하지만 실은 혁신과 기업의 도시이기도 하다.

마이크로소프트가 시애틀에 둥지를 틀고 있으며, 스페이스 니들에서 공을 떨어뜨리면 수직낙하할 법한 곳에 마이크로소프트의 빌게이츠가 설립한 빌 게이츠 재단 건물이 있다. 시카고나 뉴욕의 마천루에 비하면 나지막하다고 할 법하지만 시애틀에 본사를 갖고 있는 아마존닷컴이 자리한 컬럼비아 타워는 미 서북부 지역에서 가장 높은 건물이다. 뿐만 아니다. 자랑스러운 한국의 날개 대한항공의 주력 여객기 시리즈를 만들어 주고 있는 보잉(Boeing)도 시애틀에 본사가 있다.

관심만 충분하다면, CASRIP의 네트워크를 잘만 활용하면, 이들 기업의 특허팀 인력들과 미팅하거나, 본사 캠퍼스를 방문하는 기회를 가질 수도 있다. 혹은 이들 글로벌 기업의 특허업무를 의뢰받고 있는, 혹은 이들을 상대해 본 로펌 소속 변호사와 변리사들을 만날 수 있는 기회의 장도 분명 마련되어 있다. 시애틀의 선선한 날씨와 따사로운 햇살을 즐겨야겠다는 생각에 수업 외 활동을 레저와 관광으로 채우지 않고 귀한 시간의 낭비를 줄이기 위해서도 시애틀에 보금자리를 튼 글로벌 기업들을 알기 위한 기회를 만들어 보기 바란다.

IP 연수프로그램은 대상별로 다양하겠지만, 단순히 학생 대상의 교육차원에서 진행하는 것이 아니라면, 특허에 대한 학습과 다양한 로펌의 서비스를 제공받을 수 있는 두 마리 토끼를 잡을 수 있는 기회가 될 수 있다. 또한 특허분야에서 입지를 굳히고 있는 이들과의 만남과 교류는 무엇보다 강력한 참가 이유가 된다. 특히, 어느 분야

〈그림 30〉 각국의 언어로 '환영'을 표기한 유리 난간의 이 건물은 마이크로소프트사
의 Executive Briefing Center. Microsoft Future Vision이라는 동영
상을 통해 미래의 모습을 보여준 마이크로소프트의 미래기술이 시연되고
있는 장소이기도 하다.

에서나 마찬가지겠지만, 특허분야의 전문인력은 한 영역에서 전문성
을 높여 나가기 때문에 한번 관계를 맺으면 이후에도 상호의 유익한
관계를 지속할 수 있다. 해외 연수를 고민하는 사람이나 기업이라면,
분명 이러한 다양한 효과를 생각하고, 그 효율성을 가늠하는 등의
고민이 필요할 것이다. 그런 점에 간략하나마 이 글이 도움이 되기
를 기대해 본다.

5. 한국의 지식재산이 소통을 시작하다
  - 한국지식재산협회(KINPA)의 활동을 중심으로 -

　사람들이 인적 네트워크를 형성하는 데에는 다양한 이유와 목적
이 있다. 사람이 재산이라는 금언과 같은 이유에서부터 자기가 속한
분야에서의 영향력의 확보라든지, 정보의 수집과 업계의 동향 파악
등등 인적 교류를 유지하는 이유는 다양하다. 지식재산 분야에 있어
서도 이러한 인적 네트워크는 매우 중요한 화두가 되어 왔다.

　특허라는 권리를 가지고 국내 기업 간에 다툼이 심하던 지난 세
기 말부터 국내 기업 간의 다툼을 저어하는 근심 어린 목소리들로
부터 이해의 조정을 위한 채널의 필요성이 이야기된 바 있고, 21세
기에 접어든 이후부터는 이해의 조정보다는 소통을 중시하는 분위
기에서 상생과 협력을 위한 구체적인 방안으로서 인적 네트워크의
형성이 보다 강조되고 있다. 앞의 '2. 공부하는 일본'에서 언급한 바
와 같이, 가까운 일본의 지적재산협회(JIPA)의 회원이 1990년대 초
반부터 급증했던 사례로부터도 이런 움직임이 얼마나 뚜렷했는지
알 수 있다.

　그리고 이제 소개할 우리나라의 한국지식재산협회의 활동 역시,
지식재산 민간협의체의 탄생이 시급하다는 인식에 기반하고 있다는

점도 이를 반영하는 것이다. 대화와 소통의 세기에 발맞춰 지식재산 분야도 같은 행보를 내디딘 것이다.

한국의 민간 IP 기구의 탄생

2008년 6월 4일에 창립한 한국지식재산협회(KINPA: Korea IN-tellectual Property Association)는 8개의 특허업무분야별 분과를 운영하고, 분과활동을 바탕으로 하여 다양한 의견들을 공유하고 있다. 최초에는 기업의 사례를 서로 나누던 것에서 시작해서 현재는 공통의 이슈를 발굴하고 이를 각 사의 특허업무에 활용하거나 경영층을 설득하기 위한 자료로 이용하는 수준에까지 다가서고 있다. 물론, 기업 실무자들을 대상으로 진행하는 회의라는 점에서는 각 사의 여건에 따라 참여가 수월치 않은 점이 있지만, 이 역시 협회의 활동이 전향적으로 이루어지고 그 영향력이 전파되면 이 모임의 가치에 대한 인식도 변화되리라 예상한다. 미국의 IPO(Intellectual Property Owner's Association)와 일본의 JIPA가 이미 내실과 외형을 갖춘 조직으로 세계의 특허정책을 좌우하는 영향력을 발휘하는 조직으로 성장한 것은 예측가능한 일이다.

한국지식재산협회는 2008년 창립 이후, 특허청과 한국발명진흥회의 인큐베이팅을 거쳐 현재는 독립 사단법인으로 운영되고 있다. 해외의 민간 지식재산 기구들과 협력관계를 돈독히 하며, 창립 이래로 지속적으로 회원사가 늘어나 2008년 말에 64개였던 회원사는 현재 112개 사가 되었다. 향후, 지식재산 분야의 기업협의체로뿐만 아니라 우리 기업들의 특허경쟁력이 향상되면서 국제적인 영향력도 커질 것으로 전망된다.

한국지식재산협회의 활동은 크게 대외활동과 협회 내 활동으로 구분할 수 있다. 대외활동의 경우는 주요 지식재산 강국의 특허청 및 민간 IP기구 등과의 협력활동으로 집약할 수 있다. 우리 기업이 우리 특허청만을 상대로 특허정책 전반에 대한 정책을 제안하거나 의견을 개진하는 것은 기본으로 하고, 기업이 진출하고자 하는 주요 국가의 특허청과의 소통을 통해 우리 기업이 가진 기술과 특허의 가치를 올바르게 평가하도록 하는 것은 매우 중요하다. 그리고 미국, 일본, 유럽의 민간 IP 기관뿐만 아니라, WIPO(세계지적재산권기구)와 같은 전문국제기구에 특허출원 4위국으로서의 위상에 맞는 교류활동과 역할분담은 더없이 중요한 일이다.

더불어 우리 기업 간의 실력을 키우고 내실을 다지기 위해 CIPO(Chief Intellectual Property Officer, 최고지식재산책임자) 조찬세미나, 분과활동, 지식재산전문교육, Annual Conference 개최, 전체 워크숍 등의 협회 내 활동을 진행해 나가고 있다. 기업의 지식재산에 대한 인식은 CEO를 비롯한 수뇌부로부터 각성되어야 하기에 연간 5~6회 내외의 CIPO 조찬 세미나를 진행하고 있다. 지식재산 분야의 선도 기업의 임원을 비롯해서, 전문가, 교수 등을 연사로 초빙하여 CEO를 위한 맞춤형 세미나를 진행하고 있다. 물론, 협회 내에서 가장 관심 있게 운영하는 것은 CIPO 세미나나 전통을 세워 가고 있는 Annual Conference가 아니다. 회원사 소속의 특허부문 담당자들이 활동 부문별로 모여 주제토의로부터 친목 도모에 이르는 실무자 간 교류의 장인 분과활동이다. 그래서 해마다 열리는 전체 워크숍에서는 각 분과별 활동사항을 보고하고, 주요 주제를 전체 회원들과 공유하는 자리로 꾸며진다. 또한 향후 국제행사로의 발돋움을 위해 전통을 세워나가고 있는 대외 행사인 Annual Conference에서 다뤄지는 주제도 분과별 논의 주제 중 가장 심도 깊게 연구된 주제 가운데서 선정되고 있다. 먼저 협회 활동의 핵심이 되는 분과활동에 대해 언급하고, 주요한 대외 활동성과를 소개해 볼까 한다.

협회 활동의 성과 공유

앞서 언급한 바와 같이 분과활동의 성과가 공유되는 곳이 바로 전체 워크숍이다. 이 전체 워크숍의 기본적인 목표와 취지는 각 분과로 흩어져서 활동하던 KINPA의 회원들을 한자리에서 만날 수 있게 하고, 이를 통해서 Face-to-Face를 통해 실질적인 인적 네트워크의 형성을 도모하는 데에 있다. 더불어 보다 중요한 것은, 각 분과의 연구테마에 대한 공유를 통해서 정보와 지식을 나누는 것이다. 워크숍을 통해서는 분과별로 통상 2가지의 정보를 공유하게 된다. 먼저는 각 분과의 연간 운영계획과 일정을 소개하고, 다음으로는 각 분과가 연구했던, 혹은 앞으로 중점적으로 다루게 될 논의 주제를 소개하는 것이다.

KINPA의 전체 워크숍이 진행되는 모습을 통해, 각 분과가 어떠한 주제로 논의를 진행해 가고 내실을 다져 가는지를 볼 수 있다. 그래서 해마다 그 논의의 범주가 세밀해지고 깊이가 더해가고 있는, KINPA의 각 분과별 논의주제를 설명하는 형식으로 분과활동을 소개하고자 한다.

〈그림 31〉 분과 간의 본격적인 주제 공유가 이루어진 2010년 KINPA 전체 워크숍에서 초대 회장직을 수행했던 LG전자 이정환 부사장의 인사 말씀. 현재는 삼성전자의 안승호 부사장이 KINPA 회장직을 역임하고 있다.

■ 국제분과

국제분과가 제시한 논의 주제는 "특허심사적체의 경제학적 분석 및 상호인정 제도에 관한 전략적 연구"였다. 특별히 이 주제가 논의된 것은 국제분과가 미국의 IPO와의 협력을 추진하면서 세계 IP 이슈와 동향에 대한 접촉 창구역할을 하게 되었던 데에 가장 큰 이유가 있다. 특히 경제회복기에 접어들면서 각국의 특허출원이 늘어날 것이 예상되는 시점에서 세계적인 심사적체를 해결하기 위한 노력들이 각국 특허청에서 논의되고 있는 것이다.

심사적체의 영향을 각국의 특허제도와 기술개발의 동기, 경제학적 측면에서 논의해 보고, 이에 대한 대안으로 상호인정제도54)를 제

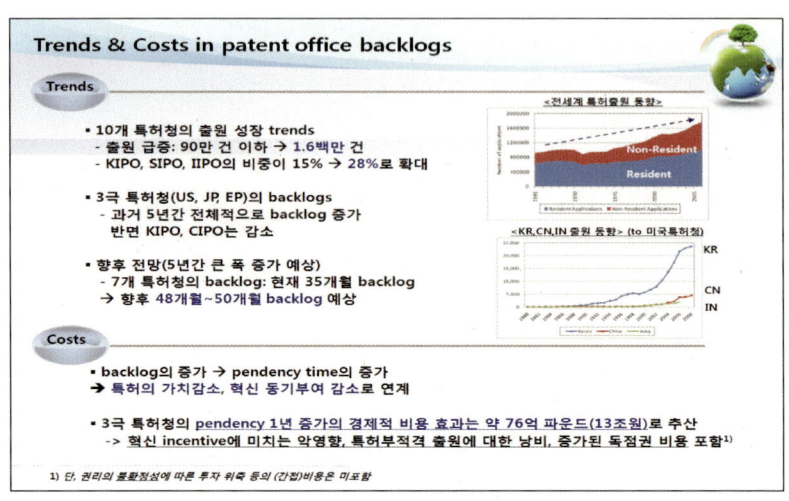

<그림 32> 국제분과의 특허심사적체 관련 발표 중 일부

안하는 것에 대해서도 소개하였다.

특허 심사적체의 요인으로, 첫째 과거 20년간의 세계적인 출원건수 급증과 특허제도의 변화, 둘째 혁신의 증가와 기술기반사회로의 이동, 셋째 특허출원 전략의 세계화, 넷째 특허권 확보전략의 변화,55) 다섯째 출원유지 기간의 장기화 선호,56) 여섯째 실질심사의 지연을 명백하게 제어하지 않는 등의 특허청의 동기부여(인센티브) 방식 등을 들고 있다. 이러한 원인이 결국, 출원인의 비용을 증가시키고, 특허품질을 저하시키는 한편 분쟁 유발의 효과를 가져오고,

---

54) 상호인정제도(Mutual Recognition)는 각국의 특허독립이라는 원칙하에서, 특허의 심사 및 등록이 국가 수준으로 수행이 되는데, 자국에 등록된 특허를 타국에서도 인정해 줌으로써, 심사의 적체를 줄이자는 의도가 담겨 있다.

55) 이는 특허권이 자금 확보와 라이선싱을 목표로 하는 기업의 자산의 가치를 가지게 되고, 기술복잡도가 증가하고, 바이오와 첨단분야 등 다양한 분야에서의 출원이 급증하는 등을 의미한다.

56) 특허가 없는 것보다는 출원 상태에 있는 것이 보다 유리하다는 입장인데, 이는 경쟁업체들에 권리의 불확실성을 가중시키게 되어, 재정의 확보와 라이선스의 가능성을 높이게 된다.

특허의 등록이 늦어지는 만큼 제3자의 후속 혁신기술이 지연되며, 보다 근본적으로는 특허제도의 목적에 배치되는 기술발전의 저해를 가져온다는 것이 문제점으로 제시되고 있다.

다수의 의견으로 우리나라 특허청의 경우에는 새로이 3-Track-Prose-cution(3단계 특허심사제도) 등의 도입으로 선진화된 특허심사시스템을 구축해 가고 있다는 점에서 심사적체의 문제를 심각하게 보지 않는 것 같다. 하지만 해외에 특허를 출원하지 않으면 안 되는 우리 기업의 입장에서 우리 특허청이 발 빠르게 앞서 간다는 점에만 착안할 수는 없는 일이라 본다. 향후, 국제적인 차원에서 논의가 진행된다는 점에서 지속적인 모니터링과 필요 시 적극적인 참여가 필요하다.

■ 중소기업분과

중소기업분과는 이름에서도 알 수 있듯이, 중소기업 특허관계자들이 모이는 자리이며, 분과에서 다룬 주제도 "강한 특허 획득 전략"으로 특정기술이나 특허를 바탕으로 사업을 수행하는 중소기업의 특성상 중소기업의 본질적인 문제라고 할 수 있다.

중소기업분과에서 정의하는 강한 특허라는 것은 본질적으로는 제품의 심장부로서 필수기능을 포함한 것이어야 하고, 기본적으로는 용이하게 설계변경할 수 없다는 회피불가성을 의미하며, 침해발견이 용이해야 하고, 타사로부터의 공격에 강해야 한다는 것을 의미한다.

이로써 상정할 수 있는 특허전략으로서는 발명자와 특허담당자와 대리인 간의 특허전략의 공유와 역량 함양의 인적 측면과 출원에서 등록 그리고 더 나아가 실적을 만드는 업무 절차적 측면을 제시하고 있다. 이것을 출원의 단계별로 출원보상금의 지급, 등록보상금의 지급, 처분 또는 실적보상금 제도를 마련하여 장려하는 전략을 채용하고 있다. 물론, 이러한 보상체계를 마련하는 것으로 곧 강한 특허를 만들기 위한 동기가 확보되는 것은 아니다. 따라서 기술에 대한 이해를 바탕으로 한 명세서 작성을 위해, 개념특허, 구조특허, 기술특허 등 특허의 기능별 작성법을 탄력적으로 제시하고, 특허담당자의 역량을 강화하는 등의 실질적인 전략도 함께 수행되어야 한다. 간단히는 시스템과 이를 운용하는 사람의 조화를 목표를 통해 강한 특허를 만들어 낸다는 아이디어를 제안하고 있는 것이다.

대기업의 경우와 같이 각각의 인력이 일정 업무에 전문화되어 있는 경우와는 달리, 중소기업은 한 사람이 다양한 업무를 수행해야 하는 만큼, 더더욱 시스템과 기준 그리고 담당자의 역량강화가 더 필요한 과제라고 할 수 있는 것이다.

최근 중소기업에 대한 해외의 특허공세가 강화되면서 특허분쟁과 관련된 다양한 사례들을 주제로 연구해 나가고 있는 것이 또한 특징이다. 삼성과 애플 간의 글로벌기업 간의 소송부터 중국, 일본, 미국의 특허제도와 소송제도에 대한 지식과 경험을 축적하는 데에 분과의 역량과 노력이 집중되고 있다.

■ 특허정보분과

특허정보분과의 제안 주제는 "특허정보 인프라 추진 시 고려사항"으로서, 최근 특허정보관리시스템의 확충에 대한 필요와 인식이 커지고 있는 가운데 이와 관련한 KINPA 회원사의 현황을 공유하는 기회가 되고 있다.

이 주제의 주요 내용은 사전에 특허정보시스템을 이용하고 있는

〈표 10〉 중소기업분과에서 다루고 있는 주요 논의 주제들

· 무효심판 사례를 통해 본 강한 특허 Claim 작성
· 애플의 'iPad' 관련 중국상표권 소송 Case
· 중국 특허소송 실무
· 삼성과 애플의 디자인 관련 판례 분석
· 디자인 결과물의 효과적인 보호 방안
· 무효심판 사례 연구
· 중소기업의 영업비밀 관리 실무 및 소송사례
· 경쟁사 미국 특허의 등록 저지 · 무효를 위한 제도 및 한국기업의 전략
· 미국 특허소송 및 ITC 분쟁을 경제적 · 효과적으로 해결하기 위한 한국기업의 전략
· 한국기업이 주의해야 할 일본 특허제도 및 전략

KINPA 회원사들을 대상으로 하여, 시스템 사용의 만족도나 시스템 개발업체들의 특허제도에 대한 이해도 등에 관한 설문을 실시하여, 이를 토대로 비교 분석을 진행해 나가는 것이다. 예측할 만한 사실이지만, 특허관리시스템을 구축할 수 있는 정도의 규모의 기업이라면 아무래도 중소기업보다는 대기업이 많았던 관계로 대기업으로부터의 응답(87%)이 압도적이었지만, 오히려 이러한 결과가 향후 후발기업들에는 도움이 될 것으로 생각된다.

　시스템을 구축하고 있는 기업들이 평가한 대략적인 내용을 소개하면, 특허관리시스템의 개발에 있어서, 먼저 우리나라의 시스템 개발업체에 대한 사용자 만족도는 대체로 보통 이하의 평가점을 매겼다. 만족한다고 응답한 기업은 하나도 없었는데, 이는 업체의 품질 수준에 대한 불만족이라기보다는 개발인력의 노하우와 업무이해에 대한 불만이 컸던 것으로 보인다. 언어적인 문제 때문에 의사소통 측면에서는 국내의 개발업체들이 외국업체들보다는 높은 평가점을 받았지만, 특허 DB와 개발노하우, 인력의 개발능력 수준을 보면, 외

국업체 쪽이 강한 면모를 보이고 있다.

특허정보시스템의 구축에 따른 예상효과로는 업무시간의 단축과 비용절감을 우선순위로 들었는데, 예상한 효과가 나타나는 데에 방해가 되는 요인도 몇 가지를 제시하고 있다. 즉, 개발업체의 취약한 사후관리와 유지보수, 데이터의 부정확성, 설계의 오류를 들었다. 시스템의 기반이 되는 설계 오류가 많은 것은 비단 특허관리시스템의 문제만은 아닌 것 같다. 우리나라의 수많은 시스템 개발업체들이 우리 토양에 맞는 시스템 엔진을 갖지 못하고, 해외에서 다소 저가의 라이선스를 통해 들여온 시스템 엔진을 가지고 커스토마이징에 치중하여 시스템을 구축하는 유형의 개발형태가 일반적이라는 데에 더 큰 문제가 있다고 본다.

시스템의 구축에서 가장 1순위로 정보화가 되어야 하는 것으로는 출원분야를 들었다. 특허부문에서 가장 많은 시간과 절차의 절약을 필요로 하는 것이 출원분야임을 확인할 수 있다. 정보화 대상 분야를 출원, 비용, 검색, 분석, 보고로 볼 때, 이 중 특별히 정보화가 필요하지 않은 분야로는 보고를 들었다. 그리고 효율적인 시스템의 구축 순서로는 '출원→비용→검색→분석→평가 또는 ERP'를 제시하고 있으며, 경우에 따라서는 '출원→검색→분석'의 틀을 따르는 경우도 적지 않았다.

특허관리시스템을 구축하는 데에는 무엇보다 적지 않은 예산이 소요되는바, 예산 확보가 용이하지 않다는 응답이 압도적이었다. 그만큼 기업 내에 별도의 시스템을 구축한다는 점에 대한 설득을 위한 충분한 명분과 이점이 설명되지 않으면 안 된다는 것을 보여 주었다. 또한 예상한 예산보다 실제로 투입되는 비용이 더 많은 경우가 대부분으로, 예산의 2배 이상이 소요되었다고 하는 응답도 전체 응답의 23%나 차지하였다.

경험상 가장 구축이 어려운 분야로는 분석, 검색, 비용, 출원 순으로 나타났는데, 이는 개발업체의 역량과 개발경험과도 직접 관련이 있는 것 같다. 아무래도 수요가 가장 많은 출원 관련 시스템은 비교적 구축이 용이한 반면, 검색과 분석은 데이터의 정확성과 데이터의 흠결이 최소화되지 않으면 안 되기 때문인 것으로 보인다. 앞서 외국 업체의 강점이 특허 DB라는 점에서 볼 때, 우리나라의 개발업체들은 검색과 분석에는 취약한 개발구조를 갖고 있다는 점을 꼬집을 수 있겠다.

이상과 같이 설문의 내용을 중심으로 살펴본바, 아직 시스템이 구축되지 않은 기업에서 우선순위를 두어야 하는 내용에 대해서는 대략적인 윤곽을 잡아 볼 수 있을 것 같다. 더불어 향후의 특허관리시스템의 발전방향을 제시하는 역할을 수행해 나갈 것을 기대한다.

■ 라이선스분쟁분과

라이선스분쟁분과는 라이선스와 소송의 두 가지 업무분야를 하나로 묶어 특허의 활용과 보호 측면을 주로 다루고 있다. 일반적으로 라이선스 활동은 분쟁의 예방과 대응상의 밀접한 관계가 있기 때문에, 분쟁에서의 대응전략으로서 라이선싱이 중요해진다. 이 점을 고려하여, "기업의 특허분쟁예방활동"을 논의 주제로 삼고 있다.

분쟁과 관련한 특정기업의 사례인 점에서 구체적인 사항까지 소개하기는 어렵지만, 현대자동차의 경우, 자동차 부문에서의 소송과 분쟁 동향을 소개하고, 신차 개발의 각 단계에서의 특허활동을 프로

〈그림 33〉 분과별 주제발표 진행 중 진지한 토의를 하고 있는 참가회원들

세스 차원에서 소개하는 등의 적극적인 정보 공유를 하고 있다.

자동차 업계에서의 소송과 분쟁의 특징은 먼저 특허료와 소송비용이 고액화되고 있다는 것과 특허괴물들의 전자부품에 대한 특허제소가 많아진다는 점으로 인해 소송이 증가하고 있고, 특히 일본 정부의 공격적인 지식재산 정책에 따라 토요타와 혼다 등 일본 기업의 공격이 증가하고 있고, 미국과 유럽 등에서는 세관압류 등을 통하여 지재권을 보호하는 경향이 강해지고 있다는 것이다. 이는 비단 자동차 분야에만 해당하는 현실은 아니지만, 최근 자동차의 첨단장치와 편의장비가 탑재되면서, 자동차 산업이 철강에서 IT까지를 아우르는 종합 기술산업으로 확장되면서, 자동차 산업을 통해 모든 특허환경의 변화가 감지된다고 하겠다.

이러한 특허환경하에서 특허활동 역시 보다 세분화되고 제품 개발의 초기단계에서부터 특허활동이 수행되어야 한다는 것을 시사한다. 즉, 연구단계에서 제품이 구상되기 전부터 선행기술을 조사·연구하는 것에서 설계 단계 전에 특허맵을 작성하는 등의 활동이 그것이다.

■ IP경영분과

IP경영분과는 협회 창립 초기에는 지식재산경영분과와 교육인력 양성분과로 나뉘어 운영돼 오던 것을 주제연구의 시너지를 위해 IP 경영분과로 통합하여 운영하고 있다. 지식재산경영부문과 교육인력 양성부문별로 연구주제와 역할은 여전히 유지하고 있으므로, 각 부문별 주제활동을 소개해 볼까 한다.

지식재산경영부문은 그 이름과 같이 IP Management를 활동주제로 하여 운영되는데, 주요 논의주제는 "산학연 공동연구에 대한 기술 이전계약연구"로 잡고 있다. 공동연구에 대한 기술 이전계약이라면 라이선스 관련 사항으로 볼 수 있겠지만, 최근 산학 간 공동연구와 관련하여 결과물의 권리 보유와 관련하여 이해관계가 다투어지고 있다는 점에서 특허부문에서는 중요한 경영 측면의 논의가 되고 있다.

공동연구는 기본적으로 자금지원을 하는 기업과 과제활동을 수행하는 대학 간의 연구 활동으로 구성된다. 다만, 학계에서 자금지원만을 하는 경우는 공동연구로 보지 않는 등의 경향이 있기 때문에 용어의 통일부터가 중요한 과업이라는 데에 의견을 모으고 있다. 특히 민감한 사항인 지재권의 소유에 대해서는 공동소유를 원칙으로 하고, 공동소유의 경우는 지재권의 유지와 관리 등에 소요되는 비용에 대해서도 공동부담을 원칙으로 하는 것이 타당하다는 의견을 제시하였다. 개량기술에 대한 지재권의 소유는 연구를 수행한 자에게 있다는 것도 제안하고 있다.

지재권의 실시에 대해서는 공동연구의 실시이므로 자기실시의 범위 내에서 자유롭게 실시하되, 기업은 자기실시, 학교는 지주회사 등을 이용한 실시를 제시하고 있다. 제3자의 실시는 협의를 바탕으로 한다. 즉, 제3자에게 실시하여, 매각의 경우는 당사자의 동의를 구하고 발생한 수익에 대해서는 지분에 따라 분담하며, Cross Licensing 과 Package Licensing의 경우 기업은 통보하고, 학교는 동의 후에 실시하는 것을 의미한다.

KINPA 내에서의 교육인력양성부문의 역할이나 기능은 분과 회원들을 위한 것이라기보다는 소속 회원사 전체를 위한 IP 교육체계 구축이라는 점에 초점이 맞춰져 있다.

주요 주제는 기업을 위한 표준 IP교육프로그램의 개발·운영을 목표에 두고, 2009년에 처음 실시한 IP시범교육 등을 타 분과와 공유해 나가고 있다. 2009년의 IP시범교육은 중국의 출원, 특허소송, OA분석 등 3개의 주제를 가지고, 중국전문가와 중국에서의 사업운영 경험이 많은 중견 중소기업인 탑엔지니어링의 특허팀장을 강사로 초빙하여 1일 교육으로 진행되었다. 교육의 내용은 통상의 이론적인 교육이라기보다는 실제로 명세서를 작성하고, 통관 관련 조치를 취하고, OA에 대응한 클레임의 보정 등 특허담당자들이 실무에서 부딪힐 수 있는 사항들에 대한 교육인 점에서 상당한 의미가 있었다.

또한, 교육을 통해서 우리 기업의 중국 대응의 특허업무를 진행함에 있어서 겪는 문제점이나 교육이 필요한 점들도 확인할 수 있었다. 이를 몇 가지로 정리하면, 첫째는 특정 실무주제를 심층적으로 마스터할 수 있는 교육이 있었으면 한다는 것이다. 둘째로는 한·중·일과 미국, 유럽까지를 포함한 특허제도의 비교와 보다 심화된 소송사례의 소개를 꼽았다. 셋째는 기업 담당자가 실무상 주의할 점과 강한 특허 취득을 위한 노하우를 적었다. 넷째는 교육의 정기적인 실시를 요구했다.

교육이 진행되어 나가면서 보다 실무자들의 필요를 충족하는 내실 있는 교육을 진행해 나갈 계획을 세우고 있다. 비록 시범교육의 이름으로 진행되는 교육이지만, 내용 면에서도 시범적인 것을 다루고 있는 것이 아니라는 점 등을 고려할 때, 향후 KINPA가 본격적인 IP 교육사업을 자체적으로 수행하기 위한 경험과 기반을 구축하는 기회가 되고 있다.

■ 특허분과

"Guideline of US drafting"을 주제로, 실무관점에서 본 작성방향과 팁을 제안하고 있다. 미국의 소송 사례를 주제로 삼았다는 점에서는 특허분과보다는 국제분과나 라이선스분쟁분과의 연구영역이라고 볼 수도 있지만, 최근에는 특허의 출원 단계 이전부터 분쟁을 예상한 특허전략의 필요성이 대두된다는 점에서 이런 분위기가 반영된 것이 아닌가 생각된다.

주제와 관련해서는 명세서를 작성하는 단계에서 소송을 예상하고, 명세서에 기재되는 내용이 실제 소송에서는 어떤 효과와 결과를 낳는지를 설명하면서, 명세서의 작성방향과 팁을 제시하는 데에 있었다. 따라서 미국 특허의 특징에서 출원절차, 미국 특허명세서의 작성요건

등에 대한 정보를 공유하고 있다. 특히, 명세서의 작성요건인 명칭(title), 개요(abstract), 분야(field), 배경(background), 도면(figures), 상세설명(detailed description), 청구항(claims) 등의 각각의 항목별 작성 시 주의점 및 오류수정 등에 대해서 판례와 사례들을 정보화해 나가고 있다.

특허분과가 선택한 주제를 통해 제시하는 시사점을 간단히 종합하면, 먼저 청구범위와 명세서에 있어서는 청구범위와 상세한 설명 간의 균형과 조화를 확인하고, 청구범위가 명세서를 초과하지 않도록 각 요건항목별로 표현에 주의하여야 한다는 것이다. 그리고 심사에 대응하여서는, 출원 시에 다양하고 실시 가능한 모든 실시 예를 포함시키고, 출원 시에 구성요소의 결합관계와 필수요소인지 여부를 숙고해야 하며, OA대응 시에 명세서의 내용을 넘어서는 무조건적인 확장은 지양하고, OA대응 시에 필수적인 아니라고 판단되는 구성요소에 대한 효과주장은 지양해야 한다는 점 등이다.

■ 상표디자인분과

KINPA의 회원사 구성으로 볼 때, 제조업이 압도적으로 많이 차지하고 있는 상황을 볼 때, 상표디자인 분야의 업무인력은 상대적으로 그 비율이 작다. 하지만 상표디자인 분야가 결코 산업계에서의 비중이 작은 것은 아니다. 그 어느 분야보다 분쟁과 예방활동이 치열한 분야인 점에서 향후 상표디자인분과의 활동이 주목된다.

상표디자인분과는 상표에 대한 기본적인 개념과 사례를 소개함으로써, 상표의 중요성을 부각시키고 사례 중심의 논의를 진행함으로써, 현실적으로 각 기업이 겪고 있는 상표 침해의 심각성을 제시하고 있다.

 '자타상품의 식별표지로서 영업상의 신용을 확보하기 위한 목적
에서 사용하는 일체의 것'이라는 상표의 개념이 기술 기반으로 지식
재산권을 이해하는 이들에게는 생소할지 모르겠지만, 누구라도 유명
상표와 이를 침해한 상표를 눈으로 확인해 보는 것만으로도 상표분
쟁의 심각성을 이해할 수 있을 터이다. LG생활건강의 특허파트장이
부분과 위원장이라는 점에서 LG생활건강의 제품이 주로 사례로 언
급이 되었는바, 저명주지의 상표라도, 얼마나 쉽게 일반인들에게 혼
동을 줄 수 있는지를 이해하게 해준다.[57]

KINPA Annual Conference

 국제콘퍼런스로의 성장을 기대하며 진행되는 Annal Conference
는 2008년 창립 콘퍼런스에서 일본지적재산협회(JIPA)의 노마구치
회장(미쯔비시 전기 회장)을 필두로, 해마다 중국 특허청, 미국 ITC
등에서 강연자를 초청해 세계의 IT 트렌드를 읽기 위한 자리를 마련
해왔다. 최근에는 유럽의 지식재산을 주제로 삼아, EU의 통합특허
법원 및 단일특허제도의 추진현황에 대해서 들었고, 영국의 디자인
과 유럽의 상표권제도 등으로 주제를 확장하는 성과도 있었다. 이로
써 유럽의 산발적인 경제위기 소식 가운데, 개별 국가의 EU 탈퇴이

---

57) LG계열과 GS계열이 분리되었던 당시 'LG생활건강'이라는 기업명과의 혼동을 불러일으킬 수 있는 'GS
생활건강'이라는 사명으로 저급한 상품을 만들어 낸 개인업자와의 다툼을 비롯해서, 중국의 모방품 사례
를 소개하였다.

슈가 불거지기도 했지만, 기본적으로 유럽은 공동체화를 강화하는
방향으로 나아가고 있음을 확인할 수 있는 기회가 되었다.

〈그림 34〉 제1회 콘퍼런스와 제5회 콘퍼런스에서 기조연설을 맡은 노마구치 타모
츠와 독일지식재산보호협회의 오이겐 포프(Eugen Popp) 이사의 연설모습

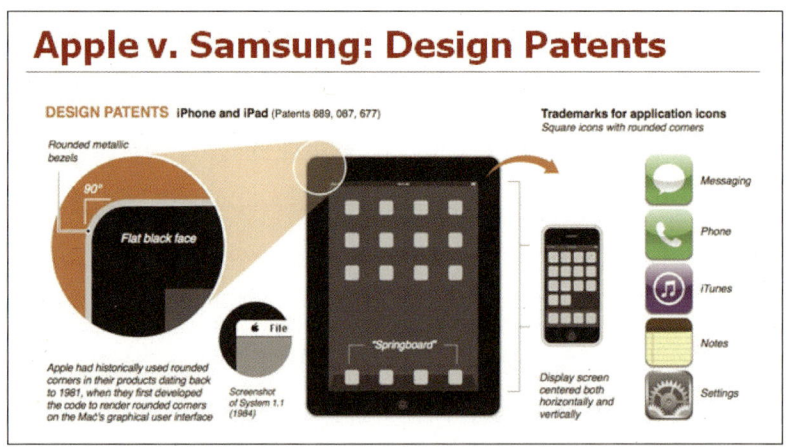

〈그림 35〉 Annual Conference는 애플과 삼성의 분쟁에 대한 상세한 분석을 통해,
국제 간 특허분쟁에 대한 한국의 입장과 의견을 밝히는 자리로도 자리매
김해 나가고 있다.

〈그림 36〉 IP5 회의에서 미국 특허청장(David Kappos)과 KINPA 방문단과의 만남

국제협력 활동

KINPA는 2008년 한국지식재산협의회로 창립과 동시에 국제협력 활동을 시작했다. 창립기념 콘퍼런스를 통해 협회의 롤모델이 되었던 일본지적재산협회(JIPA)의 회장을 기조연설자로 초빙했다. JIPA는 진작부터 한국의 파트너십을 기대해 왔다. 그래서 기조연설의 주요 내용은 오랫동안 기다린 KINPA의 창립을 축하하는 내용과 더불어, 일본의 지식재산경영이 자리 잡아온 역사와 과정을 설명하는 프레젠테이션이 곁들여 졌다.

더불어, IP5 체제의 수립을 위해, JIPA는 IP3극 유저회의에서 한국의 민간 IP기구의 탄생을 적응 홍보하기도 했다. KINPA 사무국

〈그림 37〉 WIPO 사무총장과 KINPA 방문단과의 기념촬영. 앞서 WIPO와 KINPA
단독의 협력 회의가 이루어졌다.

대표단으로 일본을 찾았을 때는 이미 3극 유저회의의 참석을 준비
하라는 기대 어린 조언이 기다리고 있었다.

이후 KINPA는 미국의 대표적인 IP 민간기관인 IPO(미국지식재산소유권자협회)와 유럽의 경제연합단체인 Business Europe과의 접촉을 가졌다. 더불어, 중국이 중국특허청의 지원하에, 민간 지식재산기관인 중국전리보호협회(PPAC, Patent Protection Association of China)가 본격적인 대외활동에 참여함으로써, 민간 IP기관 간의 5극체제가 수립되었다. 지식재산 분야의 민간기관이라고 해도, 특허제도는 국가 경제의 지식기반을 담당하는 역할을 하기에, 어느 나라나 민관의 밀접한 관계가 유지되고 있다. 또한 IP5극의 특허청을 비롯하여, WIPO와의 긴밀한 협력을 약속함으로써 세계 지식재산 기관의 하나로 자리매김하게 되었다.

Win-Win 전략의 폐기 이후

이상과 같이 우리 기업이 논의하고 있는 특허이슈에 대하여 간략히 살펴보았다. 민간 부문에서의 국제적인 활동은 한국지식재산협회와 같은 기업간 협의체를 통해서 이루어질 수도 있고, 각종 정책설명회와 간담회를 거쳐 다자간 협력을 통해 이루어질 수도 있다. 뿐만 아니라 정부 주도하에 창조경제라는 이름 아래에서 국가의 지식재산전략화 사업 등을 통해 추진될 수도 있다. 어떤 형태를 취하든 중요한 점은 우리 기업과 정부가 추진해 나가는 지식재산분야의 국제적인 활동의 토대는 협력과 상생이어야 한다는 점을 제안하고 싶다. 과거 미국의 부시 대통령 재직 시절에 국방장관이었던 딕 체니와 합참의장이었던 콜린 파웰이 제안한 소위 'Win-Win Strategy'라는 군사전략은 오늘날 기업의 경영전략으로까지 확산되어 있다. 하지만 이 전략이 이미 2001년도에 미국의 군사전략에서 은퇴한 지금, 지식재산 전쟁에도 새로운 전략이 필요한 시기가 되었다고 보인다.

이 점에서 먼저는 과거에 피아(彼我)의 구별이 선행되었던 Win-Win 전략과는 다른 상생의 법칙이 먼저 제안되어야 하지 않을까 싶다. 특히 과거 우리 기업 간에 벌어졌던 가혹한 특허전쟁을 종식하고, 상호협력을 통한 장에서 선의의 경쟁을 치러야 할 시점이 되었다고 말하고 싶다. 일본이 국가 단위의 지적재산전략을 수립한 이후로, 일본 기업의 공세가 강력해졌다. 우리에게도 내부의 역량을 결집할 기회와 시간이 마련되어야 한다. 이러한 점에서 작으나마 기업 간 노하우가 공유되고, 인적 교류가 이루어지고 있는 한국지식재산협회의 활동은 매우 긍정적인 시발점이 아닌가 싶다. 앞으로도 본 협회의 활동과 성과에 대해 보고하고 언급할 기회가 있겠지만, 무엇보다 보다 많은 우리 기업들의 참여가 기다려진다.

◎ Les Memorables

2006년 이후로 일본의 특허공세가 급증하고 있는 것과 더불어 소위 '특허괴물(Patent Troll)'이라고 하는 NPE[58]들의 기술기업에 대한 특허공격의 강화로 세계 유수기업들이 심각한 피해를 입고 있다.

우리나라에서는 삼성전자, LG전자가 특허괴물들의 주요 타깃이 되어 세계적으로도 특허괴물들이 제기한 소송 건수에서도 세계 3위와 8위를 기록할 정도로 피해가 심각하다. 뿐만 아니라, 애플을 비롯해, 디즈니, 페이스북, 구글 등도 피해당사자가 되고 있어, 애플과 구글의 경우, 연구개발(R&D) 비용보다 특허확보와 소송비용에 더 많은 비용을 사용하고 있는 실정이다.

---

58) Non Practice Entity. 자체적으로 기술 개발을 하거나 특허를 가지고 실제로 제조나 판매 등의 영리 활동을 하지 않고, 보유하고 있는 특허(혹은 분쟁에 필요한 특허권을 보유함으로써)를 가지고 특허침해 소송들을 제기하여 특허 수익을 얻는 기업형태의 조직을 일컫는다. 주요 기술 기업들에 천문학적인 수준의 소송비용을 부담하게 함으로써, 그 피해가 점점 커지고 있어, 통상 특허괴물(Patent Troll)로 불린다.

Epilogue

　학자나 현장 경영인이 아닌 입장에서 지식재산의 경영과 관련된 주제로 이야기를 풀어 나가는 것이 여간 부담되는 일이 아니었다. 그럼에도 불구하고 지식재산의 중요성을 인식하는 데에서 출발하여, 학교 현장과 우리 기업의 특허부서의 현주소 그리고 해외의 지식재산 관계 기관들을 관찰하면서 지식재산의 중요성을 외치는 목소리를 한 사람이라도 더 보태야겠다는 생각이 앞섰다.

　대학원에서 지식재산권을 주제로 논문을 쓰겠다고 했던 2000년대 초반에만 해도, 우리 학계엔 지식재산권을 전문적으로 전공한 교수는 손에 꼽을 정도였다. 대개가 상법을 연구배경으로 하는 교수, 국제법의 배경을 가진 교수, 민법을 바탕으로 지식재산권을 다루는 교수들이었다.

　그러던 우리나라의 지식재산 분야가 불과 10년 만에 세계 4위의 출원국이라는 타이틀을 걸고, 학계와 기업계가 그리고 정부가 특허의 중요성을 서로 일깨워가며 기술한국, 특허한국을 향해 매진하고 있다. 현재는 지식재산의 저변인재라 하여, 초등학교들을 대상으로 발명교육을 강화해 나가고 있고, 대학에는 특허학과나 지식재산전공

학부가 생겼으며, 지식재산전문대학원이 설립되어, 누구라도 지식재산 분야에서 한 우물을 팔 수 있는 환경이 조성되었다.

각계에서 들리는 이런 반가운 소식들에도 불구하고, 무역 1조 달러의 해외수출 세계 8강이라는 우리는 아직 기술 수출국의 지위에는 당당히 오르지 못하고 있다. 사상 최고의 무역수지 흑자를 기록했다는 올해 초의 뉴스에 씁쓸한 입맛을 느끼는 것은 우리 국민 대다수의 공통점일 것이다. 소비심리가 잔뜩 위축된 경기침체 분위기가 사상초유의 흑자를 기록하게 했다는 사실에 쓴웃음을 짓는 이들이 많을 것이다. 하지만 입맛이 씁쓸해지는 데에는 또 다른 이유가 있다.

우리가 수출하고 있는 품목에 대한 아쉬움이다. 과연 한국의 원천기술을 담은 수출품은 몇 개나 될까? 온 나라가 창조와 창의를 부르짖으면서도 세계 1위 수준의 기술수준을 자랑하는 분야는 꼽기 어렵다. 선진 기술을 보유했다고 해도, 소위 돈 되는 원천기술이라고 부르기엔 선뜻 자신이 서지 않는다.

한국 축구대표팀의 색깔을 말하자면, 조직축구라고 할 수 있다. 빠른 발을 이용한 조직력의 축구가 한국을 대표하는 축구 스타일이다. 토털사커의 오렌지 군단으로 유명한 네덜란드 출신의 히딩크의 전술이 우리 축구에 잘 접목된 것도 조직축구를 바탕으로 했기 때문이라고 본다.

자유분방한 남미인들의 의식이 반영된 남미의 축구는 개인기가 화려하다. 전차군단 독일의 축구는 그물망같이 잘 짜인 수비가 일품이다. 스타플레이어의 활약이 팀의 인기를 좌우하는 프로축구의 전통이 강한 축구 종주국 잉글랜드가 펼치는 경기를 보노라면 적진을 향해 돌진하는 기사와 그 뒤를 따르는 창병들이 어우러진 중세의 전투장면을 보는 것 같다. 나라마다의 국민성이 축구경기에서도 드러나는 것을 보면 축구에 대한 흥미가 더해진다.

한두 사람의 천재가 세상을 이끄는 엘리트주의는 항상 위태롭다. 아이아코카의 퇴진 직후 포드나 크라이슬러의 매출 추락과 스티브 잡스의 사망 이후 애플의 창조성을 지켜보면서, 흥행사 기질이 강한 CEO들이 기업의 흥망에 얼마나 큰 영향을 주는지를 알 수 있다. 개인의 미약한 아이디어들이 조직 안에서 움트고 성장할 때, 조직의 역량은 커지고 조직의 영향력은 확대된다. 사회와 시장에 긍정적인 영향력을 끼칠 때, 새로운 문화의 패러다임을 형성하는 선두 기업이 될 수 있다. 본문에서 말한 것처럼 조직은 그 운영의 묘에 따라 천재가 될 수도 있고, 어리석은 우민이 될 수도 있다.

조직력에 강점이 있는 우리가 느닷없이 스타플레이어 중심의 축구를 구사하기는 힘들다. 더구나 특정 기술이나 특정 기업이 주도가 되어 우리나라 지식재산의 미래를 좌우하는 것도 위험하다. 각각의 기업과 조직이 지식재산의 역량을 키워 우리 기업들의 지식재산의 조직력이 강해질 때, 우리나라 전체의 지식재산 경쟁력은 막강해지리라 생각한다.

지리멸렬 분열하고 타협하지 못하는 조직이 되어, 분규와 구조조정의 단계를 밟고 마는 기업이 있는가 하면, 철저한 자기 관리와 학습과 소통의 문화를 통해 어려움을 딛고 도약하는 기업이 있다. 제법 요리를 해본 사람이면 알겠지만, 음식은 재료가 완벽하게 갖춰진 데에서 맛이 나는 것이 아니다. 재료가 가진 맛을 잘 살릴 줄 아는 양념과 적시에 필요한 만큼의 가열과 같은 관리와 관심이 맛을 빚어

낸다. 보다 맛있는 음식을 위해서는 재료를 모양 나게 써는 법도 알아야 하고, 양파, 감자, 당근, 고기 등과 같이 익는 속도가 서로 다른 재료들을 순서에 따라 골고루 익히는 법도 알아야 한다.

책의 말미에 와서야 지식재산 레시피라는 제목을 살려 요리이야기를 적어 보게 되었다. 책의 내용에서 요리에 빗댄 표현은 하나도 없었지만, 목차를 구성하면서는 요리를 해 나가는 과정처럼 순서를 정해 보았다. 1장을 통해서는 물을 끓이는 과정으로 생각하여, CEO의 마인드와 기업 구성원의 자세에 관한 이야기로 서서히 불을 지폈다. 2장으로 가서는 본격적으로 요리의 재료들을 다루는 이야기들을 적어 보았다. 학습, 조직구성, 인재육성 등의 이야기를 담았다. 그리고 3장에서는 양념을 치고 간을 맞추는 이야기들을 담았다. 해외의 지식재산 트렌드라든지 해외 IP 교육에 관한 내용으로 꾸며 보았다.

처음에 의도한 바대로 맛좋은 음식이 되었기를 바라지만, 모든 재료를 빠짐없이 채워 넣지는 못한 것 같아 아쉽다. 학습서나 연구서처럼 격식을 차린 맛깔스러운 음식은 아닐지라도 구수한 된장국의 맛을 풍겼다고 평가를 받는다면, 그것으로 최상의 칭찬이 될 것 같다. 나 역시 더 많은 배움과 경험을 통해 멋스럽고 맛깔스러운 정찬을 만들어 낼 수 있는 지식재산 요리사가 되기 위해 더욱 정진할 것을 이 자리를 빌려 약속드린다.

이태원

연세대학교에서 물리학과 법학이라는 인문계와 이공계의 핵심 전공학과를 졸업하고, 이 두 학
문의 만남이 이루어지는 분야인 '지식재산(특허와 발명)의 발전과 교육'을 담당하고 있는 지식
재산 전문 공공기관인 한국발명진흥회에 투신한 지 10년이 되었다. 경영기획실의 법무 담당으
로 시작하여, 우리나라의 지식재산 정책과 특허행정을 경험하고, 기업의 특허부서 협의체인 '한
국지식재산협회'의 창립과 운영을 담당하면서 우리나라의 지식재산 발전에 일익이 되고자 노력
하고 있다. 일본지적재산협회(JIPA), 미국지적재산보유자협회(IPO), 비즈니스 유럽(BE)과의 국
제협력 활동을 전개하기도 했다.
대학원 시절 "청소년성범죄자의 신상공개제도" 등의 연구 활동에도 참여한 바 있으며, 최근에
는 "지식재산전문대학원 설립방안 연구" 등에 연구협력관으로도 활동하였다.
더불어, 책 읽기를 즐겨 한 덕에 기관의 독서경영담당자 겸 전사교육담당자로도 활약했으며, 현
재는 "아름다운 삶을 위한 고전독서 프로그램 운영" 등 독서마스터로서의 경력도 쌓아 가고 있다.
자연과학과 인문학의 양극단에 있는 학과를 수학한 경험뿐만 아니라, 여대에서 대학원 시절을
보내고, 애견 잡지에 기고하면서 고양이를 기르고, 온로드 사이클링과 오프로드 달리기를 즐기
는 등 다양하고 폭넓은 삶의 경험을 위해 여전히 극과 극을 오가고 있다.

창조하는 조직을 위한
지식재산 레시피

초 판 인 쇄 | 2013년 5월 17일
초 판 발 행 | 2013년 5월 17일

지 은 이 | 이태원
펴 낸 이 | 채종준
펴 낸 곳 | 한국학술정보(주)
주   소 | 경기도 파주시 문발동 파주출판문화정보산업단지 513-5
전   화 | 031) 908-3181(대표)
팩   스 | 031) 908-3189
홈 페 이 지 | http://ebook.kstudy.com
E - m a i l | 출판사업부 publish@kstudy.com
등   록 | 제일산-115호(2000. 6. 19)

ISBN   978-89-268-4303-1 03320 (Paper Book)
          978-89-268-4304-8 05320 (e-Book)

여담
books 는 한국학술정보(주)의 지식실용서 브랜드입니다.